MICHAEL LOUNSBURY
PAUL M. HIRSCH

MARKETS ON TRIAL

金融危机的经济社会学分析

审判市场

[加]龙思博 保罗·赫希 主编；魏一帆 翟慎霄 毛文琳 译

（下）

THE ECONOMIC SOCIOLOGY OF THE U.S. FINANCIAL CRISIS

ZHEJIANG UNIVERSITY PRESS
浙江大学出版社
·杭州·

第三部分

美国金融危机的历史根源

第十章　对迈克尔·詹森先生理论的误用：代理理论如何拖垮经济以及为什么它可能再次出现?

弗兰克·多宾（Frank Dobbin）和郑杰武（音译，Jiwook Jung）

摘要

代理理论学家认为20世纪70年代的经济表现不佳是高管们对企业稳定性而非盈利能力过分迷恋的结果。管理界吞下了代理理论学家为提升创业精神和承担风险开出的很多药：股权，去多元化，债务融资，以及外部董事。但管理界没有接受调节风险的药：高管权益持有和独立董事会。因此在实践中，这些补救方法在使企业承担更多风险的同时却没有加以限制。新千年的两次经济衰退都可以直接追溯到这些战略上的变化。到目前为止，监管者还没有提出消除新的“股东价值”系统导致的不良动机的办法。

20世纪70年代的经济滞胀，这是股票市场表现暗淡的十年，而日本占据了汽车和高科技制造领域的主导地位，这在1980年把美国《财富》500强公司推上了思想探索之路。管理模式出了什么问题？答案来自所有领域，指向了从人力资源政策（Ouchi，1981）到僵化的福特式生产技术

（Piore & Sabel，1984）的所有方面。当论及公司治理和商业战略时，代理理论提供了一种对这个问题的诊断和现成的补救方法。由迈克尔·詹森（Michael Jensen）和威廉·麦克林（William Meckling）在1976年《金融经济期刊》（*Journal of Financial Economics*）的一篇文章中提出，这个理论挑战了公司运行的方式，认为委托人（股东）和他们的代理人（高管）的利益没有同步（Whitley，1986；Hirsch，1986；Useem，1984）。高管们只顾及他们自己的利益，而不是所有者们的。他们建立了庞大的多元化帝国来使自己免遭任何一个产业衰退的打击，但这样最大化了企业规模而非利润。利润被用来购买新的业务，来扩大高管们坐在塔尖的金字塔。同时他们通过控制负责监督他们的董事会，拒绝可以使他们的行为与委托人利润最大化目标一致的监督努力（Jensen & Meckling，1976；Fama，1980；Fama & Jensen，1983，1985）。结果是《财富》500强公司变成了难以管理的多行业巨头，未能发挥其潜力。这就是代理理论的诊断。

代理理论学家提出了针对公司治理和战略的革命性改变。通过改变给经理人的激励，加强产业聚焦，以及修改新行动融资，这三项改变旨在增加公司的盈利能力。第一个方案是改变给高管的激励，用期权来确保他们增加对公司价值的关注，并设计薪酬体系来确保他们拥有所运营公司的股权。第二个方案是聚焦管理团队的专业技能，将投资组合多样化留给投资者。第三个方案是为新业务提供债务融资，杠杆化公司权益，终结高管们为了扩张帝国而利用利润收购新企业的做法。这三项改革将使管理层专注于在单一领域取得卓越成就，提升最终盈利。他们将鼓励有创业精神、敢于冒险，并承诺巨大回报的策略。另外还有第四个方案旨在约束高管并监控风险。公司应该通过使董事会更加独立于高层管理团队来扩大董事会的监督力——通过外部董事、规模更小且更负责任的董事会，以及任命一名独立的董事会主席。独立、灵活的董事会可以防止高管营私舞弊，并防止过度冒险。高管股权可以通过确保首席执行官（CEO）参与到长期游戏中来降低风险。

在机构投资者的敦促下，美国一些最大的公司在20世纪80年代有选择性地热情拥抱了代理理论提出的方案。他们采纳了带有期权和分红的绩效薪酬，把高管薪酬与股东回报联系起来，但并没有要求高管持有公司股权。他们故意实施去多元化，将业务部门剥离到不同的行业中去（Davis，Diekmann & Tinsley，1994；Fligstein & Markowitz，1993）。他们利用债务为新活动融资，并通过股票回购将利润返还给股东。他们重组了董事会，使其规模变小，并任命了更多的外部董事，但实际上并没有使董事会变得更加独立；相反，他们将董事会主席的头衔给了更多的CEO。

这些公司接受的部分处方增加了风险。股票期权是以奖励高管增加短期股价，而非因亏损而惩罚他们为目的构建的，因此高管们押注于具有强劲上行和下行可能性的商业策略。去多元化使公司容易受到单一产品市场兴衰的影响，而那些周期性行业的企业在商业周期低谷时就容易失败。当经济恶化、收入下降，以及当经济飙升、利率上升时，债务都会让企业变得脆弱。如果公司吞下了那些旨在降低风险和加强监管的药片，这些风险可能已经得到了控制，但它们吐出的就是那些药片。一方面，新的薪酬方案并没有迫使高管增加他们对其公司的股权持有——这可能会促使他们自我监督，并对高风险的行为保持警惕。另一方面，随着拥有更多的外部成员，董事会获得了象征性的独立，而伴随更小的名册规模，董事会也变得更加反应迅速，但他们并没有开始监督或约束管理层，因为他们仍然处于CEO的控制之下。代理理论推动这些变革的结果是，到20世纪90年代末，美国的企业领袖们在不踩刹车地相互飙车。我们认为，无论是《萨班斯－奥克斯利法》，还是次贷危机后的监管提议，都没有解决代理理论实施中的这些失败。

通过在不加强监管的情况下增加风险，这些变化为2001年经济衰退后的公司倒闭和在这个十年末的大衰退（the Great Recession）的银行倒闭埋下了伏笔。虽然管理主义和盲目的多样化可能是美国领先企业在20世纪70年代财务业绩不佳的原因之一，但这种战略是建立在高管努力将企业风险降到最低的基础上的。每家公司都试图变得大而不倒；过大的规模和过多的业务使企业即使一个主要的业务部门崩溃也不会倒下。因此，处于危险行业中的公司（雷诺烟草帝国）与能够经受任何风暴的公司（纳贝斯克包装食品帝国）一起走上了神坛。也许CEO们只是为了保住自己的闲职而创造了大量的产业财富，也许这种策略损害了利润，但这种策略无疑降低了公司的风险。

在下文中，我们会逐一讨论代理理论为企业行为开出的四个主要处方。我们研究了美国大型企业的纵向数据，以展示哪些方案被公司采用了，哪些被搁置一边了。我们按时间记录了绩效薪酬、去多元化和债务融资如何使公司暴露在风险之下，而董事会治理改革却未能改善监督。

在我们转向这个故事前再说一下方法论。在下文中，我们将呈现来自783家主要美国公司的代表性样本中的证据，追踪1980年至2005年间向代理理论方案发展的动向。我们从《财富》杂志的行业领导者名单中挑选了一批具有代表性的公司，从航空航天、服装、建筑材料、化工、通信、计算机、电机、娱乐、食品、医疗、机械、金属、石油、造纸、制药、出版、零售、纺织、运输、运输设备、公用事业和批发等各个行业中挑选了相同数量的公司。从1965年到2005年，我们在《财富》杂志每年的榜单上取样，以得到一个既代表上升公司，也代表下降公司的样本。在下文中，我们使用这些数据来证明美国企业确实采纳了代理理论的某些方案，并展示他们没有执行或误用了哪些要素。

代理理论的误用

代理理论原则在企业世界中的普及和部分制度化的故事为企业进化和变化的理论提供了生动的一课。考虑到代理理论是被几个罗切斯特大学商学院的教授，而非产业界的巨头炮制而成的，它的影响已经非常广泛了。有两种盛行的方式被用于理解由代理理论带来的商业战略中的广泛变化。一方面，商业史学家们青睐的进化模型认为由技术创新和产业扩张造成的企业困境被管理界的先驱们解决了，而最好的解决方案会战胜下等方案并普及到整个产业（Chandler，1977）。另一方面，组织社会学家青睐的制度主义模型认为所谓的经济危机可以为创新者提供新的管理方案，一个通过竞争获取掌控组织间场域的机会。那些脱颖而出的模型未必是最好的，也未必比他们所取代的模型更好。但一场危机为管理理论的创业者们提供了尝试赢得企业世界的机会。尽管我们未能在特定的空间里充分检验这些模型，但我们认为，随着时间的流逝，商业史学家们青睐的宽泛的功能主义故事已经变得很难得到支持，主要因为众多糟糕的方法赢得了广泛的追随者，而那些并未改善现状的创新经常会获得成功。

组织制度主义学者一直以来都认为新的管理实践在公司网络中扩散，就像时尚风潮在高中校园扩散一样（Meyer & Rowan，1977；DiMaggio & Powell，1983）。在他们的模型中，新的范式被社会建构为对问题或危机的适当解决方案。经济危机往往会打破现有制度安排的平衡（Krasner，1984），导致对新策略的探索。从企业采用他们偏爱的策略中获利的专家群体进入这片空白领域，互相竞争以期他们自己的模型会被采纳（Fligstein，1990）。正如我们开篇所提到的，由这个十年早期的石油危机及之后的经济停滞和通货膨胀造成的20世纪70年代的经济危机，明显地破坏了50和60年代的管理平衡。有些人让我们学习日本。另外的人让我们模仿意大利的小企业网络。还有人把目光投向了法国的产业协作。新管理模型的专业理论化是它成功的关键（Strang & Meyer，1994），詹森和麦克林面对许多与他们竞争的专家及其针对经济不景气的理论，明显地在企业世界中胜出了。威廉·大内（Ouchi，1981）受日本启发的方案很短命，而代理理论让我们呼吸的空气充满了颜色。遵循新兴管理规范的组织被认为获得了合法性和资源（Meyer & Rowan，1977），而遵循代理理论的公司肯定会胜出。

制度主义学者认为公司内外不同的专家和专业人士群体通常会开发

和推广新的管理模式以应对挑战均衡的危机。专业人士群体推行被他们理解为符合自身利益的模式，要么是因为他们可以通过成为领先的管理模式的倡导者而获得地位和威望，要么是因为新模式推进了这个群体的利益。在代理理论的案例中，只有在机构投资者和证券分析师从公司外部推广该模型的要素之后，公司内部接受金融训练的高管们才成为该模型的有力支持者（Zuckerman，2000；Davis et al.，1994；Dobbin & Zorn，2005）。CEO们、基金经理和证券分析师成功地将符合他们自身利益的模型的组成部分制度化了。短期绩效薪酬制度通过增加CEO的收入，使CEO的利益与基金经理的利益相一致，因为基金经理的分红是基于股票价值的短期增长，而共同基金越来越遵循纽约的业绩逻辑，即股东价值最大化，而不是波士顿的受托人逻辑（Lounsbury，2007）。去多元化受到更喜欢自己分散投资组合的基金经理的青睐，也受到更喜欢分析单一行业中可以与竞争对手在竞赛中进行比较的公司的证券分析师的推崇。机构投资者和高管们更青睐债务融资，因为它可以撬动公司股本。此外，通过借款为新的项目融资，并利用利润回购股票，公司可以提高股价和提高CEO和基金经理的薪酬。公司不会遵循代理理论中不符合这些支持者利益的方案。他们没有将CEO长期持有股票制度化，因为CEO更喜欢分散个人风险。他们没有将独立董事会对CEO的监督制度化，因为独立董事会可以罢免CEO。被制度化的是代理理论中有支持者的那部分。在接下来的篇幅中，我们将重点讨论代理理论模型中胜出的部分，以及为什么这些组成部分在没有增加约束压力的情况下增加了企业的冒险行为。虽然我们没有关注为什么选择这些特定的组成部分，但是我们在这个过程中勾画了这个故事。

代理理论

在20世纪50和60年代，根据代理理论学家的说法，美国领先的公司是由经理们经营的，而且是为经理们服务的。詹森和麦克林（Jensen & Meckly，1976）提出公司的管理者应该为股东工作。从19世纪早期的观点来看，这种观点是激进的。当19世纪初政府特许银行、运河和铁路作为上市企业时，特许章程规定，企业成立的好处（有限责任、发行股票的权利）是作为履行公共义务的回报而被授予的（Roy，1997）。最早的企业和他们的经理们，既为公众利益工作，也为他们股东的私人目的工作。在19世纪，一般的公司法允许纯粹以私人目的（或唯一以促进经济增长为公共目的）的企业成立。这改变了人们对企业成立的意义以及企业为谁工作的看法，但在公众心目中，特许上市公司对客户、员工以及投资者都负有责任。到20世纪70年代，管理学家将客户、员工和股东视为有私人目的的企业的利益相关者，并仍在争论他们的相对首要地位。

代理理论学家们倡导的股东本位范式挑战了这种观点，认为企业只有为了所有者的利益而运作才是正当的（Whitley，1986；Fligstein & Markowitz，1993；Hirsch，1991；Useem，1996）。根据这个范式，董事会的工作是促进股东的利益。代理理论学家们提出，公司应该根据股票表现来支付企业高管薪酬，拆解臃肿的综合性企业使投资者可以做出他们自己的多元化决定，通过举债为新的收购融资，以遏制任性高管们的疯狂收购行为，以及通过增加公司董事会的独立性来改进对高管们的监督和约束。

迈克尔·詹森，前罗切斯特大学的金融教授，在1985年加入哈佛商学院，并在2000年成为咨询公司摩立特集团（The Monitor Group）的合伙人。他不仅在金融学杂志，也在例如《哈佛商业评论》（*Harvard Business Reivew*）这样的商业杂志上布道（Jensen，1984）。大众商业传媒上充斥着各种关于如何实施追求股东本位范式的代理理论方案的建议（Baker & Smith，1998；Hammer & Champy，1993；Walther，1997；Pralahad & Hamel，1990）。金融学已经成为众多MBA项目中的首选专业（Fligstein，1990），而金融经济学和代理理论现在也占据了课程的主导地位（Fourcade & Khurana，2008）。这个理论的成功主要是因为它直接被机构基金经理（如下所论），以及间接被股票分析员所推崇。大部分企业高管们起初反对代理理论，因为它将惨淡的企业业绩归咎于CEO们的表现以及他们自私的倾向。但随着时间的变化，CEO们也加入到了这个大潮之中。他们看到新的薪酬公式是对他们有利的。

20世纪70年代经济危机对综合性企业的管理方式提出了质疑，在这样的背景下，代理理论迅速地拓展到象牙塔以外。代理理论对企业经理人更加迅速和全面的影响，超过了学术界的其他任何理论（Guillen，1994）。下面我们拿出经理人们选择的代理理论的四条主要准则来讨论它们是如何在实践中走样的。

CEO 和股东利益的结盟

代理理论对美国经济不振诊断的部分结论是CEO们忙于巩固其帝国以防坍塌，而非为股东挣钱。解决办法是停止根据公司的规模向管理人员支付薪酬，并开始根据他们提升股价的幅度支付薪酬。如果老系统是奖励扩张式收购，那新系统则是奖励赚钱（Jensen & Meckling，1976；Jensen & Murphy，1990）。代理理论学家呼吁CEO们应持有股票，并通过股票期权和分红获得为业绩表现的报酬。股票期权使高管们能够在未来某一天购买一定数量的股票，通常是三年，但要以发行当日或前后该股票的市场价格来购买。因此，高管们将从定价日至行权日之间的股价上涨中获益。股票期权已经存在了几十年，并获得了优惠的税收待遇，这允许期权授予者推迟纳税，也可以让公司将期权从他们的开支表中剔除（尽管在2006年要求将期权列入支出）（Karmel，2004）。

从20世纪80年代初期，股票期权获得了例如加州公务员退休基金（CalPERS）等顶级机构投资者的追捧（Useem，1996；Proffitt，2001；Gourevitch & Shinn，2005）。代表机构投资者的组织，如机构投资者委员会（CII），迅速采取行动。机构的基金经理重申着股票期权将使高管和股东的利益保持一致的魔咒，但期权却将高管和基金经理的利益更加紧密地统一了起来，因为基金经理的分红是基于他们所管理的投资组合价值的增长，就像CEO们现在的收入是基于他们所管理的公司价值的增长一样。当股价上涨时，高管和基金经理都能拿到薪水，但在股价下跌的时候却不用付出。基金经理的分红，就像股票期权奖励一样，在年景不好的时候也不需要返还。回拨机制是符合代理理论的，但或许机构投资者并不要求回拨，因为同样的原则可能也适用于他们自己的分红。

1980年以后，股票期权的广泛使用大大提高了高管的薪酬，使薪酬总额与公司业绩更加紧密地联系在一起（Hall & Liebman，1998）。现在那些能够推动股价上涨的高管们拿回了大量现金。图10-1显示从1984年到2004年，我们样本中的美国大公司CEO薪酬的中位数增长了7倍，达到350万美元以上。大部分上涨来自股票期权授予和分红的形式。

新的薪酬体系鼓励高管们去冒险，但是因为该制度的实施是为了奖励高管们在短期内推动股价上涨，而不会惩罚他们让股价下跌，所以它鼓

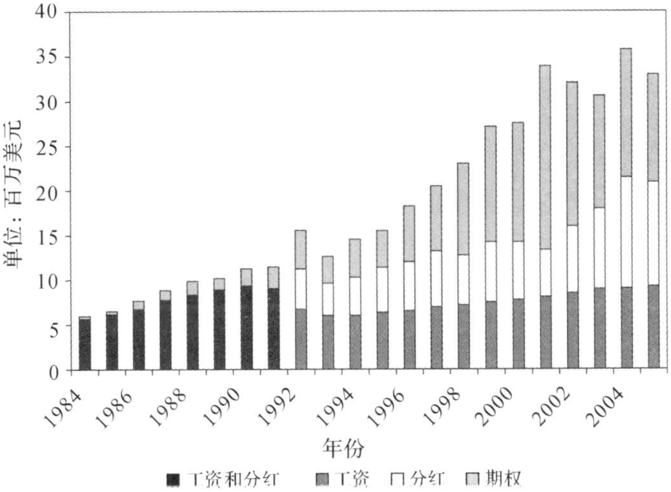

图 10-1 按收入来源计算的 CEO 薪酬中位数（1984—2005）

注：样本为 783 家美国大公司。工资和分红直到 1992 年才单独开始报告。1992 年的高峰是由于那一年（大公司）的样本较少。1984 年至 1991 年 CEO 薪酬数据由 David Yermack 提供。1992 年以后 CEO 的薪酬数据来自标准普尔的 ExecuComp 数据库，可通过 Compustat 获得。

励了不计后果的冒险行为。只有赢了，高管们才能承受利润和亏损潜力都巨大的交易。他们知道对他们来说，只有好处。几年的好光景过后，如果承担的风险恶化，CEO们是可以离开的。

诱导高管持有股权的失败

尽管董事会为股价上涨给高管激励，但他们没有遵循代理理论的准则要求高管持有更多股权，或许是因为机构投资者没有推动这一点，因为他们自己的分红也是基于短期业绩的。到2005年，基金经理控制了我们样本公司中60%以上的股票，这是从1970年的20%上升而来的，因此他们越来越多地决定了股票价格。所以，与其说高管的利益与股东的长期利益相一致，不如说他们与机构基金经理的短期利益相一致。图10-2展示了从1992年到2005年我们选取的783家公司样本中高管的股权，不包括未行使的期权。早些年的数据缺失了。我们可以从图10-1中看到1992年后高管们有更多的资源可以投资，因为他们的薪酬飞涨。但在此期间，CEO们和所有高管的股权几乎没有变化。尽管投资者倾向于为高管制定长期激励计划，例如要求持有股权的计划，但他们没有对董事会施加压力。韦斯特法尔和扎亚克（Westphal & Zajac，1998）发现投资者会抬高宣布这类激励计划的公司的价格，尤其是当它们使用代理理论的语言时。但是他们不会惩罚那些未能执行这些计划的公司。也许，这是因为他们的分红取决于股票价格的短期上涨。此外，韦斯特法尔和扎亚克宣布长期激励计划可以阻止董事会治理的监督机制的实施。

很明显代理理论被误用了，以至于董事会没有将高管薪酬与股东的长期利益挂钩。按照代理理论的说法，要求高管增持股票会改善股票表现吗？数百项研究都表明不会。达尔顿及其同事（Dalton et al., 2003）对200多项研究的证据进行了整合分析（meta-analysis），发现高管持有大量股权的公司表现并不比CEO持有少量股权的公司好。如果说股票期权让高管们变得贪婪，不幸的是，股东权益并没有让他们成为更好的经理人。

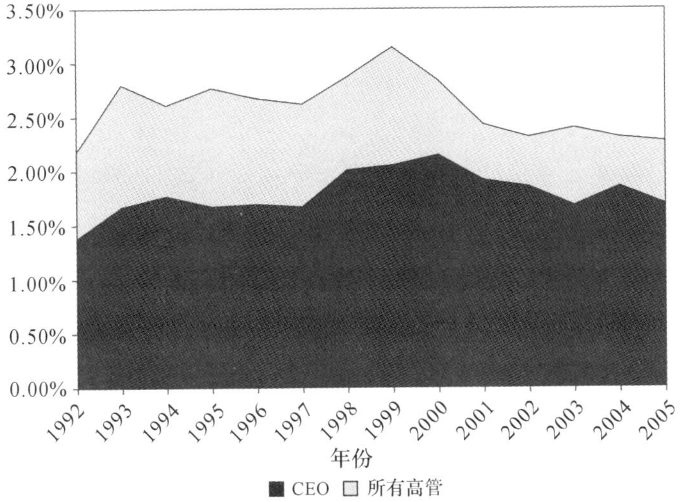

图 10-2　高管平均持股率

注：样本为 783 家美国大公司。未包括未执行期权。高管持股数据来自 ExecuComp 数据库。

短期主义和营收管理

20世纪80年代，做市商之间出现了一种新的动态机制。基金经理参考季度利润报告来对公司估值，并开始严重依赖证券分析师来评估哪些公司的价值较高。在新经济领域，利润本身已成为衡量企业价值的糟糕指标，因为亚马逊（Amazon）在成为互联网商业霸主的过程中，每个季度都会亏损。基金经理开始根据公司是否达到分析师的季度利润预期来对其进行估值。他们这样做部分是因为金融界接受的有效市场假说认为，一家公司的当前股票价值代表了该公司的所有公众信息。当一家公司公布的收益低于分析师预期时，就表明专家高估了这家公司。因此，在证券分析师预期之内的糟糕的收益报告通常不会对股价产生影响，因为这种理论认为，糟糕的业绩已经被包含在股价中了。但是一份预期之外的糟糕的收益报告通常会导致股价下跌。

在现有典型3年期权行权的情况下，这便导致了一种短期主义，其严重程度超出了人们的预期。CEO们关注的是季度利润预期，并寻求每三个月达到或超过分析师的预期，以便能够维持股价。正如贾斯丁·福克斯（Justin Fox）在1997年《财富》中的文章里写道的：

> 这是首席执行官和首席财务官们的梦想：一个又一个幸运的季度，一个又一个不让华尔街失望的季度。当然，他们也梦想着其他的事情——比如大型合并、轰动一时的新产品、占领全球市场。但在20世纪90年代，最简单、最明显、最无情的衡量企业成功的标准，已经变成了：上个季度你实现盈利了吗？（Fox，1997）

为了创造出这些数据，CEO们和CFO（首席财务官）们定期与分析师召开电话会议，更新销售和成本数据，以确保分析师的准确预测。他们还开始发布业绩预告，使分析师的预测与自己的预测一致。在我们研究的公司中，第一家在20世纪90年代初就这样做了，到2002年，42%的公司都这样做了。季度利润报告及其与分析师预测的关系成了CEO关注的焦点。迈克尔·詹森（Jensen & Murphy，1990）本人也认为他的理论被误用了，股票期权的授予鼓励了短期主义。

期权激励高管“管理”收益报表，当收益低于预期时夸大收益，当收益高于预期时紧缩收益，以备不时之需。公司越来越多地使用激进的会计技巧，使他们能够提前报告销售业绩，及时转移利润，以其他方式操纵利润底线，以便能够满足分析师的预期。其中一些手段不过就是欺骗。一些研究表明，随着时间的推移，《财富》500强企业的收益重述显著增加，并受到股票期权授予的驱动（Burns & Kedia，2006；Efendi，Srivastava & Swanson，2007）。一项研究表明，在过去30年里，重述数量的急剧上升，是由追求优惠贷款条款的高杠杆公司推动的（Richardson，Tuna & Wu，2002）。公司达到或超过分析师预期的可能性越来越大，其中就有营收管理的影子（Dobbin & Zorn，2005）。

驾驭管理层的产业聚焦

投资组合理论为20世纪50年代至70年代的企业多元化风潮提供了一种逻辑支持。根据这一理论，现代企业应该经营一个内部资本市场，投资有前途的行业，并将风险分散到不同的行业。这个观点是被接受过金融培训的公司高管和商业教育人士进一步推广的（Fligstein，1990）。制度经济学家奥利弗·威廉姆森（Williamson，1975）认为，综合性企业可以收购表现不佳的企业，并通过在财务会计方法下管理这些企业来提高它们的盈利能力。主要的咨询公司——麦肯锡、阿瑟·D.利特尔、波士顿咨询集团——开发出会计技术以促进对多元化综合性企业的管理，并在促进多元化的过程中提供了这些技术。到70年代末，45%的《财富》500强企业采用了这些投资组合管理技术（Davis et al.，1994，p.554）。在70年代的滞胀期间，代理理论学家认为经理们追求多样化是为了对冲特定企业或行业的崩溃，而多样化并不符合股东的利益。只有经理人能够从收购价值存疑的业务中获利，而这些业务可能会让企业继续倒闭（Jensen & Meckling，1976）。金融经济学家认为，股东应该避开笨重的综合性集团，这些集团在高管们几乎不了解的行业中持有了表现不佳的企业（Shleifer & Vishny，1989，1997）。他们建议投资者（而不是公司），应该组合投资来分散风险（Amihud & Lev，1981；Teece，1982；Bettis，1983）。

其他人也呼应了这种观点，即综合性企业过于笨重，难以管理，而且它们是为了迎合高管而非股东的需要而设计的。通用电气（General Electric）的杰克·韦尔奇（Jack Welch）主张亲力亲为的管理和企业集中度。在管理圣经《追求卓越》（*In Search of Excellence*）（Peters & Waterman，1982）出版后，管理顾问们开始集体反对综合性企业。该书告诫高管们要“专注于核心业务”。1990年，再造工程大师C.K.普拉哈德（C.K. Pralahad）和加里·哈默尔（Gary Hamel）在《哈佛商业评论》上发表了《公司的核心竞争力》一文。他们认为，管理团队可以在一两件事上出类拔萃，但不可能样样精通。正如迈克尔·尤西姆（Michael Useem，1996，p.153）所指出的，“尽管多元化在20世纪60年代是良好管理的标志，但在80和90年代，剥离不相关业务已经成为一项措施”。

收购公司、机构投资者和证券分析师以他们自己的方式鼓励着企业集中度的大趋势。敌意收购在早期推动了去多元化进程。在70和80年代，敌意收购公司的目标是多元化的综合性企业，它们可以将这些综合性企业分拆，然后再出售以获利（Fligstein & Markowitz，1993；Davis et al.，1994；Liebeskind，Opler & Hatfield，1996；Matsusaka，1993）。虽然在70年代初，多元化并没有压低股价，但在70年代末却实现了，因此收购公司可以通过出售业务部门来赚钱。从1976年开始，科尔伯格·克拉维斯·罗伯茨集团（Kohlberg Kravis & Roberts，KKR）收购了40多家公司，并分拆了大部分，其中包括比阿特丽斯公司（Beatrice Companies）和雷诺兹·纳贝斯克（RJR Nabisco）等大型公司（Useem，1993，p.35）。KKR经常扮演“白衣骑士”的角色，将管理团队从其他收购公司手中拯救出来，但最终的结果依然是业务部门遭到了抛售。

迈克尔·詹森（Jensen，1984，p.10）认为，敌意收购的可能性约束了高管，它通过帮助建立一个有效的企业控制市场，发挥了一种“基本的经济功能”。

> 在企业并购市场中，管理者争夺的是对企业资源的控制权，即企业资源管理权。从这个角度来看，企业控制市场是管理层劳动力市场的重要组成部分……毕竟，潜在的首席执行官不会轻易地把他们的申请留给人事部门。他们的在职表现不仅受到其组织正常内部控制机制的约束，而且也受到外部控制市场的审查。

詹森称敌意收购不是一种破坏性的投机行为，而是对管理层渎职行为的一种约束（Jacoby，2006；Securities Regulations and Law Report，1985）。在1985年至1988年间，《财富》500强企业中每年有超过6%的企业收到了收购要约，而在10年的时间里，有三分之一的企业收到了敌意收购要约（Davis & Stout，1992，p.622）。这些行动将害怕上帝式的恐惧植入高管们的心中，因为高管们通常会在收购中失去工作（Davis et al.，1994）。《财富》500强企业中有三分之二的企业设立了“毒丸计划”和“金色降落伞计划”等收购防御机制，因此，到了90年代，企业进行收购的尝试非常少见（Useem，1996，p.2；Davis，1991）。

机构投资者开始青睐业务专注的公司，因为他们更喜欢自己选择多样化投资策略，并投资于有着清晰形象的公司（Dobbin & Zorn，2005）。到了80年代，他们在代理理论的旗帜下推动企业去多元化。在机构投资者占主导地位的领域，公司迅速地去多元化。从80年代开始，所有权集中的《财富》500强企业总是倾向于剥离不相关的业务（Useem，1996，p.153）。

证券分析师通过类似的语言和行动鼓励企业去多元化。他们认为业务专注的公司表现更好，于是就把职业注意力集中在这些公司身上。专攻无法被清晰划分门类的行业和综合性企业的分析师通常无法获得新闻关注。由于新闻报道是一边倒式的正面的，高管们渴望得到报道。这导致他们为了赢得报道和提高机构投资者的兴趣而去多元化（Zuckerman，1999，2000）。

基金经理和分析师对单一行业公司的偏好导致了商业战略的变化。因此，即使在敌意收购浪潮消退之后，多元化程度仍在继续下降，因为高管们自愿剥离了与其核心业务无关的部门。在图10-3中，我们绘制了美国大公司样本的多元化水平。熵指数（Entropy Index）是根据每个行业对公司销售的贡献来衡量多元化程度的，在1980年到1998年间，熵指数持续下降，然后趋于平稳。随着企业多元化程度的下降，它们开始聘用具有行业背景和经过培训的高管，而不是具有一般金融背景和综合性企业复杂财务管理背景的高管（Ocasio & Kim，1999）。金融专家进行了反击，鼓吹来自经济学的代理理论原则（而不是行业专长），是良好管理的关键。

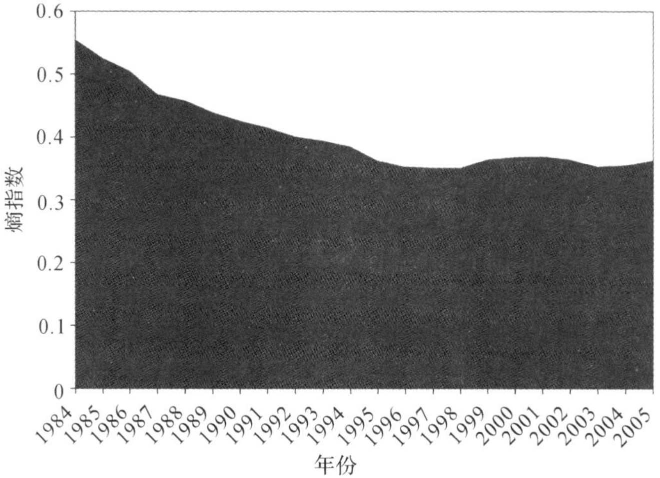

图 10-3　多元化的平均水平

注：样本为 783 家美国大公司。这一趋势是根据 1997 年会计准则的变化而调整的，当时会计准则的变化导致企业报告了更多行业的经营情况。多元化的熵指数是根据 Compustat 行业分类数据库的数据计算出来的。

关于去多元化效率的混合证据

虽然公司去多元化很明显是为了提高盈利能力和股票回报（Zuckerman，1999；Campa & Kedia，2002），多元化与业绩之间存在关联的证据充其量也只能说是微弱的。一些研究发现，在20世纪60年代和70年代中期之后，综合性企业的股价出现了“综合企业折让”（Conglomeration Discount），但在60年代和70年代中期之间却没有出现（Servaes，1996；Matsusaka，1993），而其他研究并没有发现折让（Campa & Kedia，2002；Villalonga，2004）。艾尔弗雷德·钱德勒（Chandler，1977）认为综合性企业的组成部分呈多部门形式，是在通用汽车公司由阿尔弗雷德·斯隆（Sloan，1963）和现代财务会计系统开创，这帮助综合性企业击败了单一行业的公司。格伦·哈伯德和达吕斯·帕里亚（Hubbard & Palia，1998）发现投资者自己在60年代就认识到了这种效率的来源。60年代，投资者奖励那些宣布进行多元化收购的公司，但到了代理理论使多元化黯然失色的90年代，投资者奖励的是宣布分拆的公司。对盈利能力的研究表明，多元化的影响并不一致，这表明，1975年后的综合性企业股价折让可能是代理理论自我实现预言的产物（Wernerfelt & Montgomery，1988；LeBaron & Speidell，1987）。集中业务的公司模式的另一个缺陷是，行业内并购在80年代成为多样化收购的替代选择，尽管它平息了竞争，但并没有提高公司的盈利能力（Jensen & Ruback，1983）。一些人认为多元化在某些市场是有效的，但在其他市场则不然。乔治·贝克（George Baker）和他的同事们认为，当资本和管理人才匮乏时，大公司可以收购一家管理不善、资金匮乏的公司，并将其作为子公司进行有效管理。当资本和人才市场发达时，这些优势就会消失（Baker，1992；Baker & Smith，1998；Baker，Gibbons & Murphy，2001）。

企业聚焦其业务但未能改善业绩可能还有另一个原因。金融经济学家针对公司投资组合理论的一种批评称，出售一家企业的成本可能高得令人望而却步，而潜在买家稀少，因此综合性企业常常陷入收购业绩不佳的困境。而当大型机构投资者持有大量股票时，他们往往面临类似的限制，发现很难在不压低股价的情况下出售大量股票。因此，大型机构投资者在减持陷入困境的企业时，可能会面临类似于综合性企业高管所面临的限制。

单一行业公司比综合性企业表现更好的证据充其量是拼凑的。1975年后单一行业公司股价上涨的证据，可能只是证明了代理理论霸权地位日益增强。当做市商开始相信业务专注的公司比综合性企业集团更有价值时，这些公司确实变得更有价值了。

去多元化和升高的风险

长期以来，金融经济学家一直认为应该由投资者而不是公司来做出投资组合多元化的决策，让他们根据自己对风险与稳定、长期与短期收益的偏好来选择投资公司。对经理人主义的批评是，高管们分散投资以降低自己公司的风险，而在此过程中，他们拒绝了投资者获得巨额收益的可能性（Amihud & Lev，1981；Fligstein，1990）。多元化并购往往会降低综合企业投资组合中表现最好的企业的利润，但也往往会降低单个业务部门的风险。综合性企业集团的内部资本市场可以用来支撑那些正在经历困境的公司。即使一个业务部门彻底崩溃，通常也不会给公司带来厄运。正如多元化为经理人降低了企业倒闭风险一样，它也降低了经济低迷时期整个经济体的系统性风险，因为每个综合性企业集团都受到其更强大业务部门的支撑。因此，虽然我们不清楚非多元化公司是否能获得更高的利润，也不清楚它们除了通过代理理论的自我实现预言外是否能改善股票表现，但我们确实清楚，去多元化增加了公司风险。

债务融资

詹森和麦克林（Jensen & Meckling，1976）的一些关于增股筹资与债务融资的代理成本的核心论点立基于金融经济学家的观点（Modigliani & Miller，1958；Miller & Modigliani，1961）。将管理权交给非所有者所产生的代理成本源自管理层倾向于：首先，牺牲盈利能力，以将企业倒闭的风险降至最低；其次，过度奖励自己，榨取利润；再次，追求有利于管理层的短期战略，而不是有利于股东的长期战略。降低代理成本的一个方法是让经理人持有股权。如果他们持有100%的股权，代理成本将降至零。另一种方法是迫使经理人支付股息，这将导致他们发行更多的股票以资助新的行动，从而让他们自己接受更多的股东监督。根据詹森和麦克林（1976）的观点，降低代理成本的第三种方法是举债。通过减少总股本融资，债务缓和了股东与经理人之间的利益冲突。根据这一理论，只有当管理者确信他们能够在新的业务中获得超过债务成本的回报率时，他们才会举债。作为一名CEO，你不会以6%的利率借钱去做一件回报率为4%的事情，但你会选择把利润投资到同样的业务上。

根据这一理论，股东开始青睐使用债务融资的公司，将债务融资视为管理层确信新的业务会有回报的信号。债务融资还允许公司用杠杆撬动股本，从而成倍增加了投资者的回报。出于这个原因，股东应该更喜欢债务融资，而不是发行新股，他们应该更愿意看到利润通过能够提高股票价值的股息或股票回购返还给股东（Westphal & Zajac，1998；Zajac & Westphal，2004）。

从图10-4中我们可以看到，在783家美国大公司的样本中，这些公司确实在代理理论普及后的几年里承担了更多的债务。我们报告了从1963年到2005年根据四分位数划分的债务股本比。在80年代中期之前，中位数水平的公司每1美元的股本对应约40美分的债务。80年代中期之后，这一数字升至60美分左右。以迈克尔·米尔肯（Michael Milken）和德崇证券（Drexel Burnham Lambert）为首的垃圾债券的兴起，与这一新理论同时出现，甚至让陷入困境的公司也能获得债务。

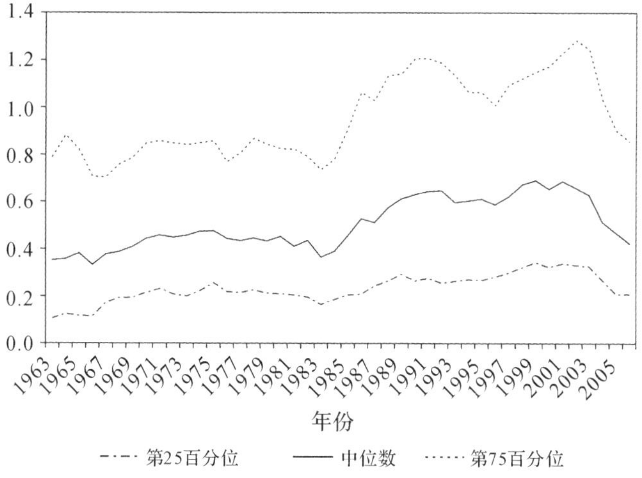

图 10–4　债务股本比

注：样本为 783 家美国大公司。债务股本比是由公司的长期总债务除以普通股本计算得到。两项数据均来自 Compustat。

债务和风险

莫迪利安尼和米勒（Modigliani & Miller，1958）认识到依赖债务会增加公司的脆弱性。最近的研究表明，债务负担沉重的公司在经济低迷时期尤其脆弱（Campello，2003，2006）。如果一项新投资的回报不超过用于为其融资的债券的利息，公司可能会发现自己背负着无法偿还的债务。此外，债务可能会鼓励经理人进行高风险投资，即在最初的投资没有得到回报时就向债券持有人偿付债务（Crutchley & Hansen，1989，p.37）。许多关于此次危机的描述都指向了抵押贷款机构的过度杠杆，当以抵押贷款支持的证券和抵押贷款本身出现问题时，过度杠杆将贷款机构置于风险之中，并鼓励他们尝试风险更高的举措来拯救自己（Johnson，2008；Sorkin，2009；Posner，2009）。公司也通过举债来阻止收购，但是我们从图10-4中可以看出，在80年代恶意收购减少之后，高负债水平仍然持续。

监控风险的董事会的独立性

代理理论学家认为，独立的公司董事会可以解决更普遍的代理成本问题，即高管们为了自己的利益行事（Fama，1980，p.293）。他们的想法是，外部董事、专注的小型董事会和独立董事长可以帮助监督高管的行为，确保其符合投资者的利益。第一，外部董事是更好的监督者。内部人士（公司高管）很少挑战CEO，要么是因为他们依赖他，要么是因为他们和高管一样，更倾向于最大化公司稳定性而非盈利能力的策略，这符合他们的利益（Byrd & Hickman，1992；Hermalin & Weisbach，1988）。内部人士尤其不太可能投票支持罢免CEO，而且因为害怕丢掉工作，他们也反对可能增加股票价值的收购，所以他们支持昂贵的防收购保护，如“毒丸计划”和“金色降落伞”（Weisbach，1988）。詹森（Jensen，1984）反对的正是这样的反收购措施，他将收购定义为替换无效管理团队的有效手段。第二，小型董事会更负责，也不那么笨拙，因此更有可能监督CEO的行为。第三，拥有独立董事长的董事会应该比CEO兼任董事长的董事会更好地监督CEO（Daily，Dalton & Cannella，2003；Beatty & Zajac，1994）。由CEO担任董事长的董事会尤其不太可能要求罢免CEO。

机构投资者根据代理理论原则推动董事会监督，就像他们推动绩效薪酬和去多元化一样。加州公务员退休基金（CalPERS）是最早倡导董事会独立性的机构之一（Schwab & Thomas，1998）。当1984年加州解除了在投资组合中持股比例不得超过25%的限制后，加州公务员退休基金发起了更多股东决议，以更新治理结构（Blair，1995）。加州公务员退休基金的官员在1985年创建CII（机构投资者委员会）的过程中发挥了重要作用。CII汇集了30家基金（其中29家是上市基金），控制着1320亿美元的资产，而它现在已经包括了超过3万亿美元的各种基金（http://www.cii.org/about）。CII的《股东权利法案》要求对高管薪酬和审计进行独立监督，对不同类别的股东一视同仁（以防止少数股东，例如来自创始人家族的股东控制董事会），并对关键战略决策要求股东批准（Jacoby，2006）。加州公务员退休基金和CII提议，董事会多数应由外部人士组成，薪酬委员会应完全由外部人士组成。许多公司反对反收购策略，比如旨在不惜一切代价留住现任高管的"毒丸计划"（Poison Pill）（Davis & Stout，1992；Jacoby，2006）。

当涉及外部董事和董事会规模时，高管和董事会遵循代理理论学家的指示。图10-5显示了1980年至2005年间样本公司中外部董事的平均比例。在一般公司中，外部董事在1980年占到66%的席位，在2005年占到83%。分析人士经常质疑独立董事是否真正独立，我们可以看出，他们有理由感到担忧。自1996年有关外部董事与公司关系的数据首次出现以来，该图显示了与公司没有家族关系或雇佣历史的董事（独立董事）的百分比。1996年，在一般公司中，近80%的董事是外部人士，但只有不到60%是独立董事。因此，尽管董事会成员更有可能是外部人士，但其中许多外部人士与管理层仍有联系。此外，由于董事会职位的候选人是由董事会自己的提名委员会提名的，董事会通常由主席之友和朋友之友组成。理论上，董事代表了股东，而实际上，他们是由CEO或董事长指挥运作的委员会任命的。

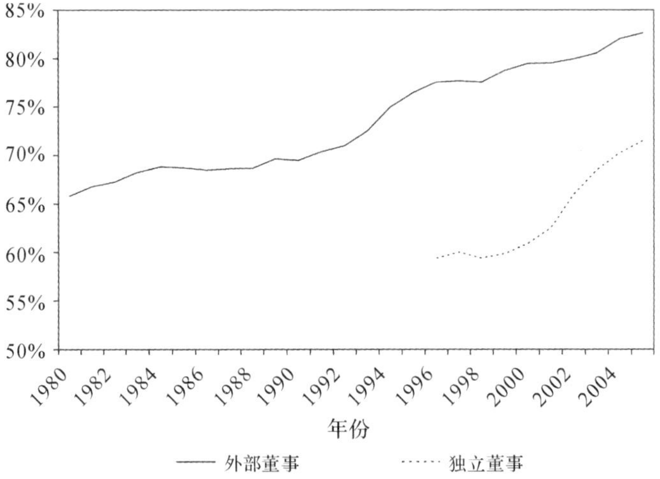

图 10–5 外部董事和独立董事的平均比例

注：样本为 783 家美国大公司。关于独立外部董事的数据从 1996 年才开始。外部董事是指未受公司雇佣的任何董事。为此我们使用了标准普尔公司的登记信息。1996 年后，我们使用来自投资者责任研究中心（IRRC）的董事数据库的数据，进一步将外部董事分为附属董事和独立董事。

公司在代理理论学家的建议下缩减了董事会的规模，因此他们没有通过增加新成员来获得更大比例的外部人士。从图10-6可以看出，从1980年到2005年，董事的平均人数从11.7人下降到了10.2人。在超过25年的时间里只降低了15%似乎是微薄的，但这证明了降低董事会规模是很困难的，因为董事通常是终身聘任，而且倾向于留任，因为薪酬很有吸引力，而且职责也不是特别繁重，尽管自《萨班斯－奥克斯利法》通过以来，这些职责已被增加。

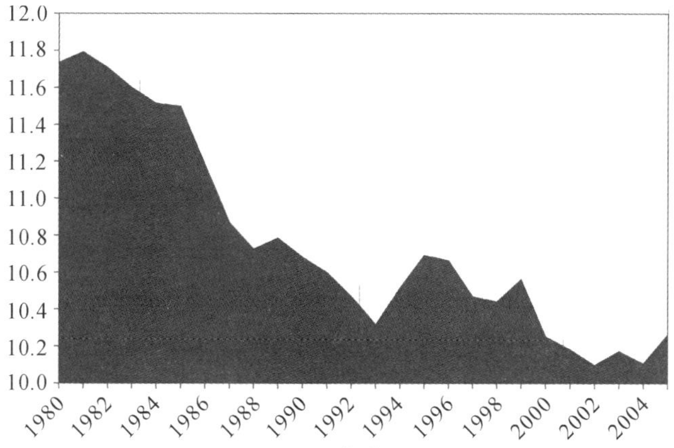

图 10–6　外部董事和独立董事的平均人数

注：样本为783家美国大公司。我们使用标准普尔的登记信息计算了董事会的平均董事人数。

董事会主席独立性的失败

但是，董事会没有采纳任命独立董事长的建议（Daily et al., 2003）。要求CEO和董事长职位分离的呼声受到了一种反向趋势的挑战：公司希望通过媒体积极关注其任命的明星CEO来推动股价上涨。董事会对股票表现不佳的反应是聘请知名的CEO，以传递这样一个信息：公司现在掌握在有能力的人手中（Khurana，2002）。明星CEO通常在谈判中占据上风，并且只会在得到董事会主席的头衔时才会同意履职。毕竟，既然代理理论指出董事会可以罢免那些业绩不佳的CEO，未来的CEO就有充分的理由不让潜在的批评者担任董事长一职。在1980至2000年间，我们的样本中拥有董事会主席头衔的CEO从57%增长到75%，再降到2005年的67%（参见图10-7）。即使是任命CEO以外的人担任董事会主席的公司，也常常会任命前任CEO，或现任CEO的密友，因此，即使是非CEO的董事长，也常常是管理层的紧密盟友。

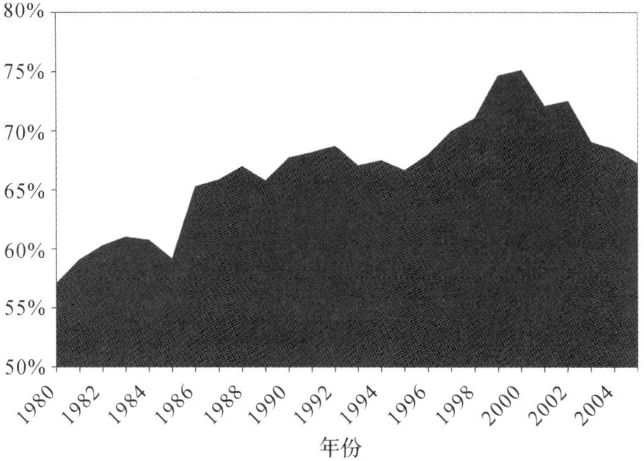

图 10–7　CEO 担任董事长的公司比例

注：样本为 783 家美国大公司。我们使用标准普尔的登记信息（Standard & Poor's Register）来确定拥有董事会主席头衔的 CEO。

监督董事会的失败：罢免CEO的困难

代理理论学家让董事会来负责罢免业绩不佳的CEO，这是补充股票期权胡萝卜的终极大棒。在此期间，CEO的流动率确实有所上升，从80年代的9.7%上升到90年代的11.5%，以及2000年至2006年的12.6%（参见图10–8）。很难判断有多少增长是被董事会罢免的结果，因为那些看到不祥之兆的CEO们通常会悄悄地离开，去“寻求其他的兴趣”或者“花更多的时间和家人在一起”。就算在这段时间所有这些变化都是被董事会赶下台的结果，但在新千年，被董事会撵走在所有CEO更替中所占的比例也不到四分之一。业绩不佳的CEO被董事会扫地出门几乎没有增加。在此期间，来自外部的CEO的任命有所增加。拉凯什·库拉纳（Khurana，2002）将此与董事会的努力联系在一起，认为这表明了一种改变，它支撑了滞后的股价。

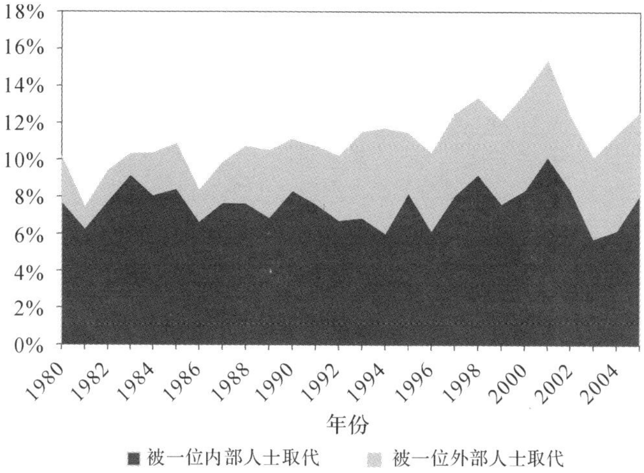

图 10–8　CEO 年度流动率

注：样本为 783 家美国大公司。CEO 更替事件由两个步骤确定。首先，我们注意到《标准普尔的公司、董事和高管登记信息》连续几卷中 CEO 姓名的任何变化。然后，我们使用华尔街日报指数、纽约时报指数和 Lexis–Nexis 服务来确认这些名字的变化反映了 CEO 实际的更替事件。

董事会有效监督的限制

新闻报道和学术研究表明，董事会没有发挥代理理论所建议的监督和约束的作用。一项比较研究发现，业绩不佳的日本公司比遇到同样问题的美国公司更有可能任命外部董事，这表明仅是日本的董事会会通过寻求外部投入来应对挑战。此外，外部人士的任命仅在日本预示着CEO的更替，这表明日本的外部人士实际上在监督高管，并鼓励替换表现不佳的高管（Kaplan，1994；Kaplan & Minton，1994）。

尽管CII在鼓励董事会积极行动和监督方面发挥了领导作用，但事实证明，机构投资者不愿让董事会承担责任，也不愿向高层管理团队发号施令。股东提议的数量随着时间的推移确实在增加，但绝大部分是由公共养老基金发起的。原因之一可能是共同基金存在利益冲突。他们一方面投资公司，另一方面向他们推销退休金融工具。这就抑制了基金经理通过挑战管理层决策或要求撤换高层管理团队成员来得罪高层管理人员的动机（Gourevitch & Shinn，2005；Davis & Kim，2007）。

外部董事会成员的增加也给监管带来了一些难题。理想情况下，董事们应该对这个行业非常了解，以便能够评估公司的商业战略以及增长和盈利前景。但反垄断条款以及对贸易和战略保密的担忧，阻止了企业任命行业内部人士担任外部董事。因此，外部董事往往对相关行业知之甚少或一无所知。内部人士通常比外部人士拥有显著的知识优势，在判断企业战略方面处于更有利的地位。所以董事会中那些最善于评估战略的人，就其作为内部董事的地位而言，最不可能挑战CEO。

如果企业按照代理理论来塑造的话，它们将更倾向于增加股票价值，更精益、更专注于行业、更自律地使用债务，就会表现得更有创业精神，并承担更多能带来巨大回报的风险。风险越大，回报越高，这是经理人的新准则。但是，公司董事会改革的失败使公司失去了（根据代理理论的说法）本应起到抑制风险作用的纪律和约束。独立的董事会应该实施代理理论的某些方案，比如股票期权，事实上，他们的薪酬委员会已经做到了这一点。但它们通常没有对商业战略，以及对那些承担过多风险或未能提高股票价值的严于律己的高管，来实施更多的监督。这种其薪酬委员会支持股票期权的通用方案但不监督公司的详细战略决策的董事会模式，产生的部分原因可能是董事会精力有限以及外部人士的行业知识有限（信息不对称是一个明显的原因）。董事会或许更适合来实施超出常规的薪酬体系，而不是卷起袖子、对战略的细节提出疑问。

结论

自20世纪80年代初以来，美国大公司纷纷转型去遵从公司新的“股东价值”模式。这个模型可以追溯到代理理论学家所描述的经理人和股东之间的利益冲突，以及他们为将这些冲突最小化而提出的解决方案。首先，他们建议公司应该通过为股票价格上涨而奖励经理人（通过股票期权）和确保他们持有公司的股权来协调这两组人的利益。其次，企业应专注于一项核心业务，将投资组合多元化的工作留给投资者，因为这种多元化的超大型企业集团没有为资本创造一个有效的市场。第三，企业应该用债务为新的行动和扩张融资，用杠杆撬动股东的投资，同时约束那些试图将利润用于扩张低回报业务的高管。这三个变化应该会使公司更具创业精神和专注力，并激励经理们去冒险，从而带来丰厚的回报。最后，公司董事会应该更加独立于管理层，以便加强对高管的监督，并在管理层偏离轨道时确保纠偏。外部董事、小而灵活的董事会，以及独立的董事会主席都是处方所要求的。如果前三项创新会导致遭受更大的风险，那么第四项创新应该能够约束高管，并有助于保护股东的投资。事实上，薪酬和治理方案都具有鼓励创业和抑制鲁莽的双重功能。在薪酬方面，高管－股权公式抑制了接受风险和短期主义，而股票－期权公式则促进主动性。在治理方面，自治董事会应该鼓励高管创业精神，但同时阻止不智的风险。

我们展示的783家美国大公司的薪酬体系、商业策略和治理结构的数据表明，公司确实遵循了某些代理理论的方案（Zuckerman，1999；Davis et al.，1994；Fligstein & Markowitz，1993）。他们对高管薪酬进行了革命性的改革：去多元化，用债务为新的行动提供资金，任命了外部董事，并缩减了董事会规模。公司之所以遵循这些策略，很大程度上是应基金经理的要求，因为基金经理的分红与他们所管理的投资组合价值的改善挂钩，而基金经理自己也从这些策略所承诺的稳步上涨的股价中获益。CEO们起初抵制这些创新，但很快意识到，他们可以通过获得股票期权和专注于股票价值的增长而大获全胜，而不是专注于企业本身的成长。他们只是为了让基金经理高兴而接受了其中的一些创新。

我们认为，尽管一般的公司一直孜孜不倦地应用代理理论原则来提高企业的创业精神和风险，但它们并没有应用那些有助于监督和培养高管自我约束的原则。高管们没有被要求持有更多股权，董事会也没有真正获得独立性。这些变化促使企业在21世纪第一个十年的头几年里投资于风险更高的企业，欺骗股东，造成了安然（Enron）、世通（WorldCom）和泰科（Tyco）等公司的轰然倒塌和2001年的经济衰退。这些变化又在这个十年末鼓励了银行、保险公司和产业承担投机风险，导致了大衰退。没有什么能阻止企业追求过高的风险，也没有什么能阻止它们犯下明目张胆的欺诈行为，而且仍然没有什么能约束这两种行为模式。

第一，通用汽车、通用电气和IBM的CEO们在1970年的薪水是100万美元左右。到2000年，这些公司的首席执行官获得了股票期权，而那些能够提高股票价值的人，其薪酬可能是原来的10倍、20倍或100倍。将CEO的收入与股价挂钩似乎是个好主意，但代理理论被误用了，因为公司并不同时要求高管持有更多的股权。CEO们现在从股价的短期上涨中获益，但几乎没有进行长期投资。他们甚至从股市波动中获益。当股票价格在期权定价窗口期暴跌，然后到了行使期权的时间又飙升时，CEO们便成功获益了。由于CEO们没有增持股票，也不必在股价暴跌时返还通过期权赚来的钱，因此新的薪酬制度鼓励CEO们把赌注押在能够增加公司价值的短期努力上，而不是着眼于公司的长期活力。这一理论不仅是被误用了，实证研究表明，它可能一开始就错了。计量经济学研究提出了股票期权和持有股权是否能改善公司业绩的问题。此外，行为经济学和心理学的文献表明，外部激励系统，如绩效工资，可能不会提高管理绩效（Benabou & Tirole，2003）。

第二，在我们研究的这段时间里，去多元化确实使美国公司更加专注。然而，实证研究质疑了业务专注的公司是否比综合性企业集团更有效率。聚焦单一行业的公司和综合性企业集团的利润没有表现出明显的差异，单一行业公司只有在代理理论的鼎盛时期才呈现出更好的股票表现。我们认为这种形态可能表明了一种自我实现预言——如果投资者认为单一行业的公司价值更高，那么它们的价值就会上升。此外，在同一时期，证券分析师更喜欢对业务专注的公司进行评级，机构投资者也更喜欢从业务专注的公司中创建投资组合。这些偏好很可能是短暂的，因此它们可能不会持续影响价值。尽管目前还不确定业务专注的公司是否比综合性企业集团获得了更高的利润，或者获得了更高的市场估值，但它们似乎面临着更大的风险。正如我们所指出的那样，业务专注的企业无法像综合性企业集团那样享受来自处于不同商业周期的产业和在不同生命周期阶段运营的缓冲。在一个多元化的综合性企业集团中，周期性企业可以被反周期企业缓冲，但如果它是独立的，就没有这种缓冲了。一个需要资金的年轻企业可以由夕阳企业来提供动力，但如果是靠自己，就不行了。去多元化的公司几乎肯定会面临更大的失败风险，而且可能无法通过改善业绩来弥补这种风险。

第三，通过要求管理层用债务为扩张融资，股东可以约束CEO，阻止他们只是为了扩张自己的帝国而购买低收益企业，这种想法似乎很合理。债务可以撬动股东的投资，他们将高管决定承担债务视为高管对公司前景有信心的证据，这也是有道理的。但债务显然增加了企业风险。与此同时，垃圾债券的兴起，甚至让陷入困境的公司也可以通过举债来解决短期问题。但商业周期会破坏债务融资的策略，因为经济景气时期会使利率上升，增加债务成本，而经济萧条时期会使需求和利润下降。当时，债务有着负面影响，但高管们逐渐认识到，债务可以提高他们自己的薪酬。CEO们可以用利润回购股票，提高他们的期权价值，然后通过债务融资的扩张最大化期权价值，实现华丽转身。由于企业不会在股价下跌时收回高管们之前从期权中赚来的钱，高管们也不会在债务融资的扩张没有取得回报时失去之前的收益。这种动态机制无疑是造成大衰退时期银行违约的原因之一。股东们发现，2008年投资银行的杠杆率极高，而且对自己持有的例如债务抵押债券等不透明且波动较大的投资工具极为乐观。银行倒闭了，但他们的高管却过得很好。

如果前三项提议是为了鼓励高管们像企业家一样行事，并使公司更易于管理，那么第四项提议就是由股东代表施加约束和监督。公司董事会应该关注股东利益，为了做到这一点，他们需要独立于管理层。如果管理人员是为了自己的利益而运营公司，董事会可以对他们进行惩处，也可以将他们开除。代理理论学家规定，董事会规模要小到足以实际监督企业战略，由外部人士而非内部管理人员组成，并由独立董事担任主席。这是一个很好的理论，但公司非常有选择性地将其付诸实践。他们确实缩小了董事会规模。他们确实任命了更多的外部人士，尽管其中许多人与公司的首席执行官有联系或曾受雇于公司。“外部人士”并不完全是股东代表。如果董事会确实提名了真正的外部人士，他们会选择行业外的人来遵守反垄断法，这通常意味着外部人士最不能够评估公司的战略。最重要的是，CEO们越来越有可能同时担任董事长一职，这破坏了真正董事会独立性的核心准则，因为当CEO担任董事会主席时，董事会不会挑战公司战略，而且他们很少罢免首席执行官。

我们已经证明普通公司都信奉服务于基金经理和CEO，也恰巧增加了公司的风险敞口的代理理论格言，而不信奉对公司行为施加限制的格言。但代理理论对美国经济产生了更广泛的影响，因为其短期绩效薪酬方案在其他行业也很受欢迎，而且它也让这些行业暴露于新形态的风险中。

代理理论薪酬公式的广泛误用

以短期激励造成公司市值波动为表现形式，代理理论的误用已经影响到远远超出了工业企业范畴的薪酬体系。投资银行曾按照合伙人制组建，但现在它们在股市上市了，通过首次公开募股让合伙人变得富有，并确保高管们不再面临作为合伙人所面临的下行风险。机构投资者也根据年度业绩获得薪酬，在其投资组合中赚取一定比例的账面收益。对冲基金经理和私募基金经理的薪酬也同样基于其投资组合的表现。在短期内，整个经济中的关键决策者都因为提高公司市值而得到了薪酬，而所有这些薪酬体系都要经受因对短期收益的同样注重和缺乏抑制而引发的中期股价暴跌的风险。在这一时期，美国经济的重心也转向了金融，金融从业者获得了声望和收入（Lounsbury，2002；Davis，2009）。

这种常见的薪酬方式鼓励所有参与者高估公司的价值，因为私募股权经理、对冲基金经理、机构投资者和行业领袖都因公司市值增长而获得报酬，而不会因为随后的亏损而受到惩罚。所有人都受益于公司账面价值的短期增长。例如，对冲基金通常向投资者收取固定2%的管理费和收益的20%。他们不会偿还损失的20%。大学捐赠基金的经理们会因投资组合的收益而获得薪酬和分红，这也让他们更青睐高价值的资产，尤其是那些价值可能存在争议的非流动性资产。正如一家投资银行报道的哈佛大学管理公司2008年私募股权投资的账面亏损所言，其原因是“基金继续持有的投资的定价水平不现实”以及“不切实际的估值”。这个体系鼓励CEO们和基金经理推升账面收益的价值，正如哈佛大学1969届毕业生自发组建的一个监督委员会在谈到哈佛管理公司2008年的亏损时所指出的那样，“去年的事件表明，根据捐赠基金账面价值的增长对人们进行如此慷慨奖励的整个过程存在严重缺陷”（Condon & Vardi，2009）。

如果你听取了代理理论学家的意见，你会发现这种合伙人制提供了一种理想的薪酬体系，因为高管就是股东。但投资银行的合伙人认识到公众持股和股票期权的好处。主要投资银行的合伙人让他们的银行上市，并成为通过股票期权和分红获得报酬的高管，而不是作为合伙人分享利润。现在投资银行的首脑们和工业企业的首脑们一样，分享了他们公司的收益，却不分担损失。更普遍地说，代理理论并没有通过增持股权将工业企业推向合伙人制的逻辑。它将所有这些行业都引向了一种靠赌博增加股权价值的逻辑。冒险变得具有传染性。一旦你在产业管理、投资银行、机构投资、对冲基金或私募股权领域的竞争对手开始从事高风险、高回报的活动，你就很难抗拒。从逻辑上讲，为了留住你投资银行里最优秀的人才，你必须提供与竞争对手同等的薪酬机会。这个体系增加了安然、世通、泰科的风险，还有发行次级抵押贷款的商业银行的风险，把这些抵押贷款变成债务抵押债券（CDO）并将其中的不同层级出售给机构投资者的投资银行的风险，购买这些CDO的共同基金的风险，以及给它们投保的像美国国际集团（AIG）这样的保险公司的风险。在这个金融高管链中，任何人都没有下行风险。这些高管中没有人会因为个别企业的失败而蒙受损失，即使是他们自己的企业。

监管回应的失误

监管能解决这些问题吗？监管由股票期权为高管创造的不当激励机制驱动的企业不法行为的努力一直很薄弱。2002年7月30日通过的《萨班斯－奥克斯利法》将安然、世通和泰科的破产定义为由会计欺诈造成的。法案的参议院标题说明了一切："上市公司会计改革和投资者保护法"。该法案略微增加了CEO们和CFO们提交虚假收益报告的难度，从而提振了股价。然而，该法案并没有改变鼓动CEO们去欺骗公众的股票期权薪酬制度。如果《萨班斯－奥克斯利法案》将与股价短期变动挂钩的薪酬定为非法，或许可以消除"管理"收益的动机。就目前而言，我们看到在《萨班斯－奥克斯利法案》通过后，企业的收益重述，相当于承认了收益"管理"有所增加。一些人认为增加是一个好迹象，表明企业正在承认自己的犯罪行为。但他们就是犯了罪。

监管对2008年危机的回应仍在进行中，但迄今为止，还没有人提出要将企业战略和治理倒退回1970年的监管规定。除了旨在防止抵押贷款发行者、保险公司、汽车制造商和银行破产的政策外，主要的政策回应是经典的凯恩斯式反周期支出和温和的监管改革。我们提议成立一个消费者金融安全委员会，向高风险投资工具的投资者做通报。我们提出要限制金融机构规模的建议，以限制个体机构破产对经济的影响。这些变化都不会从根本上改变对高管的激励。

在全球范围内，代理理论似乎正在赢得更多的"皈依者"，而并没有面临一个在十年内造成了两次重大衰退的理论所应遭受的那种挑战。日本公司正越来越多地任命外部董事，缩小董事会规模以使董事会更负责任，并扩大投资者关系服务以增强投资者信心（Kaplan，1994；Kaplan & Minton，1994；Dore，2000；Jacoby，2005，2006）。由代理理论推动的

“公司股东价值”模型似乎依然存在，而且运转良好，并且很少受到引发了《萨班斯－奥克斯利法案》的安然、世通和泰科的丑闻的抑制，也根本没有被随后的大衰退所抑制。

参考文献

Amihud, Y., & Lev, B. (1981). Risk reduction as a managerial motive for conglomerate mergers. *Bell Journal of Economics*, 12, 605–617.

Baker, G. P. (1992). Beatrice: A study in the creation and destruction of value. *Journal of Finance*, 47, 1081–1119.

Baker, G. P., Gibbons, R. S., & Murphy, K. J. (2001). Bringing the market inside the firm? *The American Economic Review*, 91, 212–218.

Baker, G. P., & Smith, G. D. (1998). *The new financial capitalists: Kohlberg Kravis Roberts and the creation of corporate value*. New York: Cambridge University Press.

Beatty, R. P., & Zajac, E. J. (1994). Managerial incentives, monitoring, and risk bearing: A study of executive compensation, ownership, and board structure in initial public offerings. *Administrative Science Quarterly*, 39, 313–335.

Benabou, R., & Tirole, J. (2003). Intrinsic and extrinisic motivation. *Review of Economic Studies*, 70, 489–520.

Bettis, R. A. (1983). Modern financial theory, corporate strategy and public policy: Three conundrums. *Academy of Management Review*, 8, 406–415.

Blair, M. M. (1995). *Ownership and control: Re-thinking corporate governance for the first century*. Washington, DC: Brookings Institution.

Burns, N., & Kedia, S. (2006). *The impact of performance-based compensation on misreporting*. San Antonio, TX: University of Texas.

Byrd, J. W., & Hickman, K. A. (1992). Do outside directors monitor managers? *Journal of Financial Economics*, 32, 195–221.

Campa, J. M., & Kedia, S. (2002). Explaining the diversification discount. *The*

Journal of Finance, 57, 1731–1762.

Campello, M. (2003). Capital structure and product markets interactions: Evidence from business cycles. *Journal of Financial Economics*, 68, 353–378.

Campello, M. (2006). Debt financing: Does it hurt or boost firm performance in product markets? *Journal of Financial Economics*, 82, 135–172.

Chandler, A. D., Jr. (1977). *The visible hand: The managerial revolution in American business*. Cambridge, MA: Belknap.

Condon, B., & Vardi, N. (2009). How Harvard's investing superstars crashed. *Forbes*, February 20, 2009. Available at Forbes.com.

Crutchley, C. E., & Hansen, R. S. (1989). A test of the agency theory of managerial ownership, corporate leverage, and corporate dividends. *Financial Management*, 18, 36–46.

Daily, C. M., Dalton, D. R., & Cannella, A. A., Jr. (2003). Introduction to special topic forum corporate governance: Decades of dialogue and data. *Academy of Management Review*, 28, 371–382.

Dalton, D. R., Daily, C. M., Certo, S. T., & Roengpitya, R. (2003). Meta-analyses of financial performance and equity: Fusion or confusion? *The Academy of Management Journal*, 46, 13–26.

Davis, G. F. (1991). Agents without principles: The spread of the poison pill through the intercorporate network. *Administrative Science Quarterly*, 36, 583–613.

Davis, G. F. (2009). *Managed by the markets: How finance re-shaped America*. New York: Oxford University Press.

Davis, G. F., Diekmann, K. A., & Tinsley, C. H. (1994). The decline and fall of the conglomerate firm in the 1980s: The deinstitutionalization of an organizational form. *American Sociological Review*, 59, 547–570.

Davis, G. F., & Kim, H. E. (2007). Business ties and proxy voting by mutual funds. *Journal of Financial Economics*, 85, 552–570.

Davis, G. F., & Stout, S. K. (1992). Organization theory and the market for corporate control: A dynamic analysis of the characteristics of large takeover targets. *Administrative Science Quarterly*, 37, 605–633.

Dimaggio, P. J., & Powell, W. W. (1983). The iron cage revisited-institutional isomorphism and collective rationality in organizational fields. *American Sociological Review*, 48, 147–160.

Dobbin, F., & Zorn, D. (2005). Corporate malfeasance and the myth of shareholder value. *Political Power and Social Theory*, 17, 179–198.

Dore, R. (2000). *Stock market capitalism: Welfare capitalism – Japan and Germany versus the Anglo-Saxons*. New York: Oxford University Press.

Efendi, J., Srivastava, A., & Swanson, E. P. (2007). Why do corporate managers misstate financial statements? The role of option compensation and other factors. *Journal of Financial Economics*, 85, 667–708.

Fama, E. F. (1980). Agency problems and the theory of the firm. *The Journal of Political Economy*, 88, 288–307.

Fama, E. F., & Jensen, M. C. (1983). Separation of ownership and control. *Journal of Law and Economics*, 26, 301–326.

Fama, E. F., & Jensen, M. C. (1985). Organizational forms and investment decisions. *Journal of Financial Economics*, 14, 101–119.

Fligstein, N. (1990). *The transformation of corporate control*. Cambridge, MA: Harvard University Press.

Fligstein, N., & Markowitz, L. (1993). Financial reorganization of American corporations in the 1980s. In: W. J. Wilson (Ed.), *Sociology and the public agenda*. Beverly Hills, CA: Sage Publications.

Fourcade, M., & Khurana, R. (2008). From social control to financial economics: The linked ecologies of economics and business in twentieth-century America. In: C. Camic, N. Gross & M. Lamont (Eds), *Making, evaluating, and using social science knowledge: The underground practice*. Chicago: University of Chicago Press.

Fox, J. (1997). Learn to play the earnings game (and Wall Street Will Love You). *Fortune*, 6, 76–80.

Gourevitch, P., & Shinn, J. (2005). *Political power and corporate control: The new global politics of corporate governance*. Princeton, NJ: Princeton University Press.

Guillén, M. F. (1994). *Models of management: Work authority and organization in a comparative perspective*. Chicago: University of Chicago Press.

Hall, B. J., & Liebman, J. B. (1998). Are CEOs really paid like bureaucrats? *The Quarterly Journal of Economics*, 113, 653–691.

Hammer, M., & Champy, J. (1993). *Reengineering the corporation: A manifesto for business*. New York: Harper Business.

Hermalin, B. E., & Weisbach, M. S. (1988). The determinants of board composition. *The Rand Journal of Economics*, 19, 589–606.

Hirsch, P. M. (1986). From ambushes to parachutes: Corporate takeovers as an instance of cultural framing and institutional integration. *American Journal of Sociology*, 91, 800–837.

Hirsch, P. M. (1991). Undoing the managerial revolution? Needed research on the decline of middle management and internal labor markets. *Annual meeting of the American Sociological Association*, Cincinnati, OH.

Hubbard, R. G. & Palia, D. (1998). *A re-examination of the conglomerate merger wave in the 1960s: An internal markets view*. NBER Working Paper no. 6539. National Bureau of Economic Research.

Jacoby, S. M. (2005). *The embedded corporation: Corporate governance and employment relations in Japan and the United States*. Princeton, NJ: Princeton University Press.

Jacoby, S. M. (2006). *Principles and agents: CalPERS and corporate governance change in Japan*. Los Angeles: Anderson School of Business, UCLA.

Jensen, M. C. (1984). Takeovers: Folklore and science. *Harvard Business Review*, November–December, pp.109–121.

Jensen, M. C., & Meckling, W. H. (1976). Theory of the firm: Managerial behavior, agency costs and ownership structure. *Journal of Financial Economics*, 3, 305–360.

Jensen, M. C., & Murphy, K. J. (1990). Performance pay and top management incentives. *Journal of Political Economy*, 98, 225–264.

Jensen, M. C., & Ruback, R. (1983). The market for corporate control: The scientific evidence. *Journal of Financial Economics*, 11, 5–50.

Johnson, S. (2008). Hearing on faltering economic growth and the need for economic stimulus. Joint Economic Committee of Congress, October 30, 2008, Room 106 of the Dirksen Senate Office Building. Available at jec.senate.gov/index.cfm.

Kaplan, S., & Minton, B. (1994). Appointments of outsiders to Japanese boards. *Journal of Financial Economics*, 36, 225–258.

Kaplan, S. N. (1994). Top executive rewards and firm performance: A comparison of Japan and the United States. *Journal of Political Economy*, 102, 510–546.

Karmel, R. S. (2004). Should a duty to the corporation be imposed on institutional shareholders. *Business Law*, 60, 1–17.

Khurana, R. (2002). *Searching for a corporate savior: The irrational quest for charismatic CEOs*. Princeton, NJ: Princeton University Press.

Krasner, S. D. (1984). Approaches to the state: Alternative conceptions and historical dynamics. *Comparative Politics*, 17, 223–246.

Lebaron, D., & Speidell, L. S. (1987). Why are the parts worth more than the sum? ‘Chop Shop’, a corporate valuation model. In: L. E. Browne & E. S. Rosengren (Eds), *The merger boom. Boston*, MA: Federal Reserve Bank of Boston.

Liebeskind, J., Opler, T., & Hatfield, D. (1996). Corporate restructuring and the consolidation of US industry. *Journal of Industrial Economics*, 47, 53–68.

Lounsbury, M. (2002). Institutional transformation and status mobility: The professionalization of the field of finance. *The Academy of Management Journal*, 45, 255–266.

Lounsbury, M. (2007). A tale of two cities: Competing logics and practice variation in the professionalizing of mutual funds. *Academy of Management Journal*, 50, 289–307.

Matsusaka, J. (1993). Takeover motives during the conglomerate merger wave. *Rand Journal of Economics*, 24, 357–379.

Meyer, J. W., & Rowan, B. (1977). Institutionalized organizations: Formal structure as myth and ceremony. *American Journal of Sociology*, 83, 340–363.

Miller, M. H., & Modigliani, F. (1961). Dividend policy, growth and the valuation of shares. *Journal of Business*, 34, 411–433.

Modigliani, F., & Miller, M. H. (1958). The cost of capital, corporation finance and the theory of investment. *American Economic Review* (June), 261–297.

Ocasio, W., & Kim, H. K. (1999). The circulation of corporate control: Selection of functional backgrounds of new CEOs in large U.S. manufacturing firms, 1981–1992. *Administrative Science Quarterly*, 44, 532–562.

Ouchi, W. G. (1981). *Theory Z: How American business can meet the Japanese challenge*. Reading, MA: Addison-Wesley.

Peters, T. J., & Waterman, R. H. (1982). *In search of excellence*. New York: Harper & Row.

Piore, M., & Sabel, C. (1984). *The second industrial divide-possibilities for prosperity*. New York: Basic Books.

Posner, R. A. (2009). *A failure of capitalism: The crisis of '08 and the descent into depression*. Cambridge, MA: Harvard University Press.

Pralahad, C. K., & Hamel, G. (1990). The core competencies of the corporation. *Harvard Business Review*, 68, 79–91.

Proffitt, W. T. (2001). *The evolution of institutional investor identity: Social movement mobilization in the shareholder activism field*. Evanston, IL: Northwestern University Press.

Richardson, S. A., Tuna, A. I., & Wu, M. (2002). Predicting earnings management: The case of earnings restatements. *Social Science Research Network Working Paper Series*.

Roy, W. (1997). *Socializing capital: The rise of the large industrial corporation in America*. Princeton, NJ: Princeton University Press.

Schwab, S. J., & Thomas, R. S. (1998). Realigning corporate governance: Shareholder activism by labor unions. *Michigan Law Review*, 96, 1018–1094.

Securities Regulations and Law Report. (1985). *Economists urge SEC to resist pleas for curbs on hostile takeovers*. Securities Regulations and Law Report. February 22, pp.329–332.

Servaes, H. (1996). The value of diversification during the conglomerate merger wave. *Journal of Finance*, 51, 1201–1225.

Shleifer, A., & Vishny, R. W. (1989). Management entrenchment. *Journal of Financial Economics*, 25, 123–139.

Shleifer, A., & Vishny, R. W. (1997). A survey of corporate governance. *The Journal of Finance*, 52, 737–783.

Sloan, A. P. (1963). *My years with general motors*. Garden City, NJ: Doubleday.

Sorkin, A. R. (2009). *Too big to fail: The inside story of how Wall Street and Washington fought to save the financial system – and themselves*. New York: Viking.

Strang, D., & Meyer, J. W. (1994). Institutional conditions for diffusion. In: W. R. Scott & J. W. Meyer (Eds), *Institutional environments and organization: Structural complexity and individualism*. Thousand Oaks, CA: Sage.

Teece, D. J. (1982). Towards an economic theory of the multi-product firm. *Journal of Economic Behavior and Organization*, 3, 39–63.

Useem, M. (1984). *The inner circle: Large corporations and the rise of business political activity in the U.S. and U.K.* New York: Oxford University Press.

Useem, M. (1993). *Executive defense: Shareholder power and corporate reorganization*. Cambridge, MA: Harvard University Press.

Useem, M. (1996). *Investor capitalism: How money managers are changing the face of corporate America*. New York: Basic.

Villalonga, B. (2004). Does diversification cause the "Diversification discount"? *Financial Management*, 33, 5–27.

Walther, T. (1997). *Reinventing the CFO: Moving from financial management to strategic management*. New York: McGraw Hill.

Weisbach, M. S. (1988). Outside directors and CEO turnover. *Journal of Financial Economics*, 20, 431–460.

Wernerfelt, B., & Montgomery, C. A. (1988). Tobin's Q and the importance of focus in firm performance. *American Economic Review*, 78, 246–250.

Westphal, J. D., & Zajac, E. J. (1998). The symbolic management of stockholders: Corporate governance reforms and shareholder reactions. *Administrative Science Quarterly*, 43, 127–153.

Whitley, R. (1986). The transformation of business finance into financial economics: The roles of academic expansion and changes in U.S. capital markets. Accounting, *Organizations and Society*, 11, 171–192.

Williamson, O. E. (1975). *Markets and hierarchies, analysis and antitrust implications: A study in the economics of internal organization*. New York: Free Press.

Zajac, E. J., & Westphal, J. D. (2004). The social construction of market value: Institutionalization and learning perspective on stock market reactions. *American Sociological Review*, 69, 433–457.

Zuckerman, E. W. (1999). The categorical imperative: Securities analysts and the illegitimacy discount. *American Journal of Sociology*, 104, 1398–1438.

Zuckerman, E. W. (2000). Focusing the corporate product: Securities analysts and de-diversification. *Administrative Science Quarterly*, 45, 591–619.

第十一章　危机中的新自由主义：美国金融崩溃的监管根源

约翰·L. 坎贝尔（John L. Campbell）

摘要

社会科学家长期以来一直对政治制度如何影响经济表现这个问题感兴趣。今天这些影响在当前美国金融危机中尤为明显。本文通过揭示政府监管以及其他因素如何促成了危机，对灾难进行了分析。具体而言，本文显示了与新自由主义密切相关的监管改革如何产生了不正当的激励措施，这些激励措施对抵押贷款市场的贷款增加做出了重大贡献，并增加了对其他金融市场的投机，即使这种行为变得越来越危险。其结果是抵押贷款公司、银行、一家大型保险公司，以及最终短期商业贷款市场的失败，这引发了全面的流动性危机，从而使整个经济陷入严重衰退。本文还探讨了对未来研究的启示，还提供了一些政策处方和对其未来政治可行性的评估。

社会科学家长期以来一直对政治制度如何影响经济表现这个问题感兴趣。这些影响的重要性在美国住房市场发生的崩溃中更为明显，并且在2008年迅速蔓延到金融服务业，从而引发了自大萧条以来美国最严重的经济灾难。我解释了这场危机是如何源于可追溯到20世纪70年代的各种监管政策。这些政策在很大程度上与新自由主义的兴起、宽松的保守观念和政策处方（包括政府监管减少，税收减少等）相关。换句话说，金融危机是更广泛的新自由主义危机的表现。

其中的理论和政治风险很高。自20世纪70年代后期以来，美国的国家政治越来越受新自由主义者的支配，新自由主义者认为政府监管较少对经济有利。他们还认为，美国市场——经济合作与发展组织最受监管的经济体之一——的监管过于严格，应该大幅度地从国家的控制中解脱出来。当然，这是一种根植于弗里德里希·哈耶克（Hayek，1944）和米尔顿·弗里德曼（Friedman，1962）的经典著作的观点，他们主张自由市场，除了用于纠正最严重的市场失灵或负面外部性，他们反对任何形式的国家计划或国家干预经济。他们认为，大部分肆无忌惮的对自身利益的追求，促进了最有效的市场行为，反过来又成为经济发展和繁荣的最有效途径。这种观点在美国取得了政治成果，而以1980年选举罗纳德·里根为总统为代表，而自乔治·W.布什之后，所有总统都在不同程度上认同了这种观点。

经济社会学家和历史学家不同意这种观点。他们认为，市场活动总是嵌入政治规则和监管——正式和非正式的政治制度，包括产权——之中，并由它们所组成（Campbell & Lindberg，1990；Carruthers & Ariovich，2004；Fligstein，2001；North，1990；Schneiberg，1999）。实际上，这些机构是市场所依赖的基本结构（Campbell，2004；North，2005）。他们认为，如果没有这些监管机构，市场最终注定要失败甚至崩溃（Abolafia，1996；Polanyi，1944）。特别是金融市场要求国家部署法规，以检查可能导致投机性繁荣的过度风险。[1]它们还要求国家作为最后贷款人，以便在投机性繁荣变成萧条时遏制附带损害（Kindleberger，1978；Minsky，1986）。最终，没有一个真正的自由市场。按照这种推理方式，我将证明2008年的金融危机并非源于过多的监管，而是太少。金融服务业监管不力，促成了提供给房地产市场的更加充裕的信贷供给，从而播下了金融危机的种子。

有些读者可能想知道为什么我现在要反对新自由主义。毕竟，巴拉克·奥巴马赢得了总统职位，在很大程度上是因为他提出了新自由主义的明确替代方案。自金融危机爆发以来，许多人都呼吁华盛顿加强对金融服务业的监管——包括此前坚定的新自由主义倡导者，如美联储前主席艾伦·格林斯潘和证券交易委员会（SEC）前主席亚瑟·莱维特。然而，正如我将要解释的那样，仍然有强大的力量在这个行业中为反对监管改革进行辩论和游说，并希望保持新自由主义的现状。在我看来，如果他们获胜，那么另一场危机的可能性就不会大幅下降。这就是为什么我要提出我的论点。

这是一个关于一些人可能称之为放松管制——转向较轻的监管负担——的故事。关于新自由主义改革是否涉及放松管制存在很多争议。有人争辩说，它只需要重新配置，而不是减少对企业的整体监管负担（Braithwaite，2009；Schneiberg & Bartley，2008；Vogel，1996）。正如我们将要看到的，自20世纪70年代末以来，在金融服务行业的监管改革涉及三件事。在少数情况下，国家在监督和金融市场方面的责任大大减少，尽管并未以类似于传统意义上的放松管制的方式完全消除。然而，更常见的是，法规被修改或重新配置——而不是减少。在极少数情况下，新市场的发展在先，监管完全不会施加在它们身上。但即便如此，事实证明，当这些市场开始崩溃并威胁经济的其他部分时，国家就准备作为最后贷款人迅速进入这些市场以及其他金融市场。

市场监管是一个备受争议的政治进程。市场活动所嵌入其中的监管机构和其他机构是从权力斗争、谈判和妥协中产生的政治解决方案。它们反映了政治权力的平衡。当这种平衡发生变化时，管理市场的规则和限制也会发生变化（Campbell，2004；Campbell，Hollingsworth & Lindberg，1991；Fligstein，2001；Knight，2001；Schneiberg，1999）。我不会讨论本文所述的许多监管和其他改革所涉及的政治问题。我的目的是关注这些改革的影响，而不是原因。但正如本书中的几篇文章所表明的那样，新自由主义改革始终是一个政治上有争议的过程，涉及国家内外的强大行动者——包括金融服务业的成员及其政治盟友，在几个非常重要的场合，它们对金融崩溃的影响特别明显（例如：Krippner，2010；Mizruchi，2010）。

崩溃的原因很复杂。一些监管因素比其他因素更接近崩溃的真相。此外，崩溃并不能完全归因于监管政策（Jickling，2009）。例如，证券交易和风险评估方面的技术进步促成了这一事实。但是，我不是在争论某种监管或政治决定论。这里讨论的监管政策创造了激励和约束行为，使得发生金融危机的可能性很大。但这并非不可避免。人们可以选择做监管激励措施不鼓励做的事情。然而，最终，这些激励和约束足以对危机发生产生重要影响。

由于另一个理由，崩溃的成因也很复杂。从20世纪70年代末开始，出现了各种监管改革，导致了最终的崩溃。这些改革中的一些比其他更重要。并不是所有这些改革都会立刻招致灾难，因为只有当它们与房地产市场特别危险的贷款行为相结合之后，它们的集体影响才开始出现。换句话说，不可能指出崩溃的单一原因。其中涉及了相当多的监管和其他体制改革。这是一场漫长而复杂的危机（Fligstein & Goldstein，2010）。

我首先简要回顾一下构成2008年金融危机的事件。这个故事是众所周知的，但这只是需要解释的更复杂的监管冰山的一角。为了提供这种解释，我接下来将讨论2008年事件的监管基础，包括各种政府政策决策——一些是长期的，另一些是最近的，还包括私营部门的一些决定，但决策仍然由各种监管政策促成或与其有间接联系的。在众多的监管改革和实践中，有三个因素对金融危机特别重要：银行改革促进了紧密耦合的影子银行体系的发展，使2008年的金融问题以惊人的速度和损害程度反复出现；没有对资产支持证券的场外交易市场进行监管，这使得公司能够随意创造和销售高风险投资产品；对信用评级机构缺乏实质性的监督，这些机构对资产支持证券的评估非常乐观，使投资者相信这些产品比它们本身更加安全。最后，我将讨论这个故事对未来研究和公共政策的影响。我呼吁制定新的法规，将商业银行和投资银行分开；监管场外证券交易；并在信用评级行业建立新的支付形式和新的评级实践。

金融危机简史

正如现在众所周知的那样，2008年年末金融危机的催化剂是美国房地产市场泡沫的崩溃，以及2006年年底开始的房价快速下跌。首先推动这一泡沫增长的是提高廉价抵押贷款的可获得性，这部分归功于联邦储备委员会的低利率。但这也是由于次级抵押贷款的可获得性的增加。[2]当房地产泡沫破裂时，人们开始以创纪录的数量发生违约。对于次级抵押贷款的人来说尤其如此（Gwinner&Sanders，2008；Standard & Poor's，2009）。

反过来，违约率的上升又引发了一连串通过抵押贷款业、银行业和保险业不断震荡的事件，最终导致整个金融体系陷入崩溃的边缘。首先，抵押贷款公司破产了，包括新世纪金融（New Century Financial）、美国国家金融服务公司、联邦国民抵押贷款协会（房利美）和联邦住房抵押贷款公司（房地美）。后两者是政府资助的实体，可以从美国财政部获得信贷额度，并免除SEC的监管。美国国家金融服务公司经联邦政府策划，最终被美国银行收购。联邦政府将房利美和房地美纳入监管，接管了它们近80%的股票。

其次，银行倒闭了。由于许多这些风险较高的次级抵押贷款经常与其他类型的贷款被捆绑在一起作为结构性资产支持证券出售给银行和其他投资者，因此附带损害是前所未有的。[3]2008年3月，贝尔斯登被联邦存款保险公司（FDIC）接管并被出售给摩根大通。几个月后，华盛顿互惠银行也在等待类似的命运。那年秋天，其他几家大型银行也倒闭了，包括美林证券和美联银行，并被其他银行收购。然后，雷曼兄弟破产后，联邦政府决定不再纾困，因为担心未来会对其他银行造成不当的道德风险激励。因此，随着这些金融工具的风险性质开始曝光，抵押贷款和捆绑抵押贷款支持证券的市场开始逐渐停转。进而，抵押贷款公司和银行开始收紧贷款行为。信贷市场开始收缩（Bank for International Settlements，2008）。

再次，美国国际集团（AIG）面临崩溃。就在危机爆发之前，它是世界上最大的保险公司。许多银行购买了来自AIG的信用违约掉期保险，以防他们持有的抵押贷款支持证券由于抵押贷款违约而变坏。[4]因此，当房地产泡沫破灭且抵押贷款违约率增加时，对其出售的掉期交易出现了前所未有的要求索赔数量，AIG面临着灾难性的结果。因此，AIG的信用评级被降级，它发现自己无法筹集足够的新资金来弥补其潜在损失。它的股票价值暴跌。由于担心AIG的失败会导致其他银行和投资公司倒闭，2008年9月联邦政府提供了最初的850亿美元救助贷款，以换取该公司79.9%的股权。随着AIG的情况继续恶化，政府给出了更多的资金，到2009年3月总额达到1820亿美元。

最后，危机蔓延，一般信贷市场崩溃了。AIG的问题给金融界带来了冲击波。由于许多次级抵押贷款已与其他形式的债务捆绑在一起，并被多次出售给投资者，因此没有人真正知道所有次级抵押贷款的所在地，以及谁拥有它们，或者其中有多少都处于违约危险之中。现在没有人能够确定他们为防止在发生违约时受损而购买的保险（即信用违约掉期）能否弥补他们可能遭受的损失。如果没有完全了解他们持有多少这些潜在有毒资产中有，或者他们的掉期是否会真正弥补他们可能遭受的损失，银行和其他贷款人会进一步收紧贷款行为，试图尽可能多地保留资金。

雷曼兄弟的灭亡加剧了所有这一切。雷曼兄弟的破产破坏了对一些最安全的投资——货币市场基金的信心，进而影响了对商业票据市场的信心。货币市场基金主要投资于商业票据，这是一种非常短期的贷款，企业经常在等待客户付款时以此融资来为库存和工资单等款项。商业票据市场润滑了经济的日常运作。其中一个非常庞大的货币市场基金——储备基金，已投资约7.85亿美元的投资者资金用于雷曼兄弟的债务。因此，在雷曼陷入困境后，人们对储备基金的投资开始失去价值，他们开始将资金从储备基金和类似的共同基金中撤出（Bruno，2008）。由于担心货币市场的这种冲击可能危及商业票据市场并使整个经济陷入瘫痪，美联储通过向货币市场投资者提供流动性进行干预，从而确保现有的货币市场存款与FDIC担保银行存款非常相似。然而，货币市场基金经理受到了惊吓，并且在贷款方面变得非常谨慎。结果，企业开始发现它们的信贷额度枯竭了，因为整体流动性危机突然笼罩整个经济。自2007年年底以来，经济已陷入衰退，但现在开始迅速恶化。

联邦政府迅速采取行动遏制损失。2008年10月，国会通过了问题资产救助计划（TARP），旨在通过注入7000亿美元来缓解信贷市场危机。12月，美联储将基准利率降至接近零。2009年2月，国会通过了一项7870亿美元的减税和支出计划，旨在刺激经济。几天后，总统宣布了另一项计划，如果国会通过该计划，将为房主提供高达2750亿美元的直接支出，以及为房地美和房利美提供额外融资以稳定抵押贷款市场。财政部还在2月份宣布了一项计划，即从美联储和私人投资者那里筹集2.5万亿美元，用于清除银行目前拥有的有毒资产，并向金融系统注入额外资金。所有这一切都旨在缓解信贷危机并再次获得资金流动性。

重要的是不要忘记所有这些细节中的关键理论观点。从某种意义上说，当金融市场陷入严重困境时，国家准备作为最后贷款人进行干预，这些市场根本就不是自由市场。联邦机构进入抵押贷款和银行市场，拯救了几家银行，包括贝尔斯登、华盛顿互惠银行、房利美和房地美。他们进入保险市场救助AIG，从而保护了已购买AIG掉期的资产支持证券市场的所有投资者。他们通过向投资者保证他们的货币市场存款是安全的，进入商业票据市场，拯救了货币市场基金。他们通过TARP向银行提供了数千亿美元，以缓解整个信贷市场的流动性危机——这一努力得到了美联储将利率降至历史最低水平的补充。这最终还得到了国会相匹配的支持，国会提供了数千亿美元的经济刺激措施，以帮助经济摆脱衰退。最后，政府计划采取额外措施，救助抵押贷款市场中陷入困境的房主，并帮助银行清除账面上的有毒资产。金融市场对国家能力的信任，以及其作为最后贷款人的意愿是否会导致促成危机的道德风险，这是一个悬而未决的问题。但事实就是，当到了关键时刻，国家迅速成为最后贷款人。

然而，还有另一种说法认为，金融市场不是自由市场。国家的各种监管举措影响了它们的组织方式和它们的表现。其中大部分都具有调整市场参与者之间激励机制的效果，从而加强了在我们现在看来是过度冒险的行为。这些举措有助于促进灾难性的连锁反应。要了解这是如何发生的，我们需要仔细研究这些监管举措。

危机的监管根源

如上所述，金融危机是由房地产市场崩溃及其后续影响引发的。不稳定的抵押贷款债务的长期经济根源（以及更普遍的消费者债务）可以追溯到20世纪70年代中期。众所周知，自20世纪70年代以来，工资停滞不前已经渗透到中产阶级和下层阶级（Mishel，Bernstein & Allegretto，2005，p.42）。这使得家庭越来越难以维持父母一代所享有的生活水平（Levy，1998，第2章；Mishel et al.，2005，p.102）。他们维持这种生活的一种方法是借钱。家庭债务从1986年的可支配收入的不到80%上升到2007年的140%。这一增长大部分是由于抵押贷款债务的增加（*The Economist*，2008，p.12；Leicht & Fitzgerald，2007，第3章）。

但是，当他们的收益流越来越脆弱，他们偿还债务的能力似乎变得越来越值得怀疑时，人们开始思考：为什么美国家庭能够借这么多钱？答案有两方面。首先，消费信贷供应增加了。其次，金融服务行业的投资行为越来越危险。这两方面都受到监管改革的影响。

抵押贷款供给的增长

可以肯定的是，导致消费者债务上升的一个重要因素与监管变革无关。这就是货币政策。在20世纪90年代的大部分时间里，直到1999年，联邦储备委员会都维持着低利率。它在2000年互联网股市崩盘和随后的经济衰退之后也是这样做的，在此期间，它将联邦基金利率降至1%，在那里停留了一年，然后在此之后胆怯地提高了一些。因此，随着消费者越来越多地通过信贷市场来帮助维持其生活水平，信贷价格保持在特别低的水平。没有什么比抵押贷款利率非常低的住房市场更为明显的了。如果与次级抵押贷款等非常规抵押贷款相结合，政府实际上诱使家庭承担了更多债务。但除货币政策外，债务的上升还涉及若干监管变化。

次级抵押贷款市场在2004年之后极度膨胀，第一个促进因素是政府支持的两个抵押贷款巨头房利美和房地美开始购买大量次级抵押贷款。他们这样做是为了应对来自华盛顿的政治压力，政治家们希望扩大中产阶级的住房融资。房利美和房地美收购次级抵押贷款的举措使国会帮助人们买房的意愿制度化了。它为抵押贷款机构制造次级抵押贷款创造了额外的激励措施，因为它们知道自己可以转而将抵押贷款出售给房利美和房地美。实际上，房利美和房地美接下来开始调控（尽管是非正式的）在抵押贷款市场上的可用资金。“两房”的举措与美联储的低利率和投机性建筑相结合，导致房地产市场蓬勃发展，房地产价格上涨，以及房地产泡沫最终在2006年爆发。彼时，销售额下降，房价下跌，房地产业开始出现衰退。2004年美联储开始加息以抑制通胀，这使得局面更加恶化了。这一举措将可调整的次级抵押贷款利率提高到许多房主无力支付并面临取消抵押品赎回权的程度（*The Economist*，2008，pp.10-20）。而房价下跌破坏了许多房主希望以较低的利率再融资这些抵押贷款的希望。

促进次级抵押贷款市场蓬勃发展的第二个因素是监管改革，这些改革有助于鼓励在房利美、房地美和其他政府资助企业（GSEs）指定的模式之外开发所谓不合格抵押贷款市场。由于这些组织的会计问题和治理问题，GSE扩大贷款的能力受到乔治·W.布什政府新的监管限制的限制。这也是由于政府希望减少GSE在抵押贷款市场中的主导地位，并促进私营公司之间更多的竞争——这是朝新自由主义方向前进的明显举措。这项改革为私人贷款人提供了进入抵押贷款市场的机会，他们这样做了。新进入者包括通过最近收购的抵押贷款子公司来运营的大型投资银行。然而，与此同时，由于21世纪初期的低利率再融资浪潮，抵押贷款的盈利能力下降。换句话说，更多的私人贷方正在进入盈利能力下降的市场。为了弥补利润的下降，这些贷方开始放宽要求，以便创造更多的借款人和更多的抵押贷款。其中包括了新的、风险更高的抵押贷款类型，如次级抵押贷款。例如，次级抵押贷款变得更容易获得了，并且通常隐藏在第一抵押贷款的发起人之后。1999年，不到1%的次级抵押贷款首次按揭贷款附加了所谓的“沉默的第二贷款”，但到了2006年，这个比例超过了25%（Ellis，2008；Gramlich，2007）。

第三个政策变化——1986年的“税收改革法案”与此同谋。联邦税法一直以来都允许房主从其所得税中扣除其抵押贷款的利息。这样做是为了在第二次世界大战后刺激私人房屋所有权。税法还允许他们扣除其他形式的消费者债务的利息。然而，1986年法案取消了后者的利息扣除，但允许对第一和第二套房屋的抵押贷款无限制地扣除利息（Conlan，Wrightson & Beam，1990，p.265）。这为人们用他们的房屋取得第二次抵押贷款创造了额外的激励。为什么？第二次抵押贷款提供了一种融资支出的方式，并且仍然可以从利息扣除中获益。

故事的第四部分涉及抵押贷款公司制度化的激励措施，鼓励贷款人员向有风险的借款人提供贷款以提高他们自己的利润和薪水。例如，在华盛顿互惠银行——一家深入次级抵押贷款业务的银行——是承销商负责批准经纪人向他们提出的贷款申请，尽管担心贷款质量问题，但他们仍面临着来自管理层和经纪人的要求批准抵押贷款的巨大压力。据一位高级承销商称，交易量是最重要的，有风险的贷款也被推进了，因为它们对公司有利可图。正如下一节所要讨论的那样，这是因为即使风险最高的抵押贷款也可以很容易被打包成资产支持证券并出售给投资者，如果出现违约，该公司可以免于损失。经纪人努力推动抵押贷款，因为他们可以赚大笔佣金。如果承销商顶住了批准风险抵押贷款的压力，他们将受到惩罚，并在某些情况下被解雇（MacKenzie，2008；Morgenson，2008）。

第五个促进因素是，虽然这些贷款做法是由私营部门的行动者设计的，但它们被纳入更广泛的监管政策中，这些政策促进了劣质抵押贷款的操作。首先，由于监管改革，对独立贷款人——非存款实体——的监管权限远低于对传统抵押贷款机构，如商业银行。例如，在1982年，《可选择按揭贷款交易平价法案》允许了非联邦特许的抵押贷款公司签发可调节利率的抵押贷款，例如那些出售给次级抵押贷款客户的期间只还利息、期末整付方案的抵押贷款。这些风险较高的抵押贷款最终取代了许多传统的固定利率抵押贷款，而这些传统的抵押贷款长期以来一直是传统银行业的常规做法。此外，2004年，货币监理办公室（OCC）通过了规定，联邦政府监管的贷款人免受州法规的约束，而州法规通常比联邦法规更严格。一些州法律禁止的一些做法，现在根据OCC裁决变得合法了，包括抵押预付罚款和期末整付，这往往会增加与此类贷款相关的风险并提高违约率（Ellis，2008）。事后看来，奥巴马政府认识到，追根溯源，劣质贷款行为是由抵押贷款承销标准的倒塌造成的，而这又是由宽松的或根本不存在的监管以及抵押贷款市场纪律的广泛放松而推动的（*The New York Times*，2009，p.41）。[5]

总之，有几个因素共同为住房市场的消费者提供了更多的信贷。几乎所有这些因素都涉及国家监管，这再次表明，即使在像美国这样的自由市场经济体中，市场的组织和运作也受到国家的严重影响。这些因素包括房利美和房地美收购更多次级抵押贷款的举措；对GSE活动的监管限制，为更多的私人贷方进入抵押贷款市场并参与竞争提供了机会；消费贷款利息税收待遇的变化；对抵押贷款行为的监督不足；监管部门允许风险较高的可调利率抵押贷款；使一些贷方免受更严格的州级法规的限制。换句话说，国家帮助创造了一系列制度条件，使激励措施与风险更高、竞争更激烈的市场行为保持一致。然而，这个不计后果的抵押贷款的故事是由更广泛的金融服务行业中的另一套被广为传播的创新推动的，这些创新最早将更多的资金投入到抵押贷款机构的处置中。这些变化也鼓励了风险较高的行为，特别是在抵押贷款机构背后的大型投资银行和保险公司中。其中最重要的是银行改革，不监管衍生品市场，以及对信用评级和风险评估的懒散监督。

金融服务业的风险行为增长

银行监管

为金融危机奠定基础的最重要的监管改革之一涉及银行业。首先，州际银行业务长期以来一直受到州法律的有效禁止。但缅因州于1978年通过立法，允许州外银行在该州开展业务。其他州也最终效仿。1994年，联邦政府通过了《州际银行和分支机构效率法案》，该法案要求州政府从1997年开始批准州际银行业务，除非一个州明确选择退出。只有两个州选择退出。未经这些州的监管机构明确许可，总部设在一个州的银行现在可以在其他州经营分支机构。这使得银行能够转向允许各种贷款利率上升的州。反过来，这引发了州政府之间的竞争，以放松高利贷法律，不然就会有失去银行业务的风险，因为银行都转移到利率上限较高的州。此外，美国最高法院在1978年的“马凯特”判决中裁定，银行和其他贷方可以收取的利率其最高限额仅受其所在州的高利贷法律的限制，无论他们在哪个州经营，即使其他州的高利贷法律比在本州更具限制性（Ellis，1998）。两年后，吉米·卡特签署了《取消对吸收存款机构的限制与货币管理法》，该法案完全取消了利率上限，并有效地取消了州住房抵押贷款和其他银行贷款的高利贷上限（Federal Reserve Bank of Boston，1980）。因此，由于监管改革，贷款变得更有利可图，银行开始提供越来越多的信贷 ——通常以新的和风险较高的方式，比如提供信用卡给大学生，以及出售次级抵押贷款（Leicht & Fitzgerald，2007，Chapter 4；Strahan，2002）。转向风险较高的贷款行为不仅反映在消费者债务上升上，而且反映在1978年至1996年间破产数量增加了4倍上（Ellis，1998）。

更重要的是，自1933年以来已经将大部分保险、商业和投资银行服务分开的《格拉斯－斯蒂格尔法案》于1999年被《金融服务现代化法案》废除。这一立法在政治上受到了这样一种愿望的驱使：促使银行多元化和增大规模，以使其在国际市场上有效竞争。银行业和保险业强烈支持新法律。它的主要支持者，参议员菲尔・格拉姆（R-Texas），是一个狂热的新自由主义者，长期以来一直倡导放松银行管制。民主党人也支持它，比如高盛的前联合主席罗伯特・鲁宾，他在克林顿政府担任财政部部长期间积极支持废除《格拉斯－斯蒂格尔法案》（Stiglitz，2003，p.160）。在新法案通过之后发生了几次大规模的合并（例如，美国银行与波士顿舰队银行的合并），而在《格拉斯－斯蒂格尔法案》被废除之前曾临时豁免受到该法案影响规制的合并（例如，花旗集团通过花旗银行、美邦、希尔森、普美利加和旅行者集团的合并而形成）也得到了强化。

这些巨型金融机构发展的一个重要分支是通过借贷等传统银行存款以外的方式增加其对资本的获取。这使他们有可能为投资目的开发各种精细、复杂且具有潜在风险的金融工具。这种风险可能比投资者最初预期的要大得多，这反映在投资者对这种风险的保险成本——信用违约掉期——从2006年初开始暴涨（Bank for International Settlements，2008）。

简而言之，《金融服务现代化法案》促进了所谓的“影子银行系统”的快速增长，这种影子银行由越来越大的非银行金融公司组成，这些公司通过新资产（如资产支持证券和信用违约掉期）将资金从投资者转移到公司。影子银行系统中的组织包括投资银行（如高盛，摩根士丹利，雷曼兄弟，贝尔斯登，美林证券）、对冲基金（如长期资本管理公司）、货币基金（如主要储备基金）和其他非银行金融公司。可以说，影子银行系统的发展是金融危机的根本原因之一，因为它首先负责创建和出售资产支持证券。到2007年，影子银行系统所涉及的金额是惊人的。例如，五大投资银行的资产总值约为4万亿美元，而美国对冲基金的资产价值约为1.8万亿美元。影子银行系统不像商业银行那样接受存款，因此不会像传统银行那样受到类似资本化要求这样的安全和稳健监管。在21世纪前十年，美国影子银行系统持有的资产增长到超过传统银行系统持有的10万亿美元（*The Economist*，2009a，p.18；Geithner，2008；Wolf，2009b）。[6]

证券监管

证券监管的若干变化有助于为影子银行系统开辟新的风险较高的信贷市场。一方面，美国证券交易委员会发布了一些法规，促进了20世纪90年代资产支持证券市场的蓬勃发展。这个市场中约有70%是由2002年6.6万亿美元的可交易证券组成的，其中包括主要由政府支持的贷方（特别是房利美和房地美）发行的抵押贷款支持证券。其余的很大一部分涉及信用卡债务。通过资产支持证券进行的信用卡债务证券化是在20世纪80年代中期由美国第一银行（Banc One）引入的，并为现在仅信用卡债务就有4000亿美元资产支持证券的市场奠定了基础。资产支持证券市场的发展直接导致了美国消费者债务的激增。发行抵押贷款和其他贷款变得更具吸引力，因为交易者可以以非常有利可图的方式买卖这些证券。反过来，这为贷方提供了激励机制，可以为那些想要借款的人提供更多的信贷——即使是那些不愿意主动承担债务的人。在某些情况下，贷方倾向于向后倾斜以延伸信贷，例如在贷款的第一年或第二年提供极低的利率。而且，正如我们所看到的，消费者为了弥补他们拮据的收入和储蓄而上钩贷了款。（Leicht & Fitzgerald，2007，Chapter 5）。

另一方面，最重要的是，一旦资产支持证券市场开始蓬勃发展，政府就以经典的新自由主义方式决定不对其进行监管。如上所述，资产支持证券是金融衍生品——金融工具，其价值来自其他东西的价值。衍生工具的价值，例如一捆抵押贷款的价值来自构成它的证券组的假定价值。随着这些工具的复杂性越来越令人担忧，它们囊括了大量风险，但鉴于其复杂性，风险极难评估。这就是为什么2003年，亿万富翁、金融家沃伦·巴菲特将其描述为大规模杀伤性金融武器。为什么他们没有受到监管，这需要一些解释，因为衍生品市场的无节制运作是金融危机的另一个根本原因。

1982年，国会禁止交易股票期货，因为监管股票交易的美国证券交易委员会和监管商品期货交易的商品期货交易委员会（CFTC）无法就谁应对其拥有监管权力达成一致。然而，由于存在着对这些金融工具的需求以及它们在欧洲正开展得红红火火，因此允许交易的政治压力增大。最终，立法由国会通过并于2000年由克林顿签署。《商品期货现代化法案》是由菲尔·格拉姆和其他新自由主义者共同发起的。它取消了对股票期货的交易禁令。但它也做了一些与金融危机特别密切相关的事情。

1998年，CFTC主席布鲁克斯利·伯恩提议应该监管资产支持证券和其他场外衍生品，特别是信用违约掉期。场外交易是在两方之间私下进行的，而不是在交易所进行，在交易所他们将受到监管并会展现更高的透明度。在20世纪90年代蓬勃发展的股票市场中，这些和其他新的但不受监管的金融工具正在兴起，并被证明是非常有利可图的。[7]伯恩提出的监管措施会削弱贷方向消费者提供如此多信贷的能力。首先是因为它需要资产支持证券的持有人增加其公司的资本，以便覆盖与这些投资相关的风险，这将使他们不得不减少放贷的金额。然而，这一提议无人支持，它遭到美联储主席艾伦·格林斯潘、美国证券交易委员会主席亚瑟·莱维特和财政部部长罗伯特·鲁宾的强烈反对，他们都警告说，监管会削弱这些新的、令人兴奋和有利可图的市场运作效率（Wade，2008，p.14）。《商品期货现代化法案》正式将这些衍生品从政府监管中释放了出来。它还使信用违约掉期从监管的枷锁中解脱了出来，到2008年年底，市场上有60万亿美元的信用违约掉期（Cox，2008）。这非常重要。可以合理地假设，如果没有这种掉期保险，潜在买家购买资产支持证券的可能性就会大大降低。因此，不监管掉期的决定使公司更容易发行掉期，从而进一步促进了资产支持证券市场的增长。所有这些都意味着信贷继续流动得越来越轻松，尤其是房地产市场。

信用违约掉期的重要性不容小觑。如前所述，银行、证券公司、对冲基金和其他公司购买了像AIG这样的保险公司的掉期交易，以免自己承担与资产支持证券投资相关的金融风险。就银行而言，在受到监管并面临资本化要求的情况下，购买掉期还使他们不必按照法规要求将资金放在一边以覆盖风险。因此，本来较低评级的证券被转换为评级较高的证券，因为它们被信用违约掉期所覆盖。当然，这进一步推动了对这些复杂的，且结果证明风险很大的投资项目的投入（*The Economist*，2009a，p.20）。正如米切尔·阿博拉菲亚（Abolafia，2010）所说，这种不良监管为金融服务市场中的极端机会主义创造了机会和动力。

资本化要求

美国证券交易委员会的监管改革进一步推动了消费者和抵押贷款的可获得性，而通过在2004年放宽了证券公司和投资银行的资本化要求，这些组织得以进行风险更高的投资。[8]新规则允许这些公司将资本从更安全转移到风险更高、更有利可图的投资项目上。根据旧规则，证券公司必须保留一定比例的资本，以确保在市场崩溃或主要客户破产的情况下有偿付能力。根据新规则，准备金是根据更复杂和细致的风险计算确定的，包括不利的市场变动或立法变化等。对我们来说更重要的是，新规则还允许公司使用非现金资产（如衍生合约）来抵消风险。这使得更多的资金可以用作抵押，以借钱来利用投资。所有这一切都是为了让华尔街公司与欧洲同行保持竞争力，允许这些公司将资本从传统的安全投资转向风险较高的投资。大型投资银行为这项新规则进行游说。在变更规则之前，这些公司的杠杆率通常约为12比1，但此后该行业的杠杆率达到约33比1。截至2005年年底，华尔街五大公司的杠杆率增加到接近27比1，因为他们开始适应新规则（Blinder，2009b；Onaran，2007）。

此外，2004年美国证券交易委员会的新规则确立了一项计划，投资银行集团（例如，高盛、摩根士丹利、美林、雷曼兄弟和贝尔斯登）只需自愿接受美国证券交易委员会对其资本化，流动性和杠杆头寸进行监督。为了避免他们的欧洲业务受到欧盟的监管，他们需要在美国受到监管，这也是他们要求新规则的一个原因。事实证明，自愿监管不起作用，因为投资银行可以自愿选择接受或退出监管，因为它们不受任何其他政府机构的特定法律授权。因此，美国证券交易委员会在明确表示其缺乏监督是导致金融危机的一个因素之后，最终于2008年9月关闭了该计划（Cox，2008），但为时已晚。

风险评估

大量转向风险较高且杠杆率较高的投资的基础是评估新的和更复杂的金融工具（如资产支持证券和其他形式的衍生品）所涉及的风险的问题，这些金融工具的价值非常复杂。这是一个主要问题，政府监管机构几乎完全将其交给了私营部门，后来他们明显感到后悔。如果不是因为不负责任和高度误导性的风险评估，投资者可能不太愿意购买影子银行系统在衍生品市场上提供的风险资产支持证券。

投资公司的风险经理负责评估与公司各种投资相关的风险。在大多数公司，风险管理者不被视为利润中心。虽然他们中的一些人开始警告投资的风险性质，但他们在很大程度上都被忽视了。他们缺乏交易员的影响力，后者通过交易这些复杂的证券为他们的公司（以及他们自己）赚钱。交易者的生计取决于寻找新的赚钱方式，以及金融公司的竞争优势。因此，参与这些新的和极其有利可图的金融工具的激励措施，使得风险管理者的警告往往被忽视了（Dash＆Crewsell，2008；Nocera，2009b）。

此外，人们也很容易忽视这些警告，因为创建这些金融工具的公司开发了复杂的数学模型来评估所涉及的风险。最广泛使用的模型是风险价值（VaR），由摩根大通在20世纪90年代初开发，然后分发给任何想要使用它的人。最终，美国证券交易委员会开始担心衍生品构成的风险程度，并强制要求金融公司向投资者披露此类风险的数量。但美国证券交易委员会将其留给私营部门来弄清楚如何做到这一点。因此，VaR成为事实上的标准，几乎每个人都用它来做这件事。然而，事实证明，该模型存在一些问题。其预测基于短期的两年历史数据。它忽略了巨大损失的可能性，这种损失只能通过灾难性事件发生，例如房价下跌20%。它没有考虑抵押贷款承销标准的下降或是衍生品可能涉及的某些杠杆。因此，大多数使用该模型的人都不知道，它低估了一些低概率/高成本风险。因为它确实如此，大多数公司经理和监管机构对衍生品、资产支持证券、信用违约掉期等方面的风险仍持乐观态度。反过来，由于监管机构使用VaR来确定银行需要搁置多少资金，这也导致了资本不足问题（*The Economist*，2009a，p.13；Nocera，2009b）。

正如布鲁斯·卡拉瑟斯（Carruthers，2010）详细说明的，独立的信用评级机构，如穆迪、标准普尔和惠誉以非常重要的方式加剧了这些问题。它们评估了各种金融工具和发行它们的公司的信誉。它们通过发布对其质量过于乐观的评估，鼓励了抵押贷款支持证券等资产支持证券的激增。事后看来，这可能不足为奇。一方面，它们努力要跟上21世纪前十年资产支持证券和类似工具的扩散和日益复杂的局面。很少有评级机构有评估它们的具体、全面的成文程序（Casey，2009）。它们还使用了极其复杂但有缺陷的风险评估模型来确定信誉（Tett，2009）。这些模型通常无法解释美国房地产泡沫的影响，资产支持证券等信贷风险转移机制的发展，以及美国房地产市场对风险债务的兴趣增加。另一方面，这些机构面临利益冲突，因为是请它们评级的证券发行人支付给它们费用的。这些冲突并非总能妥善管理，部分原因是没有政府监督。这就是2006年底国会通过《信用评级机构改革法案》的原因之一，该法案结束了信用评级机构长达一个世纪的自主时代，并赋予美国证券交易委员会对它们的管辖权（Casey，2009）。[9]然而，在此之前，大多数投资者对资产支持证券和类似产品的财产知识非常肤浅。投资者对此的认识主要是基于评级——

这些评级被认为是值得信赖的，而不是基于对这些金融工具本身的复杂性或风险的真正理解（MacKenzie，2008，p.6）。事实上，这些金融工具非常复杂，超出了大多数银行家、投资者和监管机构的理解范围（Tett，2009）。因此，市场、监管机构，甚至许多发行这些证券的金融公司的管理者都对这些机构发布的高信用评级越来越盲目（Dash & Crewsell，2008；MacKenzie，2008；*The Economist*，2008）。

投资银行公开上市

当然，金融危机的发生不能仅仅归咎于监管决策。例如，导致投资银行风险行为倾向的另一个因素是1970年纽约证券交易所废除了一项阻止投资银行上市（即在交易所出售该公司的股票）的规则。在此之前，投资银行是私人公司，其结构为合伙企业，依靠合伙人提供的资金来维持运营。在那些日子里，投资银行规模较小，业务更为直接。合作伙伴对彼此的错误和由此造成的损失负责。因此，合作伙伴非常积极地监督彼此的行为，他们更加厌恶风险。但到了20世纪80年代末，几乎每家大型华尔街公司都成立股份公司和公开上市了——高盛公司于1999年上市，这是一个值得注意的例外。成为股份公司和公开上市从合伙人的肩膀上解除了责任的负担，使他们能够从飙升的股票价格获利。换句话说，他们现在可以开始用其他人的钱来参加游戏了。

上市也为他们的高层管理人员创造了一个以股票期权作为报酬的机会，尽管交易者大部分获得的仍然是现金报酬。将股票期权作为高管薪酬的一种主要形式，以及通过提高每日股价变动、股东总回报和季度业绩来保持股东满意的需要，为银行高管以及为他们工作的交易员和分析师创造了最大化短期利润的动机，即使这意味着需要承担可能有长期严重下行后果的风险（*The Economist*，2009a，p.16；Guerrera，2009）。这也加剧了对风险较高但可能非常有利可图的投资决策的激励（Stiglitz，2003，Chapter 3；Surowiecki，2008）。其中一些投资是新型证券，例如刚发明出来、只受到适度的（或根本没有）监管的资产支持证券。此外，由于他们可以通过在交易所出售公司股票来增加资本，这些公司可以借入以利用其投资的资金量增加了。因此，美国金融业的总债务从1981年占GDP的22%上升到2008年末的117%。自20世纪90年代末以来，金融部门债务是私营部门债务增长最快的部分（*The Economist*，2009b；Wolf，2009b）。

可以肯定的是，上市是一个私人决定。然而，奥巴马政府承认其产生的短期激励结构所带来的问题，并承认国家应该进行更多的监管。他们建议制定新的法规，使经纪人和证券化过程中涉及的其他人的薪酬激励与他们发行的证券的长期表现保持一致，例如通过改变会计实践以更好地反映这些证券的长期表现。政府还希望将公司收取的费用与这些证券的长期业绩挂钩，并且，如果承保或资产质量问题随着时间的推移而出现的话，还应减少这些费用（*The New York Times*，2009，p.42）。

简要回顾一下，金融服务业的实际崩溃说明了当事情变坏时，国家作为最后贷款人对金融市场的重要性，本节描述的导致危机的因素说明了国家作为市场的监管机构，以及它在防止或引起从一开始就可能造成严重问题的快速发展方面的重要作用。一方面，监管决策影响了各种证券的发起人和购买它们的投资者能够承担多少风险。例如，豁免对场外衍生品的监管有助于缓解对打包的次级抵押贷款等资产支持证券交易的担忧。美国证券交易委员会决定放宽资本化要求，允许公司进行更多风险投资。信用评级机构的缺乏监管导致了对新衍生证券的风险评估不足，这就是为什么国会最终让SEC对它们施加监管。另一方面，监管决策也首先鼓励了其中一些市场的形成和发展。值得注意的是，银行业的监管改革促进了影子银行系统的发展，影子银行系统发明了许多风险投资工具，这些工具是这个故事的核心。SEC的证券监管改革也帮助产生了这些市场。《商品期货现代化法案》也是如此，该法案为信用违约掉期创造了一个利润丰厚的市场。换句话说，国家制定了许多激励措施，促进了风险更大的市场行为。并非所有导致崩溃的因素都涉及国家，但许多因素确实涉及国家，特别是当它们源于对相对自由和不受约束的市场作为组织经济的最佳方式的根深蒂固的信念时。这就使我们看清了新自由主义所扮演的角色。

新自由主义的作用

如果我们在这里让这个故事停止，那么危机似乎可能仅仅是一系列孤立的监管决策和改革的结果，而且缺乏任何一种总体解释。我不相信这是这种情况。相反，许多这些改革都植根于新自由主义日益突出、成为美国监管政策的指路明灯的地位。新自由主义的兴起在很大程度上是由金融服务业推动的，特别是华尔街的金融服务业及其在华盛顿的强大盟友（Krippner，2010）。关于这些监管举措如何源于新自由主义的全面而系统的讨论远远超出了本文的范围。不过，有些讨论是必要的。

根据国家经济研究局的数据，美国的金融监管总体水平在1980年至2009年间大幅下降（Wolf，2009a）。这在银行业的监管改革中尤为明显：卡特政府逐步取消了住房抵押贷款和其他各种银行贷款的利率上限，而克林顿政府支持废除了1933年《格拉斯－斯蒂格尔法案》的行动——此举在国会中被新自由主义者强烈推动。新自由主义在克林顿政府决定不监管场外衍生品和信用违约掉期的过程中也很明显，因为政府的多位有影响力的成员认为，这样做会大大降低新兴市场做这些事情的效率。新自由主义也影响了布什政府2004年的SEC决定，允许投资银行集团对资本化、流动性和杠杆头寸进行自我监管。而新自由主义使布什政府决定通过限制其扩大贷款的能力来减少政府资助企业（如房地美和房利美）在抵押贷款市场上的主导地位，从而为私人抵押贷款公司在市场上的竞争创造新的机会。

但新自由主义通常关乎改革税法以及监管结构本身。在这方面，1986年的税收改革法案取消了除抵押贷款以外的消费者债务的利息扣除，这一点非常重要。这项立法旨在做两件事。一是，通过降税来与一种新自由主义理念相协调，即从源头上限制政府可用的资源来限制政府在经济中的作用。二是，它试图通过消除多年来插入税法中的许多所谓的税收支出（即漏洞）来简化税法。这就是取消了消费者债务的利息扣除的原因。这也是受新自由主义的启发，因为其另一个原则是简化政府——包括其税法——以使政府更有效率。因为通过减少漏洞来扩大税基是为了避免因税率降低而导致的预算赤字，新自由主义也在其中起到了作用。当然，对于新自由主义者而言，赤字在原则上是可憎的（如果在实践中并不是如此的话）。

政府允许金融服务业进行大量自我监管的事实是新自由主义思想的另一个例子。当然，新自由主义并不主张完全取消市场上的所有监管。例如，财产权的贯彻是新自由主义者认为国家必须做的事情。但是，只要有可能，市场参与者通常会采取某种形式的自我监管，这可能是因为他们会认识到，对自己进行监管，而不是让国家为他们做这件事，更符合他们的集体利益。这种假设受到了金融危机的考验。例如，作为新自由主义改革运动的一部分，华盛顿遏制了美国证券交易委员会（SEC）进行的激进监管。这给华尔街的自律协会卸下了压力，例如全国证券交易商协会，它由此变得如此被动，以至于某些市场的交易者对其活动一无所知或漠不关心。一种容忍文化产生了，观察者认为这种文化不足以抑制我们现在已知的造成这种破坏的市场中的机会主义（Abolafia，1996，pp.34-35）。

新自由主义的自我调节趋势也出现在风险评估领域。例如，监管改革的麻烦影响因为对估计风险的花哨统计模型、信用评估算法和其他认知方式的创建和对它们的盲目信念而更加复杂，这使得抵押贷款机构、金融服务公司、投资者、借款人和其他人无视与日益复杂的金融工具的发展相关的风险越来越大。采用VaR模型作为估计与资产支持证券和信用违约掉期相关风险的实际标准，不仅使私营部门而且使政府监管机构感到困惑。在这种情况下，国家再次以经典的新自由主义方式假设企业会负责任地行事——也就是说，建立准确的风险评估模型，并在发现严重风险时听取自己风险评估人员的警告。这些都没有发生。此外，国家允许信用评级机构自己进行自我监管，即使当它们在对支付给它们费用的同一公司发行的证券进行评级时也存在利益冲突时，甚至在他们努力跟上日益复杂和难以理解的快速演变的投资产品时，也是如此。

认识到信用评级机构未能充分监管自己，奥巴马政府要求美国证券交易委员会通过收紧标准来加强对其的监管，其中包括：更严格的披露，管理利益冲突，解释对不同类型证券进行评级所涉及的方法，并告知投资者额外的风险可能不会从评级中显而易见。政府还指出，监管机构本身过于依赖这些评级机构通过其自身的监管和监督实践做出的信用评级，现在应该避免这样做（*The New York Times*，2009，pp.42-44）。简而言之，政府呼吁结束新自由主义的自我监管。

为了充分论证我关于新自由主义是导致了金融危机的所有监管改革的幕后推手这一论点，人们必须开展所有有关改革的案例研究，确定这些改革的关键支持者，并证明他们的新自由主义信仰激励着他们的行动。这需要对相关事件做海量工作。然而，这里有足够的初步证据表明，这样的实践会支持我的主张。

结论

我认为，金融危机的根源来自多年来做出的一系列监管决定，这些决定促成了房地产市场创造大量且风险更大的信贷供应。其中许多决定与华盛顿的政策制定者自20世纪70年代以来日益接受的新自由主义处方相呼应。其结果是大规模的市场失灵，这进而导致了金融服务业乃至最终整个经济都陷入了混乱，正如经济社会学家和历史学家所预测的那样。

未来研究建议

正如前面所提到的，我对未来的研究的建议是，需要更多地关注新自由主义政策制定范式的出现如何影响了金融危机中的相关事件。学者们花了很多时间来解释新自由主义的兴起（例如，Campbell & Pedersen，

2001；Hall，1993；Prasad，2006）。他们还试图展示政界和商业界强大的行动者推动的新自由主义思想如何影响了宏观经济、货币、财政和监管政策等各种孤立事件（例如，Blyth，2002；Schmidt，2002；Vogel，1996）。但据我所知，没有人研究过新自由主义如何在如此长时间内，在如金融服务这样的经济部门如此广泛地影响政策决策。如果可以做到这一点，那么我们将对一再出现的新自由主义为何不是一种祝福而是一种诅咒进行相对详尽的分析。

研究的另一个重要途径是采取我在这里发展起来的那种分析，并将其推向跨国的方向。迄今为止，几乎所有在美国发表的有关金融危机的工作都只集中在这个国家，例如美联储如何处理新兴的房地产泡沫、雷曼兄弟如何陷入破产，以及华尔街的妄自尊大如何导致崩溃等等（例如，Lanchester，2009；Madrick，2009）。据我所知，没有关于该主题的比较跨国研究。例如，我很想知道为什么美国和英国经历了比加拿大更严重的危机。这是因为美国和英国的监管基础设施彼此更加相似，而加拿大不是这样吗？这是因为新自由主义在美国和英国的影响程度远远超过加拿大吗？或者还会是什么呢？沿着这些方向进行的研究可以更准确地确定金融市场应该具备哪种监管基础设施，以避免未来出现此类危机。这种工作在比较历史和制度分析方面肯定有先例，但它侧重于过去的危机，例如大萧条（例如，Gourevitch，1986）。

本书中的几篇文章认为，危机源于金融服务行业中组织间关系的紧密耦合性质（Guillén & Suárez，2010；Palmer & Maher，2010）——部分由小集团促成的耦合，比如这些行业中的行动者的人际网络（Pozner，Stimmler & Hirsch，2010）。从我的角度来看，需要进一步调查的问题是国家监管改革如何促成这种紧密耦合的发展。废除《格拉斯－斯蒂格尔法案》是监管改革如何加强组织间关系的最明显例子。在这种情况下，分离商业银行和投资银行业务的防火墙被拆除，从而使以前相互独立的公司混合和合并，这使得一些公司变得太大而不能倒闭，并接受了大规模的政府救助。换句话说，人们想知道这种紧密耦合的大部分是否仅仅是华尔街私人行为者的行为，还是得到了来自华盛顿的大量合作。经济和组织社会学家经常认为政治和政策制定会影响美国公司的组织间关系（Fligstein，1990；Perrow，2002）。金融危机提供了扩展这一研究领域的机会。

我还觉得有趣的是，在某些导致金融危机的场合，勇敢的人站起来警告说，风险太大了，而且可能是灾难性的。布鲁克斯利·伯恩是一位勇于直面华盛顿一些最有权势的政治家的人，但她要求对衍生品市场进行监管的声音被那些大人物盖过了。投资银行内部的风险管理人员是另一群发出警报的人，但他们却被告知要保持安静。众所周知，马克斯·韦伯是第一批关注组织领导者与为他们工作并偶尔挑战他们权威的员工之间有时会发生相互冲突的关系的经济社会学家之一。像塔尔科特·帕森斯（Talcott Parsons）、阿尔文·古德纳（Alvin Gouldner）、彼特·布劳（Peter Blau）、理查德·斯科特（Richard Scott）以及威廉·科恩豪泽（William Kornhauser）等秉持了多元化理论的学者扩展了这一研究范围（例如，Campbell，1987，p.151）。金融危机似乎提供了一系列精彩的案例，研究人员可以通过这些案例比较公共和私人组织中的这些挑战，以便更好地了解它们的动态以及它们成功或失败的原因。

政策含义

到目前为止，奥巴马政府提出了几项监管改革措施。这些措施包括增加银行的资本化要求；强制要求任何发行衍生品的公司必须自行购买至少5%的衍生品；建立金融服务监督委员会，以评估该行业的新兴风险；制定指导方针，以更好地使公司经理的利益与股东的长期利益保持一致；设立消费金融保护机构；并规范所有场外衍生品市场。所有这些措施都旨在减轻过度的风险，并避免将来出现新的危机。

虽然所有这些措施都是有道理的，但鉴于前面的分析，在我看来，有三套改革迫在眉睫。首先是通过恢复两者之间的监管防火墙来分离商业银行和投资银行业务。美联储前主席保罗·沃尔克等人曾敦促奥巴马政府这样做。正如我所表明的那样，废除《格拉斯－斯蒂格尔法案》允许这两种类型的银行业务以创建影子银行系统的方式结合起来，这对金融危机起了很大作用。其次是将商业银行和投资银行业务分开也有助于减少其他人指出的紧密的组织间耦合，这是另一个导致崩溃的原因。

还有一个特别重要的改革是监管场外衍生品市场。企业在没有政府监督的情况下一次又一次地创造和出售资产支持证券的能力是导致金融危机的最重要原因之一。事实上，前总统比尔·克林顿承认，签署《商品期货现代化法案》是一个严重的错误，他不应该让自己受到格林斯潘、鲁宾、莱维特和其他推动立法的人的影响。他特别感到遗憾的是，他的政府并未将衍生品置于美国证券交易委员会的管辖范围内，并要求其交易更加透明。但他也相信，国会中的共和党人本可以行使否决权（Baker，2009，p.80）。我们稍后将回到这样的监管改革在政治上是否可行的问题。

为防范未来类似的灾难，华盛顿可以采取的第三个措施，是解决信用评级机构在评估付给他们费用的公司的投资产品的风险时所面临的利益冲突。实现这一目标的一种方法是要求投资公司每年向总资金池提供资金，在评估衍生品和其他金融产品时，信用评级机构将从中提供资金。通过这种方式，评级机构将从集合资金池中得到支付，而不是由与一项评级有利益关系的特定公司来支付。信用评级支付池的概念类似于三里岛灾难后商业核电行业的情况。拥有核设施和工业贸易协会的公用事业公司同意捐助一个新的私人组织，该组织旨在监测和确认公用事业在运营、管理、建设和质量保证实践中的一般性问题。其基本思想是，通过汇集资源，行业成员可以促进对其运营的更好监督，并在他们之间分享重要信息（Campbell，1989）。每年向信用评级支付池提供的金额可以基于行业前一年在信用评级上花费的金额。同样，也可以根据前一年代理机构评估的证券数量，让每家公司按比例分摊会费。

为了确保金融服务行业更加独立，联邦政府可以为支付池做出贡献。此外，作为对该贡献的交换，政府代表（可能来自美国证券交易委员会或联邦存款保险公司）可以参与评级过程，以确保发布评级的充分谨慎和客观性。也就是说，经过投资信用评级技术专业培训的政府信用评级官员可以与信用评级机构的传统工作人员一起工作，一起进行研究并计算市场上各种产品的信用级别。因此，信用评级将由公共和私人参与者组成的团队开展工作，至少政府官员必须签署信用评级机构发布的所有评级。这是众议院金融服务委员会最近通过的重要一步——这项法案只是要求美国证券交易委员会对信用评级机构进行更多监督（Nocera，2009a）。我的想法是将政府信用评级专家纳入信用评级流程本身，而不是让他们从外部观察流程。除了上述的好处之外，这还可以全面影响信用评级系统，从而为衍生品市场提供额外的透明度，这可能有助于减轻过度风险的投资。

有意义的监管改革前景

在撰写本文时，几乎所有奥巴马政府的改革建议都没有被写入法律。我并不乐观地认为这些提案将按计划进行。为什么？首先，巨大的政治力量反对这些提议。华盛顿的大型和小型银行及其贸易协会已经开展了一项重大的游说活动，以扼杀或淡化政府提案的各个部分（Labaton，2009）。值得注意的是，华尔街的大型投资银行高盛成功游说众议院金融服务委员会（House Financial Services Committee）大幅淡化了监管场外衍生品市场的努力（Kuttner，2009）。特殊利益游说是美国政治的体制结构，只会加速这一领域的发展。

然而，除此之外，还有其他因素可能阻碍有效改革。其中最重要的可能是新旧法规本身经常出现矛盾的性质。例如，根据2009年联邦《帮助家庭保护住房屋法案》，同意修改抵押条款的抵押贷款公司，以帮助财务困难的房主避免丧失抵押品赎回权（比如通过减少他们的每月抵押贷款支付），将免于承担因这些贷款变化而引起的责任。但在对大型抵押贷款公司美国国家金融服务公司（现为美国银行所有）提起的诉讼中，一名联邦法官裁定该公司必须坚持其原始的合同承诺，即如果它为陷入困境的借款人修改了贷款，它则会向投资者回购这些贷款。该裁决对于抵押贷款支持证券的持有者来说是一个胜利，因为抵押贷款重新谈判时，他们通常会看到他们的投资的证券价值下降了。这种制度化的利益冲突很可能在未来大面积爆发（Morgenson，2009a）。关键是新旧政策和法律可能相互矛盾，奥巴马政府的改革可能会受到其继承的政治制度遗产的阻碍，例如合同法的大框架，如本案例所示。

有意义的改革的另一个迫在眉睫的障碍是来自管理金融服务部门的监管体系内的官僚内斗，这个体系是由州和联邦层面重叠的管辖权和法律组成的一个复杂拼凑物。随着改革计划的展开，各种政府机构都在争先恐后地保护或扩大其监管范围。特别是，其他监管机构不希望把影响力都留给美联储，而美联储也不希望将其保护消费者的责任交给一个新机构，尽管美国财政部在两方面都提出了建议（Blinder，2009a）。像这样争夺地盘的战争是可以预料的，因为机构分裂在过去已经引起了类似的问题，例如美国证券交易委员会和CFTC争夺对股票期货交易行业的控制权，结果是竹篮打水一场空（Paulson，2009）。

改革的其他障碍更具观念性。例如，与金融市场及其复杂投资工具如何运作的复杂性相关的事务的专业知识全然在于行业，而不是政府。这使得该行业在塑造最终获得通过的任何立法方面具有优势，因为政府需要行业就未来如何防止此类危机提出建议。但是，华尔街似乎仍然陷在其旧思维模式，并仍然致力于旧的行事方式。特别是，投资银行已经在设计新的古怪的投资项目，让人想起那些令我们陷入困境的投资。他们开始将人寿保险单捆绑并证券化为债券，然后将其出售给投资者。一些公司正在将其亏损的证券（包括房地产抵押贷款投资）重新打包成更高评级的证券。这些创新只是旧的资产支持证券模型的一种变化，并且充满了一些相同的风险（Anderson，2009）。华尔街关于什么构成了适当的冒险行为的想法似乎没有太大变化。

所有这一切告诉我们的是，尽管政策制定者就相当大胆的监管变革进行了初步讨论，但我们很可能会看到一些不那么深刻的东西。这并不奇怪。尽管有些危急时刻会引发激进制度变革的理论，但许多学者现在认识到，即使在像这样的历史关头，政治制度变革往往更加渐进，这要归因于政治阻力和其他制度路径依赖机制（Campbell，2004；Streeck & Thelen，2005）。

从长远来看，令人不安的是，即使是许多著名的经济学家也会继续被认知盲点所蒙蔽。例如，诺贝尔经济学奖获得者阿马蒂亚·森（Sen，2009）最近写道，现在需要记住像亚当·斯密这样的古典经济学家的经验教训，他强调了价值观和信任对有效市场表现的重要性，以及亚瑟·庇古（Arthur Pigou），他对（用以弥补市场失灵的）社会福利的需要进行了理论化。森的观点是，我们需要强化资本主义的基础制度，以作为修正当前状况的部分手段。不幸的是，他没有就如何做到这一点提出具体建议。

同样，在另一位诺贝尔奖获得者保罗·克鲁格曼在其最新著作（Krugman，2009a）中认为，这场危机主要是货币和需求方面的问题，所以需要回归凯恩斯主义。他只用了两页的篇幅来讨论改革体制的“预防措施”，以便不再发生类似的危机。在这里，他提到了通过一条指导原则进行监管变革的必要性——危机期间需要拯救的任何事情都应该在危机结束后进行监管（p.189）。但他只提出了两条具体的想法：银行和影子银行需要更多资本化，加强资本管制以防止国际货币危机（p.184）。

克鲁格曼是一个乐观主义者。而他的乐观情绪非常说明问题。正如他所说的那样：“我认为，对世界繁荣唯一重要的结构性障碍是过时的理论，这些理论会混淆人们的思想。”（p.190）。但他在凯恩斯主义和新自由主义之间的选择不也会在某种程度上构成过时的学说吗？当然，目前需要凯恩斯主义来帮助解决当前的经济衰退。但是，那些更适合理解当前形势根源的新事物，比如像经济和政治社会学家和历史学家所建议的政治制度分析那类东西呢？在改革经济监管方面，经济学家往往处于任何范式转变的观念中心，这就是经济思想如此重要的原因（Fourcade，2009）。

因此，大多数经济学家——包括凯恩斯主义者——对政治制度改革或广泛的制度理论几乎没有什么可说的，这是令人担忧的。公平地说，尽管克鲁格曼坚持认为凯恩斯主义是我们理解当前危机的最佳框架，但自从他的书出版以来，他现在要求经济学家更多地关注危机中涉及的一些观念因素，如那些在行为经济学中被理论化的观念（Krugman，2009b）。这是一个更加注重体制的方向。但还有更多的可以讨论。

对于经济社会学家来说，在金融市场上维持充分的国家监督，以确保他们正常运作是绝对必要的。同样，经济史学家认为，国家必须永久地参与金融市场，以缓和他们的繁荣与萧条趋势。例如，海曼·明斯基（Minsky，1986）认为金融市场受到从稳定到危机的缓慢变动的影响，随着投机性泡沫形成，然后破裂，导致银行和其他贷方向甚至最有信誉的公司和个人收紧信贷。经济衰退会立即发生。他认为，如果没有以监管、央行干预和其他方式进行充分的国家监督，经济将经历严峻的商业周期。同样，查尔斯·金德尔伯格（Kindleberger，1978）认为，当投资者发展出过度乐观的预期（即非理性繁荣）并过度估计某些公司或市场的未来盈利能力时，就会出现金融危机。这会导致公司和投资者设计和出售不够谨慎的证券，并承担比他们本应承担的更多的债务。当他们夸大的预期没有得到满足时，债务和股票价值就会崩溃，而且他们大力推动的金融资产市场也会枯竭。随之而来的是破产和经济衰退或萧条。他认为，避免这种情况的唯一方法是让国家作为最后贷款人进行干预。当然，所有这一切都令人想起2008年的金融危机。

有些学科认真对待了市场的政治制度结构。经济社会学就是其中之一，经济史是另一个，制度经济学是第三个（例如，Hodgson，1988）。然而，它们在美国的传统经济学中都处于边缘地位。这太糟糕了，因为他们对主流方法错过的事情提出了警告——市场是脆弱的，只能通过国家的监督和保护来免遭自我破坏。为了保持市场稳定并避免极度繁荣和萧条，国家必须限制市场参与者可以承担的风险，并在必要时作为最后贷款人进行干预。这不仅仅是回归凯恩斯主义。金融危机表明，当国家没有有效管理风险时，它最终将不得不强化其最后贷款人的功能来修复损害。新自由主义者避开了这种见解，他们试图终止或避免金融市场监管。他们没有足够认真对待这件事：国家和市场必须始终保持密切联系，没有国家，市场就无法正常运作。因为这些见解不是主流经济思想的核心，而主流经济学的思想经常为经济政策制定提供信息，所以我担心，无论我们看到当前的危机促成了什么样的监管改革，那只会是临时性的，而且不足以防止以后出现更多危机。

事实上，怀疑论者已经指责了政府的监管改革建议是不够的。例如，他们说这些方法无法恢复商业银行和投资银行业务的分离，而且它们没有限制创造和出售新的、风险更高的衍生证券形式的可能性，这些证券带来了严重的溢出效应的可能性（Morgenson，2009b；Rich，2009）。奥巴马政府赢得了以希望为主题的竞选活动。我们现在必须希望它能充分理解经济社会学家和其他人的教诲，以及新自由主义者在试图防止未来危机时犯下的错误。

注释

[1] 正如政治社会学家和政治经济学家的惯例一样，当我提到“国家”时，我并不是要暗示它是一个庞大而单一的整体。相反，它是一个复杂的组织，由许多分支、机构和部门组成。

[2] 次级抵押贷款通常是针对信用评分较差的借款人、有逾期付款历史者、被取消抵押品赎回权或破产的人、债务收入比率较低的人，以及每月生活费用支付能力有限的借款人。这种容易到手的信贷往往诱使未来的房主购买他们无法负担的房屋。

[3] 资产支持证券是一种可以像股票或债券一样交易的金融工具，其价值和收入支付来自指定的基础资产池，并由其支持（即以抵押品支持）。该池通常是一组无法单独出售的小型和非流动资产，可能包括如，信用卡、汽车贷款、抵押贷款、飞机租赁协议、特许权协议和电影收入。汇集成资产池可以将它们捆绑销

售给一般投资者，这一过程被称为证券化。它允许投资基础资产的风险多样化，因为每个资产支持证券将代表不同的基础资产池总价值的一小部分。简而言之，资产支持证券涉及捆绑、承销、出售作为可交易证券的贷款和其他类型的应收款。银行创建和出售资产支持证券的一个动机是通过让其他投资者购买它们来从资产负债表中移除风险资产，从而就有了信用风险。如此，它们（银行）便能获得现金。这也允许银行将更多的资本投入新贷款或其他资产，并且资本化要求较低。资产支持证券通常由投资银行承保，投资银行选择构成证券的资产组合，调整件数（或层级），并与信用评级机构合作，为每一层级建立所需的信用评级。

[4] 掉期是另一种在资产支持证券市场上交易的证券。它们是针对资产支持证券（包括证券化抵押贷款或其他衍生品）违约的可能性的保险政策。

[5] 有些人认为，另一种制度因素促成了劣质贷款。与许多国家不同，美国法律体系允许广泛分享信用报告，例如众所周知的FICO评分，它代表对个人整体信誉度的数字评估。这些分数最初是为了指导信用卡和其他类型的短期债务市场，而非抵押贷款市场的贷款。但是因为依靠这些分数比对潜在借款人做自己的信用报告要便宜，贷款人不太可能进行自己的内部信用评估，而更有可能依靠这些通用分数来评估准借款人的信誉。问题在于，对抵押贷款这样的大额贷款来说，这些得分并不总是长期信用价值的可靠指标（Ellis，2008）。

[6] 多年后，前总统比尔·克林顿承认，签署《金融服务现代化法案》可能会使这些公司中的一些公司变得比其他情况下更大，因此更难管理（Baker，2009，p.80）。

[7] 场外衍生品涉及的交易金额远高于交易所交易金额。2005年12月，全球所有有组织的期货和期权合约交易金额约为58万亿美元。在场外交易市场，总和为248万亿美元。场外交易衍生品通常在国际上交易。他们通过国际互换交易协会（ISDA）进行一定程度的私人自我监管。ISDA的问题在于其标准与国家和国际层面上的制裁和硬法并无关联（Morgan，2008）。

[8] 该法规被称为“作为合并监管实体一部分的经纪人－交易商的替代净资本要求”（RIN：3235-AI96）。

[9] 在那些最大的评级机构发布的评级对金融危机产生重大影响之前，该法案没有生效。直到2007年8月，美国证券交易委员会才开始对大型信用评级机构进

行调查，直到2008年12月才通过了有关信用评级机构透明度、竞争和问责制的法规（Casey，2009）。

参考文献

Abolafia, M. (1996). *Making markets: Opportunism and restraint on Wall Street*. Cambridge, MA: Harvard University Press.

Abolafia, M. Y. (2010). Thc institutional cmbcddcdncss of markct failurc: Why speculative bubbles still occur. In: M. Lounsbury & P. M. Hirsch (Eds), *Markets on trial: The economic sociology of the U.S. financial crisis*. Research in the Sociology of Organizations. Bingley, UK: Emerald.

Anderson, J. (2009). New exotic investments emerging on Wall Street. *The New York Times*, September 6, p.1.

Baker, P. (2009). It's not about Bill. *The New York Times Magazine*, May 31, pp.40–47, pp.80–82.

Bank for International Settlements. (2008). *Part VII: The financial sector in the advanced industrial economies*. 75th Annual Report. Bank for International Settlements, Basel, Switzerland. Available at http://www.bis.org/publ/arpdf/ar2008e.htm.

Blinder, A. S. (2009a). The wait for financial reform. *The New York Times* (Business Section), September 6, p.4.

Blinder, A. S. (2009b). Six blunders en route to a crisis. *The New York Times* (Business Section), January 25, p.7.

Blyth, M. (2002). *Great transformations: Economic ideas and institutional change in the twentieth century*. New York, NY: Cambridge University Press.

Braithwaite, J. (2009). *Regulatory capitalism*. London: Elgar.

Bruno, M. (2008). Money fund rescue smacks banks. *Financial Week*. Available at http:// www.financialweek.com/apps/pbcs.dll/article?AID = /20081005/REG/810039951/1038/ exclusives. Retrieved on October 5.

Campbell, J. L. (1987). Legitimation meltdown: Weberian and neo-Marxist interpretations of legitimation crises in advanced capitalist society. *Political Power and Social Theory*, 6, 133–158.

Campbell, J. L. (1989). Corporations, collective organization, and the state: Industry response to the accident at three mile Island. *Social Science Quarterly*, 70(3), 650–666.

Campbell, J. L. (2004). *Institutional change and globalization*. Princeton, NJ: Princeton University Press.

Campbell, J. L., Hollingsworth, J. R., & Lindberg, L. N. (Eds). (1991). *Governance of the American Economy*. New York, NY: Cambridge University Press.

Campbell, J. L., & Lindberg, L. N. (1990). Property rights and the organization of economic activity by the state. *American Sociological Review*, 55, 634–647.

Campbell, J. L., & Pedersen, O. K. (Eds). (2001). *The rise of neoliberalism and institutional analysis*. Princeton, NJ: Princeton University Press.

Carruthers, B. (2010). Knowledge and liquidity: Institutional and cognitive foundations of the subprime crisis. In: M. Lounsbury & P. M. Hirsch (Eds), *Markets on trial: The economic sociology of the U.S. financial crisis*. Research in the Sociology of Organizations. Bingley, UK: Emerald.

Carruthers, B., & Ariovich, L. (2004). The sociology of property rights. *Annual Review of Sociology*, 30, 23–46.

Casey, K. (2009). In search of transparency, accountability, and competition: The regulation of credit rating agencies. Speech by the Commissioner of the U.S. Securities and Exchange Commission, Washington. Available at http://www.sec.gov/news/speech/2009/spch020609klc.htm. Retrieved on February 6.

Conlan, T., Wrightson, J. M., & Beam, J. (1990). *Taxing choices: The politics of tax reform*. Washington, DC: Congressional Quarterly Press.

Cox, C. (2008). Chairman Cox announces end of consolidated supervised entities program. Press release 2008-230, U.S. Securities and Exchange Commission. Available at http:// www.sec.gov/news/press/2008/2008-230.htm. Retrieved on September 26.

Dash, E., & Crewsell, J. (2008). Citigroup pays for a rush to risk. *The New York Times*, November 23, p.1.

Ellis, D. (1998). *The effect of consumer interest rate deregulation on credit card volumes, chargeoffs, and the personal bankruptcy rate*. FDIC Division of Insurance Paper no. 98-05 (March), Federal Deposit Insurance Corporation, Washington, DC. Available at http:// www.fdic.gov/bank/analytical/bank/bt_9805.html.

Ellis, L. (2008). *The housing meltdown: Why did it happen in the United States*? Working Paper no. 259. Monetary and Economic Department. Bank for International Settlements, Basel, Switzerland. Available at http://www.bis.org/publ/work259. pdf?noframes = 1

Federal Reserve Bank of Boston. (1980). *Depository institutions deregulation and monetary control act of 1980*. Boston, MA: Federal Reserve Bank. Available at http:// www.bos. frb.org/about/pubs/deposito.pdf

Fligstein, N. (1990). *The transformation of corporate control*. Cambridge, MA: Harvard University Press.

Fligstein, N. (2001). *The architecture of markets*. Princeton, NJ: Princeton University Press.

Fligstein, N., & Goldstein, A. (2010). The anatomy of the mortgage securitization crisis. In: M. Lounsbury & P. M. Hirsch (Eds), *Markets on trial: The economic sociology of the U.S. financial crisis*. Research in the Sociology of Organizations. Bingley, UK: Emerald.

Fourcade, M. (2009). *Economists and societies: Discipline and profession in the United States, Britain and France, 1890s to 1990s*. Princeton, NJ: Princeton University Press.

Friedman, M. (1962). *Capitalism and freedom*. Chicago, IL: University of Chicago Press.

Geithner, T. (2008). *Reducing systemic risk in a dynamic financial system*. Speech to the Economic Club of New York, New York City by the President and Chief Executive Officer of the Federal Reserve Bank of New York. Available at http://www.newyorkfed. org/newsevents/speeches/2008/tfg080609.html. Retrieved on June 9.

Gourevitch, P. (1986). *Politics in hard times*. Ithaca, NY: Cornell University Press.

Gramlich, E. M. (2007). *Subprime mortgages: America's latest boom and bust*.

Washington, DC: Urban Institute Press.

Guerrera, F. (2009). A need to reconnect. *Financial Times*, March 13, p.9.

Guillén, M. F., & Suárez, S. L. (2010). The global crisis of 2007–2009: Markets, politics, and organizations. In: M. Lounsbury & P. M. Hirsch (Eds), *Markets on trial: The economic sociology of the U.S. financial crisis*. Research in the Sociology of Organizations. Bingley, UK: Emerald.

Gwinner, W., & Sanders, A. (2008). *The subprime crisis: Implications for emerging markets*. Policy Research Working Paper no. 4726, Financial and Private Sector Development Vice Presidency, Global Markets Non-Bank Financial Institutions Division, September, The World Bank, Washington, DC.

Hall, P. A. (1993). Policy paradigms, social learning and the state. *Comparative Politics*, 25, 275–296.

Hayek, F. (1944). *The road to serfdom*. Chicago, IL: University of Chicago Press.

Hodgson, G. M. (1988). *Economics and institutions: A manifesto for a modern institutional economics*. Philadelphia, PA: University of Pennsylvania Press.

Jickling, M. (2009). *Causes of the financial crisis*. CRS-7-5700, R40173. Washington, DC: Congressional Research Service.

Kindleberger, C. (1978). *Manias, panics, and crashes: A history of financial crises*. New York, NY: Basic Books.

Knight, J. (2001). Explaining the rise of neoliberalism: The mechanisms of institutional change. In: J. L. Campbell & O. K. Pedersen (Eds), *The rise of neoliberalism and institutional analysis* (pp.27–50). Princeton, NJ: Princeton University Press.

Krippner, G. R. (2010). The political economy of financial exuberance. In: M. Lounsbury & P. M. Hirsch (Eds), *Markets on trial: The economic sociology of the U.S. financial crisis*. Research in the Sociology of Organizations. Bingley, UK: Emerald.

Krugman, P. (2009a). *The return of depression economics and the crisis of 2008*. New York, NY: Norton. Krugman, P. (2009b). How did economists get it so wrong? *The New York Times Magazine*, September 6, pp.36–43.

Kuttner, R. (2009). A tale of two Obamas. *The Huffington Post*. Available at http://www. huffingtonpost.com/robert-kuttner/a-tale-of-two-obamas_b_382061.html. Retrieved on December 7.

Labaton, S. (2009). Regulators spar for turf in financial overhaul. *The New York Times* (Business Section), July 25, p.B1, p.B6.

Lanchester, J. (2009). Bankocracy. *The London Review of Books*, November 5, pp.35–36.

Leicht, K. T., & Fitzgerald, S. T. (2007). Postindustrial peasants: The illusion of middle–class prosperity. New York, NY: Worth.

Levy, F. (1998). *The new dollars and dreams: American incomes and economic change*. New York, NY: Russell Sage Foundation.

MacKenzie, D. (2008). End-of-the-world trade. *The London Review of Books*. Available at http://www.lrb.co.ukk/v30/n09/mack01_.html. Retrieved on May 8.

Madrick, J. (2009). They didn't regulate enough and still don't. *The New York Review of Books*, November 5, pp.54–57.

Minsky, H. (1986). *Stabilizing an unstable economy*. New Haven, CT: Yale University Press.

Mishel, L., Bernstein, J., & Allegretto, S. (2005). *The state of working America, 2004/2005*. Ithaca, NY: Cornell University Press.

Mizruchi, M. S. (2010). The American corporate elite and the historical roots of the financial crisis of 2008. In: M. Lounsbury & P. M. Hirsch (Eds), *Markets on trial: The economic sociology of the U.S. financial crisis*. Research in the Sociology of Organizations. Bingley, UK: Emerald.

Morgan, G. (2008). Market formation and governance in international financial markets: The case of OTC derivatives. *Human Relations*, 61(5), 637–660.

Morgenson, G. (2008). Was there a loan it didn't like? *The New York Times* (Business Section), November 2, p.1.

Morgenson, G. (2009a). Countrywide loses ruling in loan suit. *The New York Times*, August 20.

p.B1. Morgenson, G. (2009b). Too big to fail, or too big to handle? *The New York Times* (Business Section), June 21, p.1.

Nocera, J. (2009a). Cliffs notes of columns to come. *The New York Times*, October 31, p.B1.

Nocera, J. (2009b). Risk mismanagement. *The New York Times Magazine*, January 4, pp.24–51.

North, D. C. (1990). *Institutions, institutional change and economic performance*. New York, NY: Cambridge University Press.

North, D. C. (2005). *Understanding the process of economic change*. Princeton, NJ: Princeton University Press.

Onaran, Y. (2007). Wall Street gets lift from SEC that may boost profit. Available at Bloomburg.com., http://www.bloomberg.com/apps/news?pid = 20601109&sid = aomFfZxHgzRA&refer = exclusive

Palmer, D., & Maher, M. (2010). A normal accident analysis of the mortgage meltdown. In: M. Lounsbury & P. M. Hirsch (Eds), *Markets on trial: The economic sociology of the U.S. financial crisis*. Research in the Sociology of Organizations. Bingley, UK: Emerald.

Paulson, H. (2009). Reform the architecture of regulation. *Financial Times*, March 17, p.7.

Perrow, C. (2002). *Organizing America*. Princeton, NJ: Princeton University Press.

Polanyi, K. (1944). *The great transformation: The political and economic origins of our time*. Boston, MA: Beacon Press.

Pozner, J. E., Stimmler, M. K., & Hirsch, P. (2010). Terminal isomorphism and the self-destructive potential of success: Lessons from sub-prime mortgage origination and securitization. In: M. Lounsbury & P. M. Hirsch (Eds), *Markets on trial: The economic sociology of the U.S. financial crisis*. Research in the Sociology of Organizations. Bingley, UK: Emerald.

Prasad, M. (2006). *The politics of free markets*. Chicago, IL: University of Chicago Press.

Rich, F. (2009). Obama's make-or-break summer. *The New York Times* (Week in Review Section), June 21, p.8.

Schmidt, V. A. (2002). *The futures of European capitalism*. New York, NY: Oxford

University Press.

Schneiberg, M. (1999). Political and institutional conditions for governance by association: Private order and price controls in American fire insurance. *Politics and Society*, 27(1), 67–103.

Schneiberg, M., & Bartley, T. (2008). Organizations, regulation, and economic behavior: Regulatory dynamics and forms from the 19th to 21st century. *Annual Review of Law and Social Science*, 4, 31–61.

Sen, A. (2009). Capitalism beyond the crisis. *The New York Review of Books*, March 26, pp.27–30.

Standard and Poor's. (2009). S&P/Case-Shiller home price indices. Available at http://www2. standardandpoors.com/spf/pdf/index/SP_CS_Home_Price_Indices_Factsheet.pdf.

Stiglitz, J. (2003). *The roaring nineties*. New York, NY: Norton.

Strahan, P. E. (2002). *The real effects of banking deregulation*. Wharton Financial Institutions Center Working Paper no. 02-39. University of Pennsylvania, PA. Available at http:// fic.wharton.upenn.edu/fic/papers/02/0239.pdf.

Streeck, W., & Thelen, K. (2005). Introduction: Institutional change in advanced political economies. In: W. Streeck & K. Thelen (Eds), *Beyond continuity* (pp.1–39). New York, NY: Oxford University Press.

Surowiecki, J. (2008). Public humiliation. *The New Yorker*. Available at http:// www.newyorker. com/talk/financial/2008/09/29/080929ta_talk_surowiecki. Retrieved on September 29.

Tett, G. (2009). Lost through creative destruction. *Financial Times*, March 10, p.9.

The Economist. (2008). When fortune frowned: A special report on the world economy. October 11, pp.1–33.

The Economist. (2009a). A special report on the future of finance. January 25, pp.1–21.

The Economist. (2009b). Worse than Japan? February 14, pp.81–82.

The New York Times. (2009). Draft of President Obama's financial regulation proposal. Available at http://documents.nytimes.com/draft-of-president-obama-s-financial-regulationproposal/page/44#p = 1. Retrieved on June 26.

Vogel, S. K. (1996). *Freer markets, more rules*. Ithaca, NY: Cornell University Press.

Wade, R. (2008). Financial regime change? *New Left Review*, 53(September/October), 5–21.

Wolf, M. (2009a). Cutting back financial capitalism is America's big test. *Financial Times*, April 15, p.9.

Wolf, M. (2009b). Seeds of its own destruction. *Financial Times*, March 9, p.7.

第十二章　美国企业精英与2008年金融危机的历史根源*

马克·S. 米兹鲁奇（Mark S.Mizruchi）

摘要

围绕着2008年金融危机发生的事情已经众所周知，且对此已经达成广泛共识。但有关这场危机发生背景的理论却缺乏一致的观念。学者们对美国经济的金融化和对新金融工具的宽松监管做了大量研究，这些现象源于20世纪70年代末以来具有美国特色的自由放任经济政策的趋势。我并不反对这些主张，并且我认为这些发展趋势有一个更早、更深层次的根源：美国大公司为经济和社会问题提供集体解决方案的能力崩溃了，我把这种现象称为“美国企业精英的衰落”。秉持着相对温和的政治观点和务实的战略方向，精英们经历了一系列的历史发展，成为一个分裂的且无能的群体，即便具有高度的社会合法性却吊诡地缺乏权力。我追溯了该群体的历史，精英群体起源于20世纪初，在二战后达到全盛时期，20世纪70年代开始衰落，而到80年代又开始上升。我认为，美国商界内部缺乏协调，这为1980年后的危机——包括2008年的大规模危机——的发生创造了条件。

* 本文基于在2009年4月芝加哥大学理解金融危机会议上，以及在2009年10月美国西北大学市场试验研讨会上提交的论文。

2008年，美国金融系统经历了自大萧条以来最严重的危机。虽然一些观察人士，尤其是保罗·克鲁格曼（Paul Krugman）和努里尔·鲁比尼（Nouriel Roubini），一直都在警告房地产泡沫的危机，但一切似乎都让大家措手不及。就像2000年的互联网泡沫，1987年的股市崩溃，1929年的经济崩溃。对这一事件的报道层出不穷，也不乏各种对金融危机的解释。许多学者，包括本书的作者，都对金融危机产生的过程做了详细的记录。本文目标是要从不同的角度来审视这个事件。我们不关注导致这场危机的经济力量，而是讨论一个主要的长期决定因素，即美国企业精英不断变化的特征。我并不是说这是导致金融崩溃的唯一原因，但我确信这些变化趋势正是2008年事件得以发生的背景。本文的目的是找出这种现象的历史根源，从二战后美国企业精英的崛起到20世纪80年代以来的衰落。

历史视角解释的困境

社会学家们做了无数次尝试来解释个别事件背后的原因。马克斯·韦伯（Max Weber）对资本主义的兴起做了描述。韦伯试图解释资本主义的可能会到来的灭亡。美国历史学家对内战的起因争论不休，而经济学家们则争论着大萧条的成因。

众所周知，要解释单一的历史事件是困难的，这也是引起了历史、社会学家之间大量争论的原因（Ragin & Becker，1992）。主要的问题是所谓的“多元决定论”。事实上，所有重大的历史事件都会基于多种原因，但这背后的原因要多于我们观察到的，从经验上不可能孤立任何一个特定的原因。

2008年的金融危机很好地说明了这种困境。人们提出了几个引发金融危机的原因。当考虑到多元决定论的问题时，我们如何在这些相互竞争的原因之间做出取舍？需要说明的是，本文将避免卷入关于历史解释的本质的争论。首先，我将描述一些有关这次金融危机的近因，这样的讨论几乎没有什么新意，因为我所讨论的大部分内容对于研究过金融危机的人来说都是熟知的，而且也相对没有争议。这部分的讨论将为本文的主要目标奠定基础。其次，我认为这场危机的背景可以追溯到一个始于20世纪70年代，并一直持续到90年代及以后的过程，我称之为“美国企业精英的衰落”（Mizruchi，2007a）。一群务实、有远见的企业领导人在二战后出现，通过其温和的政治态度和高水平的组织能力，帮助美国的经济维持了广泛的稳定。然而，这一群体在70年代经历了重大转变，并到80年代开始消失，而到20世纪90年代，我认为这个群体已经完全消失了。

这个观点需要在一个相对广泛的历史范围，以及高度概括的层次上运作。在介绍之前，我想先讨论一下引发金融危机的直接原因。在此基础上，我将借鉴戴维斯（Davis，2009）和克里普纳（Krippner，2010）对美国经济“金融化”的研究，来构建金融危机发生的更大背景。接着，本文将讨论金融化和由此引发的危机所产生的背景。本文的目标是提供本次危机背后广泛的历史和政治背景。需要提醒的是，“广泛”一词须按字面意思理解，我的论述将涉及大量的历史背景，而有关空间方面的考虑将使我无法提供足够详细的内容来进行完整的文本展示。本文的目标是提供一种解释，来说明为什么一场本可以避免的危机，而且本可以在上一代人中就避免的危机，会被允许发生。

发生了什么事?

人们似乎对促成2008年事件的一系列事件都达成了普遍共识。在2000年互联网泡沫破灭后，许多学者预测美国将经历一次相对严重的经济衰退。然而，一场部分因美联储创造的低利率引发的空前规模的房地产繁荣（至少在全国范围内）从2002年开始出现。为了应对随后的房价暴涨，银行纷纷向购房者提供贷款。与十几年前大不相同的是，在传统的房地产市场中，一家银行会向购房者发放长期贷款，然后在其整个生命周期（通常为25年或30年）内一直持有这笔贷款。而近年来，银行发展了一种不同的业务。这些银行没有持有抵押贷款，而是将一组贷款作为证券打包出售给投资者（包括其他银行）。

这些所谓的抵押贷款支持证券旨在降低贷款人的风险，因为大量抵押贷款的组合意味着，即使其中一个借款人违约，对整个贷款组合的影响微乎其微。事实上，这一工具并没有减少风险，反而导致了所谓的“利用风险”。因为放贷机构知道，它们不会持有抵押贷款，而是会将其出售，因此不太需要担心借款人的信誉。此外，资信较差的借款人属于高风险类别，因此他们可能被收取较高的利率，从而产生较高的回报率。这些证券因此成为极为有利可图的投资。这也增加了银行之间的竞争压力，迫使其发放贷款，甚至是发放给信用记录有问题的借款人。对这一市场敞口水平设限的监管没有到位，在一定程度上导致了极高的杠杆率。

尽管情况看似不稳定，但只要房价是继续上涨的，银行现在的行为就仍是可行的。借款人可以继续进行再融资，因为他们相信增加的房产价值将为他们的偿还能力提供一个缓冲[1]。放贷人可以确信，即使借款人违约，房产价值的增加也会使他们收回投资。然而，所有的金融泡沫最终都破裂了，始于2002年的房地产泡沫也不例外。当内爆发生时，金融影响遍及全球，因为被捆绑起来抵押贷款的大范围销售几乎触及了世界每一个角落。考虑到世界金融体系的连通性，以及“9·11事件”后金融市场对美国房地产市场的依赖，房地产市场的崩溃引发了一场大规模的崩溃。始于2008年9月雷曼兄弟破产的金融危机，使全球经济陷入螺旋式下降，并一直持续到2009年。

危机的深层根源

上面所描述的事件是众所周知的，其他人对这些事件的描述都更加详细。有几种方法可以研究危机的历史。正如弗里格斯坦和戈尔茨坦

（Fligstein & Goldstein，2010）所概括的那样，这个故事的大部分可以用银行系统本身的发展来解释。政府决策者的决策（或不决策）可以解释很多事情，包括“9・11事件”后美联储（Federal Reserve Bank）公布的超低利率，但也有更大的力量在起作用。

20世纪上半叶，美国基本上是一个制造业经济体。制造业在20世纪70年代仍保持着重要地位，尽管汽车和钢铁等核心行业在那个时候经历了大幅下滑。自20世纪60年代末以来，制造业的企业利润一直在下降，因为国外竞争的加剧、能源危机以及由此导致的通胀螺旋上升（所有的这些都发生在70年代），逆转制造业的前景并不明朗。在这种情况下，企业在寻找其他的投资来源，而其中一个出口就是金融行业。

在新政之后，金融业一直由商业银行主导。这些银行主要通过两种方式赚钱。首先，他们为公司提供债务融资。其次，他们替消费者和其他企业持有储蓄存款，并以高于支付给储户利息的利率来投资这些资金。投资银行在20世纪初扮演了非常重要的角色，但随着1933年《格拉斯－斯蒂格尔法案》的通过，投资银行渐渐被边缘化。在此之前，商业银行和投资银行可以在一个屋檐下共事，20世纪初由摩根大通公司领导的大型金融机构正是从这种做法中获益匪浅。在股市狂热的20世纪20年代，投资银行在许多情况下都使用储户的储蓄账户以极高的杠杆率来购买股票，这种现象与21世纪早期发生的事件有明显的相似之处。当股市崩盘时，资本的转移导致了许多银行的倒闭，许多人失去了他们的毕生积蓄。《格拉斯－斯蒂格尔法案》的出台，就是为了确保此类灾难不会重演。投资银行将专注于证券的配售，而商业银行将专注于储蓄和贷款。禁止投资银行持有储蓄存款账户，禁止商业银行从事证券配售业务。由于这项法律使得投资银行丧失了其主要的资本来源，故投资银行在随后的几十年里变得不那么重要了。

20世纪80年代以后，情况开始发生改变。1974年股市大跌，股票价格连续几年保持低位，直到1982年才回到1974年的峰值。公司和投资者开始购买被认为是“被低估”的公司资产，并出现了大规模的收购浪潮，尤西姆（Useem，1989）称之为“所有者的反抗”。这一增长是由投资银行引领的，其结果是投资银行开始重申他们的突出地位。

与此同时，商业银行经营环境也发生了一系列的变化。共同基金和货币市场基金等其他形式的投资对消费者来说更加普遍了。这意味着消费者不再将现金存在储蓄账户中，从而使银行资本的其中一项主要来源干涸了。企业越来越多地转向其他资金来源，比如商业票据，一些非金融企业通过这种方式来直接向其他企业提供贷款，这导致了银行的企业贷款业务减少。正如杰瑞·戴维斯和我所阐述的（Davis & Mizruchi，1999），在这种情况下，银行试图像投资银行一样运作：减少对传统贷款的关注，更多地关注货币互换、投资建议等服务，甚至是衍生品形式的投资本身。

在后文中，我将对商业银行的这种发展做更多的说明。在这一点上，重要的是商业银行业务向投资银行业务的转变与一个重要的发展相契合：人们越来越把金融活动作为利润的来源。正如克里普纳（Krippner，2010）所表明的，过去的40年里，金融活动已经成为企业利润的一个日益重要的来源。在20世纪50年代和60年代，来自金融部门（不包括房地产）的利润占美国经济总利润的比例不超过15%。到20世纪80年代中期，金融业的利润约占总利润的30%。到2001年，金融业利润所占比例已经增长到超过40%。这是一个相对而言“昏昏欲睡”的行业，在这个行业里，银行家贷款给企业和个人，并遵循“3－6－3”的规则——存款利率是3%，贷款的利率为6%，到了下午3点，银行家就已经在高尔夫球场上了，现在却成为经济活动中心，MBA学生都涌向华尔街这个激动人心的充满财富的投资银行世界。随后，投资银行界见证了一系列的创新，从为20世纪80年代的收购浪潮提供资金的“垃圾债券”，到在21世纪初催生了房地产泡沫的债务抵押债券（CDO）。

与金融活动的兴起相对应的是向更加自由放任的经济政策的转变。在20世纪70年代末卡特政府执政时期，这种减少政府监督和监管的做法就已经开始了；但直到1980年罗纳德·里根当选总统后才开始全面实施。随着反垄断监管的放松，这种转变不仅促成了20世纪80年代的收购浪潮，还意味着20世纪90年代和21世纪初的新金融工具（衍生品）以及21世纪初的新金融工具（抵押担保证券和债务抵押债券）基本上不受监管。1998年，美国最大的商业银行——花旗银行直接无视《格拉斯－斯蒂格尔法案》，与旅行者保险公司合并，后者的子公司之一是投资公司美邦。次年，《格拉斯－斯蒂格尔法案》被国会废止。

一个新的萧条？

关于造成大萧条的原因有几种。尽管在最近几十年他已经失宠，但约翰·梅纳德·凯恩斯对大萧条的解释一直是多年以来的标准。在凯恩斯之前，应对经济衰退的公认办法就是美联储降低利率以鼓励投资。相反，凯恩斯认为，即使利率很低，如果公司不相信他们的投资会有回报，他们也不会投资。而这似乎在2008年的危机中得到了证实：美联储将利率降至几乎为零，但这既没有刺激借贷，也没有刺激投资。即使在政府救助了几家金融机构之后，这些机构的贷款发放也迟迟没有跟进。凯恩斯主义认为，大萧条的根源在于资本主义经济中生产超过有效需求的趋势。在这种情况下，美国人没有足够的购买力来消费被生产出来的产品。其结果就是经济衰退，如果严重到一定程度，就会演变成萧条。

从20世纪70年代末到21世纪头十年，朝着更加自由放任的经济政策发展，远离制造业经济的一个后果是收入（尤其是财富）的不平等急剧加大。在同一时期，美国工人的生产力增长速度是工资增长速度的五倍多（Harrison，2009）。这种结合导致了凯恩斯所说的容易引发萧条的情况。最近的历史时期与20世纪20年代之间也存在相似之处：当时，在股市崩盘和随后的大萧条之前，收入的不平等程度不断上升，同时生产率在不断提高。

即使日益加剧的不平等本身并不能解释金融危机，毕竟不平等早在多年前就已显著加剧，而崩溃只是发生在2008年，我们也很难不将其视为房地产泡沫破裂的一个因素。正是由于缺乏消费能力，才使得如此多的消费者容易受到次贷危机的影响，而次贷危机正是这场危机的核心。消费者负债累累，他们的收入不足以支付他们的开支，因此很容易受到次级贷款提供者的影响。当然，可支配收入的缺乏，再加上必须要偿还高息贷款，这可能是总需求下降的一个因素，而这种情况会导致市场经济出现危机。

但是为什么呢?

因此，我们知道发生了什么：房地产泡沫催生的银行不良贷款激增既是高风险活动的后果，也是对持续进行这种活动的刺激。我们对这种高风险活动发生的背景是有所了解的：工资相对较高的制造业经济衰退，作为企业利润来源的金融业兴起，以及政府对新金融工具缺乏监管。但是我们是如何达到所有这些事件结合在一起的那一点的呢？也就是说，是否有一种更大的力量在起作用，解释我们为什么以及如何达到如此高的收入不平等水平，接连出现的泡沫（20世纪90年代末和本世纪头十年中期），以及似乎无力控制导致这些事件发生的过度行为？我相信有这样一种力量，在本文的其余部分我将提出当前金融危机背后的一种解释：美国企业的领导人本质的改变，也就是说，这些企业精英的改变。我认为，这种情况为2008年的金融危机埋下伏笔，这也是我说的“美国企业精英的衰落”的后果。

背景

20世纪中后期，一场关于美国商界在多大程度上构成了一个连贯的政治行为的激烈辩论开展得如火如荼。一些理论家，如弗洛伊德·亨特

（Floyd Hunter，1953）、C.赖特·米尔斯（C.Wright Mills，1956）和G.威廉·多姆霍夫（G.William Domhoff，1967），认为大公司的领导人在利益和观点上基本一致，这超越了他们在具体政策问题上可能存在的任何分歧。其他人，如罗伯特·达尔（Robert Dahl，1961），纳尔逊·波尔斯比（Nelson Polsby，1963）和阿诺德·罗斯（Arnold Rose，1967），认为各种公司太广泛和多样化，有着太多的竞争以及不同的利益，以致不能形成任何一个有凝聚力的共同体。

大多数学者同意，绝大多数商人在美国历史上遵循我们视为保守的观点：支持对自由市场，要求政府最低程度地干预经济，支持低水平的业务和个人所得税，反对劳工组织，这些也反映在商界人士对共和党压倒性的（尽管不是一致的）支持上。与此同时，一些作者认为，至少从二战后到20世纪70年代早期，有一小群商界领袖，他们代表了那些最大的企业，有着相对高的凝聚力，他们的政治观点（或参与其中的政治策略）与大多数美国公司的传统观念并不相符。

尤西姆称这一小群商界领袖为“内部圈子”（Inner circle），落座于多个董事会之中，倾向于参加一个高水平的参与社会活动并加入国家决策组织，它还有一个相对国际化的视野，关注企业作为一个整体的利益。事实上，学者们认为，在某些情况下，这一群体表现出对更大社会的福利的关注，甚至在一些情况下，这一群体要求企业把自己的短期利益放在一边（Kaysen，1957；Bell，1973；Useem，1984）。我将把这个群体称为“企业精英”。

对于高税收、法规以及组织劳动力方面的不利条件，这个群体的成员并不一定与小企业的管理者意见相左。但他们对于政策的态度是务实的。即使他们宁愿身处一个政府监管程度最小的世界，这些企业领导人也承认，联邦贸易委员会和证券交易委员会（SEC）强加的一些监管规定可以帮助他们贯彻“公平竞争”的规则，让整个经济运行得更加顺畅。同样，在一个理想的世界里，工会也许是不存在的。然而，现实中工会确实存在，而且不会消失，这也是商界人士承认的。相对温和的企业领导人认为，与其试图摧毁工会，不如尝试与工会领导人合作，以确保工会内部更激进的势力不会影响整个企业。

这种实用主义也延伸到了社会政策中。温和派的商业共同体成员都在精英社交俱乐部和决策机构工作，例如经济发展委员会（CED）和美国对外关系委员会（CFR），这是两个由学者和其他知识分子，甚至是一些劳动官员以及企业领导人组成的机构（Domhoff，1970；Soref，1976；Useem，1979）。这些团体倾向于针对政治问题表达一些相对温和的观点。20世纪50年代，特别是60年代和70年代初，这些团体甚至积极支持各种政府社会项目。1971年，经济发展委员会（CED）发表的一份立场文件（Frederick，1981）就是一个明显的例子。报告承认现在存在一些需要注意的严重的社会问题，包括贫困、失业、受教育机会不平等，以及侵犯公民权利。报告指出，个体志愿主义，即今天所说的企业慈善事业，可以在缓解这些问题中发挥重要的作用。然而，单纯依靠个人行为是不够的，而是需要政府拥有充分解决这些问题的资源和公共职责。CED认为，解决这些社会问题需要“企业与政府的伙伴关系”，而不是简单的自愿主义。这是一个近年来很少听到的观点，但这样的观点在战后时期却是很常见的，至少在处于企业顶端的一个相对较小的群体中是这样[2]。

这个群体来自哪里？它有多重要？美国公司共同体的宽广视野根源至少可以追溯到20世纪初，即在1900年成立了国家公民联合会（NCF）（Weinstein，1968）。NCF是一个组织，就像经济发展委员会（CED）一样，它由多个部门组成，不仅包括企业，还包括劳工和学术界。这个组织成立在公司资本主义的兴起阶段，在这个阶段里，以美国钢铁公司为代表的巨型公司在美国纷纷成立，这时学者们、记者们、民粹主义者以及进步主义者都对这样的发展趋势表现出担忧。这种担忧被表达在未来的最高法院法官路易斯·布兰代斯（Louise Brandeis）的一系列文章中，这些文章被编纂成一部名为《银行是如何使用别人的钱的》（*Other Peoples'*

Money, and How the Banks Use It，1914）的书。他认为，大公司的崛起造成了权力的集中，这种权力通过紧密联系的董事会联结成一个有凝聚力的共同体，不仅对竞争市场构成威胁，还对美国社会的民主特征构成威胁。

然而NCF的成员看到了公司权力集中的威胁。对大公司崛起的反应，除了来自民粹主义者和进步主义者的反抗之外，还有正在扩大规模的社会主义者。尤金・V.德布斯（Eugene V. Debs）以社会主义者的身份参加1912年的总统竞选，收获了超过6%的公众选票，这比他在1908年第一次亮相时有了质的飞越。

这些商业领袖没有对资本主义的负面性做出约束的尝试，而是相信美国工人中日渐增长的对社会主义的支持可能会导致最后取代资本主义。因此，NCF的目标是构建和推行一系列政策（大部分是私人推行的），这些政策是被设计来麻木工人们的斗争性。鉴于美国政府相对较小的规模，以及它在历史上从未推行过社会福利政策，这些计划中的大部分都披上了企业自身运作的社会福利项目的外衣，包括人寿保险、退休金和职工持股，以及工人代表（Mitchell，1989）。到20年代早期，NCF基本上在公众视野中消失了，但是到这个时候，其推行的政策已经相当完善了，作为结果，激进工人运动的威胁或许也已经部分地消退了。

20世纪30年代的大萧条给美国企业带来了另一个困境，工人反抗的威胁重新出现，组织规模庞大的工会的尝试也再次浮出水面，而政府也在美国历史上第一次认真地致力于建立大规模的社会福利项目。这个时期的大部分史料表明，美国企业坚决反对罗斯福的新政，特别是社会保障法案和《瓦格纳法案》（Wagner Act），因为它们扩大了工人进行组织的权利 （Collins，1981），许多政治社会学家也认可这种说法（典型的例子可以参阅Skocpol，1980）。其他人，尤其是多姆霍夫（Domhoff，1990）和夸达尼奥（Quadagno，1984）认为，公司共同体不仅支持这些法案，实际上还为建构这些计划背后的思想提供了帮助，虽然这些帮助更多地集中于社保法案中。我不会试图在这两个立场之间做出评判，我只想在这里指出，商界领袖对某些新政政策的支持是有据可查的。争论主要围绕着这个问题，在多大程度上，商界领袖构成了一股有组织的力量，还是说，那只是一小撮怪异的资本家。战后商界温和派领导人的崛起更好地说明了这个问题。1942年，经济发展委员会（CED）成立，而自1921年起成立的美国对外关系委员会（CFR）则在战后得到了极大的重视。出现这种情况的原因与担忧工人罢工的（尽管工人确实在二战期间和战后不久更容易罢工）关系不大，而与对即将到来美苏冷战的担忧关系更大。无论其来源是什么，温和派的公司共同体开始接受不可避免的新政，以及在更大的框架内将发生的改革：国家在经济体系中的作用以及劳工的组织权利被广泛认可了。

是什么让它保持在一起？

从1945年到70年代初的战后时期，是美国企业的精英们奉行温和做派的黄金时代。在这里要重申，在此期间，绝大多数商人继续表达保守的政治立场，这很好地反映在1947年通过的一项美国劳资关系法案——《塔夫脱－哈特莱法案》（Taft-Hartley Bill）上。该法案包含一系列措施，例如认为工会的成立是可恶的。强烈的反共产主义在当时盛行，而参议员约瑟夫·麦卡锡崛起正是其集中体现。尽管保守主义在商界和普通大众中占主导地位，但最大的一些公司的领导人中也出现了温和派。

我们有理由质疑，这样的温和态度会在多大程度上代表了一种实际存在的意识形态立场，或者仅仅是对当时特定环境的一种战略性回应。艾伦·巴顿（Barton，1985）在1971年对精英阶层的态度进行的一项调查表明，美国大型企业的首席执行官在一系列政治问题上持有相对温和的观点，这与之前观点是一致的。从对120位接受调查的首席执行官分析来看，他们支持凯恩斯主义的赤字支出和联邦扶贫的项目，甚至支持帮助那些无法在私营部门就业的个体的联邦就业计划。这些调查结果表明，公司首席执行官所持的温和立场反映了他真正的信念。另一方面，有证据表明，当机会出现时，公司会对工会组织表达的强烈反对，这不仅体现在《塔夫脱－哈特莱法案》有关，同时也体现在公司层面上（Gross，1995）。同时还有相当多的证据表明，在它们被理查德·尼克松签署进法律之前，新的环境保护署和职业安全与健康管理局面临着来自大公司的反对（Vogel，1989）。

即使巴顿提出了令人信服的发现，我们也很难知道，与看似不可改变的现实相比，首席执行官们所表达的观点在多大程度上代表了他们内心根深蒂固的信念。就本文目的而言，没有必要解释这个问题。相反，即使这些态度出现在巴顿的调查中，或在经济发展委员会1971年出具的解决紧迫社会问题的报告中，这也只是为了获得公众的支持，尤其是根据经济发展委员会报告的回应来看，他们会说只有部分原因是他们自身造成的。在战后时期，公司领导人会在特定的条件下相对温和。我认为有三种力量促成了这种温和的态度：一是一个经济相对活跃的国家，二是相对强大的劳工运动，三是超越特定公司或行业利益的金融共同体。

国家

众所周知，20世纪30年代之前，美国政府在国民经济中扮演的角色很不显眼。在那十年中，随着新政改革的兴起，政府开始在经济中发挥作用。随着各类社会保障项目的发展、证券交易委员会（Securities and Exchange Commission）和联邦存款保险公司（Federal Deposit Insurance Corporation）等机构，田纳西流域管理局（Tennessee Valley Authority）等项目的发展，联邦政府逐渐成为经济发展中的主要参与者。然而，直到第二次世界大战，国家的扩张才完全制度化。

早些时候我曾指出，商界领袖中有相当多的人反对新政改革。甚至在战争结束之前，商界领袖们就在讨论国家需要在战后经济中应扮演何种角色。人们普遍认为，战争支出为美国经济提供了重要的经济刺激，使美国经济摆脱了大萧条。人们同样担心，随着战争的结束，经济会再次陷入萧条。在这种背景下，温和的商业领袖，包括经济发展委员会（CED）成员，不愿意支持大幅度减少国家在经济发展过程中的作用（Collins，1981）。相反，公司精英们不情愿地支持凯恩斯主义的经济原则，其中包括通过赤字支出来刺激经济，接受某些转移支付，甚至支持充分就业；如柯林斯指出的那样，这些行动会减少对福利的需求。虽然国家在经济中扮演的大部分角色确实包括战后持续高水平的军费开支，但对非军事性的联邦开支的支持也是需要的。

国家维持经济稳定的能力，以及战后时期存在的高度繁荣，使得人们很难反对国家在经济发展中的作用。因此，国家所享有的相对较高的合法性限制了那些主张恢复20世纪30年代以前更为自由的市场的公司的能力。不管企业领导人如何看待社会保障制度的价值，要在战后时期废除社会保障制度根本就不可能实现[3]。无论公司领导人是否认为有必要避免赤字开支，他们也承认这类开支对整个经济都有好处。因此，政府经济行为的成功为企业的商业政治行为提供了约束。尽管大多数商界人士仍然倾向于政府只需在经济发展过程中扮演一个较小的角色，甚至有时他们对此的态度还相当激烈，但企业精英中的温和派领导人已经认识到，国家有必要在管理经济方面发挥其重要作用[4]。

劳工组织

除了国家之外，企业精英在战后时期还受到劳工组织的权势和组织合法性的制约。美国劳动关系的历史是冲突最激烈的历史之一（Lichtenstein，2003）。早些时候，工会组织就引发了商界的强烈反对。然而，正如我们所看到的，早在20世纪初，随着国家公民联合会（NCF）的成立，企业领导人中趋向于秉持更为温和妥协的观点。二战后，劳动研究历史学家普遍认为，随着劳工斗争精神的增长，管理层和工人们最终达成和解，即后来被称为“资本和劳动协议”（McIntyre & Hillard，2008）。传统观点认为，1950年美国汽车工人联合会（United Auto

Workers）与通用汽车达成的协议是一个关键的转折点，该协议有时被称为“底特律条约”（Treaty of Detroit）。管理层每五年为工人提供一次大幅度的工资增长，同时改善企业福利和工作条件。而工会承诺抵制罢工行为，并消除一些更激进分子可能造成的影响。

一些劳动经济学家和历史学家将该协作视为一种意识形态的现象，在这种现象中，管理层真诚地接受了工会的概念，并将其视为追求生产率和利润提高的合作伙伴（Bowles，Gordon & Weisskopf，1983）。另一些人则认为，存在这样一个协作是一个神话。相反，他们认为，这是正在进行的阶级斗争暂时休战的体现，在这场斗争中，罢工运动高涨，而管理层试图在每一个转折点来阻挠工会组织（McIntyre & Hillard，2008）。在我看来，企业管理者在意识形态上是否接受工会并不重要，重要的是企业被迫与工会打交道。换句话说，企业领导人在战后时期面临着一系列战略选择。一种选择是对工会发起猛烈攻击；另一个选择是和解。保守的（以小企业为主的）全国制造商协会成员更倾向于前一种选择；以经济发展委员会（CED）为代表的大型且持温和态度的公司成员更倾向于后一种选择。其结果是，在这段时间里工会保持了其相对强大的地位，而反工会的立法，除了遭到强烈反对的《塔夫脱－哈特莱法案》（于1947年通过）外，都相对沉寂了。

金融界

第三个制约温和和务实大公司的因素是金融界，特别是大型商业银行。20世纪初，从美国那些专门揭发丑闻的新闻记者到未来最高法院法官路易斯·布兰代斯，再到欧洲的马克思主义理论学家，例如希法亭（Hilferding）和列宁（Lenin），各种各样的评论人士都认为发达资本主义国家的整个企业界是由大的金融公司来统治的。在美国，最引人注目的要数纽约第一国民城市银行、美国国民城市银行和摩根大通公司。公平人寿（Equitable）和大都会人寿（Metropolitan Life）等大型保险公司也被认为实力强大。

从伯利和米恩斯（Berle & Means，1932）的经典作品的出版开始，大多数美国企业界的观察家开始相信，当金融机构的重要性消退后，特别是1933年的《格拉斯－斯蒂格尔法案》的通过迫使商业银行和投资银行的功能分开后，负责公司日常事务的内部管理者开始占据支配地位。从丹尼尔·贝尔（Daniel Bell，1960）、约翰·肯尼斯·加尔布雷斯（John Keneth Galbraith，1967）到马克思主义经济学家保罗·巴兰和保罗·斯威齐（Paul Baran & Paul Sweezy，1966），学者们都接受这样一种观点，即银行对非金融企业实施控制的时代早已过去。20世纪70年代，一群社会科学家，著名学者莫里斯·蔡特林（Maurice Zeitlin，1974）、大卫·科茨（David Kotz，1978）和迈克尔·施瓦茨（Mintz & Schwartz，1985），开始重申非金融企业受制于金融机构的观点，然后只有科茨认为银行在传统意义上“控制”了企业。回顾过去，有关银行权力的观点很可能被夸大了。从另一方面来看，正如明茨和施瓦茨指出的那样，银行在独立于任何控制的情况下发挥了重要作用：它们充当了整个企业精英领导层的会议场所，甚至还充当调解不同业务部门之间纠纷的角色。银行是扮演这一角色的合理场所，因为其对特定行业的立场是中立的。银行关心的是整个公司体系的生存能力，而不是任何一个部门或行业的成功。因此，银行在代表整个企业的利益方面具有独特的地位。此外，即使在缺乏直接控制的情况下，银行也可以（有时也确实可以）对走偏的个别公司或资本家提供约束。一个有案可循的例子是企业家索尔·斯坦伯格（Saul Steinberg）。1968年，他试图收购美国纽约化学银行（Chemical Bank），当时这家银行是纽约六大货币市场银行之一。在他宣布收购计划的两周内，斯坦伯格自己的公司（Leasco）的股票损失了近三分之一的市值，而这是由于纽约六家主要银行的信托部门在同时抛售Leasco股票（Glasberg，1989）。鉴于美国纽约化学银行是其他五家抛售Leasco股票银行的直接竞争对手，这一大规模行动值得引起注意，它给予任何考虑跨界的人发出了一个明确的信息。

为什么这很重要

我认为，战后时期美国商界的领导者被一系列温和的政治立场限制，从而形成三股势力：一个相对活跃的状态，一个相对强大的劳工运动，以及提供中立解决方案、持温和态度的金融界。但这与2008年的金融危机有什么关联呢?

1907年，当面临严重的金融恐慌时，J.P.摩根召集了一群银行家来设法稳定金融体系。摩根和其他主要银行家用自己的钱以及银行的钱去避免一场灾难。一些观察人士认为，摩根最终的决定是为了帮助美国钢铁公司收购田纳西州的煤炭和钢铁公司，这是一种自私自利的行为。在摩根的控制下，一家公司收购了一家主要竞争对手，同时又能避免反垄断行动，这是一种打着巩固金融体系幌子的自私自利的行为。尽管如此，危机还是得以避免，然而为了确保危机不再上演，包括摩根在内的几位商人还是支持成立了1913年的联邦储备银行。摩根当时因为在避免更严重的危机中表现出的领导能力而受到赞扬。

20世纪30年代，在美国历史上最严重的金融危机期间，富兰克林·罗斯福（Franklin D. Roosevelt）在商界领袖的支持下，对美国的金融体系进行了全面改革。除了上述《格拉斯－斯蒂格尔法案》之外，与金融体系相关的最重要事件是1934年证券交易委员会（Securities and Exchange Commission）的成立。从大萧条结束——美国加入第二次世界大战推动了其结束——到20世纪70年代初，美国经济表现出高度的稳定性，以及总体上持续的增长。经济衰退确实发生了，但重大金融危机得以避免。这种稳定伴随着一个庞大的中产阶级的崛起和收入不平等的减少。尽管在战后时期，最富有的1%人口的收入所占比例有所下降，但经通胀因素调整后，他们的绝对收入和财富显著增加。无论发生什么具体问题，这个系统都是在高水平上运作的。

当我们进入20世纪70年代，这种情况开始改变。20世纪70年代问题的根源很多，其中一些在60年代就很明显。在这十年中，政府社会支出的增加也是林登·约翰逊的“伟大社会”计划的一部分，而参与越南战争的高额费用，也带来了显著的通胀压力。1968年，为了避免预算赤字，政府提高了所得税，然而从约翰逊到尼克松的总统任期过渡期间，通货膨胀仍在继续。

到了1973年，经济形势变得越来越不稳定。第一次重要的能源危机发生了，根据我个人观点，这次危机可能是石油价格的快速上涨的原因，也可能是其结果。来自外国的竞争已经开始给美国本土公司带来严重的问题，尤其在汽车和钢铁等重工业，而这些行业的高度集中使得企业会将成本增加转嫁到消费者身上。这些公司认为成本的增加是必要的，一部分原因来自环境保护署和职业安全与健康管理局这两家新监管机构的成立，这两家机构都是由尼克松总统签署法律认证的，且一直是美国企业强烈反对的对象，甚至包括那些过去支持（或不强烈反对）监管的企业。

与此同时，相关企业几十年的高度集聚扼杀了创新，使得美国的大公司没有准备好与新兴的外国生产商来竞争。劳动力成本的增加以及遵守新规定所必需的成本，再加上外国竞争所带来的困难，使美国公司的处境越来越困难。此外，60年代和70年代初的社会运动以及水门事件，使得主要的社会机构面临严重的合法性危机。这场危机不仅影响了政府，也影响了商业界，大公司发现自己四面楚歌。

美国企业对这场危机的反应已经被大量记录下来（Ferguson & Rogers，1986；Vogel，1989）。在未来最高法院法官刘易斯·鲍威尔（Lewis Powell）撰写的一份备忘录的激励下，企业开始组织起来，组织规模空前。然而，企业这一次没有提倡温和的观点，也没有关注整个社会的福祉，而是转向了企业内部，重点倡导重商的立场，而不是冷静、平衡地分析社会问题。鉴于经济发展委员会（CED）将认为客观的社会科学研究可用于服务社会的学者和其他非商业行动者作为其成员，70年代出现了包括新成立的商业圆桌会议（一个专门由《财富》500强企业的首席执行官构成的组织）在内的新群体，这些群体旨在为有利商业界的研究提供奖学金。例如美国传统基金会（Heritage Foundation）、美国企业研究所（American enterprise Institute）都为学者们参与分析当代问题的重商分析提供了奖学金（Judis，2001）。

同时期内，传统的凯恩斯主义经济框架遭受到质疑。尼克松总统在1970年曾说过："我现在是一位凯恩斯主义经济学家。"[5]该理论的一个基本组成部分是失业和通货膨胀是成反比的，这种关系在战后时期保持了极大的一致性。事实上，20世纪60年代末的通胀压力可能就是由当时的低失业率引发的。然而到了1973年，美国的通货膨胀和失业率都出现了前所未有的增长。在此期间，国家颁布的任何政策都不足以解决这个问题。在此背景下，出现了另一种观点，认为发达的资本主义经济体表现出总需求不足的长期趋势是凯恩斯主义的一个中心观点。然而，现在的问题似乎不是需求不足，而是供应不足。因为稀缺性导致价格上涨，供给侧角度的理解似乎为这个国家正在经历的前所未有的通货膨胀提供了一种解释。供应不足也可归因于生产力不足，而生产力不足又可归咎于过多的管制和有工会的企业所需遵守的烦琐的工作规则。这导致了凯恩斯主义的替代品兴起，包括后来被罗纳德·里根（Ronald Reagan）采纳为政策的争议性立场，即"供给侧经济学"（Supply-side Economics）。

在20世纪70年代末出现了对政府监管和劳工组织的强烈厌恶情绪。随着商业组织的发展，密集的游说接踵而至，导致拟议的消费者保护机构和一项旨在削弱《塔夫脱－哈特利法案》（Vogel，1989）中最不利于劳工条款的法案都意外失败。尽管在卡特（Carter）政府执政时期，联邦政策已经越来越倾向于支持商业，但1980年里根的当选标志着20世纪70年代商业政治活动的高潮。与此同时，美国商界温和、妥协的领导层已基本瓦解。无论这是否是由于现有的领导人对保守态度的转变或是代际变迁的结果，（作为年轻一代的商业领袖继承的）群体的智慧和地理因素（南部和西部取代了东北的地位）使得超大企业间有着明显的变化方向。

然而，务实的商业领袖们并没有完全消失。在70年代末，迈克尔·尤西姆（Michael Useem）主持的一系列访谈显示，拥有多个董事会席位的商业领袖会继续持有相对温和的立场。似乎是为了证实这一点，在1983年，由于里根减税政策带来财政赤字增长，商业圆桌会议发表了一份主张增税以平衡政府预算的立场文件，这一点我将在下文中讨论。除此之外，还有两种情况正在发生，它们将使企业精英内部的温和与务实态度进一步被减弱。

银行业的衰落和金融文化的兴起

20世纪80年代初，人们可能会认为企业精英的向右翼转变帮助重塑了政治格局。政府的管制已经大大缩减，工会作用也被大大削弱。矛盾之处在于，我认为正是商业精英从工会和政府的束缚中成功解脱出来的经历，导致其作为一个前后一致的政治参与者的无为。这里讲得有点超前了。回到我的主要论点之前，还有另外两项发生在80年代的发展需要讨论。

之前我曾提过，大型商业银行虽然不一定会控制主要的非金融企业，但它们能够调解争端，并对企业界不守规则的人进行惩戒。到了80年代，这种情况开始改变。正如戴维斯和我所指出的（Davis & Mizruchi, 1999），在这十年中发生的一系列事件导致商业银行放弃了其作为行业间争端仲裁者的角色。银行的影响力主要来自他们对资本的控制，资本是企业发展的一种必要资源，而在20世纪70年代，随着企业越来越难以利用留存收益进行融资，来自银行的资本对企业来说变得更加必要（Stearns, 1986）。然而20世纪70年代末，商业票据的兴起开始使非金融企业渐渐减少对银行资本的依赖性。非金融企业通过商业票据直接向彼此发放贷款。此外，随着共同基金和货币市场基金等替代产品开始涌现，个人开始将资金从存折储蓄账户转移出来。银行因此失去一项重要的资金来源。其结果是，贷款不再是主要商业银行的重要利润来源。

面对这种情况，银行在20世纪80年代采取了两种应对方式。一是他们开始涉足风险越来越大的贷款领域，特别是包括一系列不良房地产和外国贷款，这导致包括花旗集团在内的一些主要银行在20世纪90年代初陷入了严重危机。银行采取的第二种策略是，不再把贷款作为收入来源，而是转向服务类的活动，从中收取服务费用，而这是无风险的。以上这些活动使得商业银行变得越来越像投资银行。与此相对应（也可能是由此产生的结果），主要的商业银行董事会接纳大型非金融公司首席执行官的可能性越来越低。从20世纪早期到20世纪80年代早期，商业银行在董事会紧密联系网络中始终占据高度中心地位是企业界持之以恒的特征之一（Mizruchi，1982）。战后，担任主要银行董事会成员的非金融首席执行官对该中心地位的维持在很大程度上起了作用（Mintz & Schwartz，1985）。举个例子，1982年，14位《财富》500强公司的首席执行官成了大通曼哈顿银行的董事会成员。20世纪80年代，这种情况发生了改变，银行第一次远离了联系网的中心。1982年，11家最具关联性的公司中有8家是商业银行；而到了1994年，13家处于最中心地位的公司中只有4家是银行（Davis & Mizruchi，1999）。

银行从商业贷款向服务活动收费的转变，以及在紧密联系网络中的中心地位相应下降，均意味着银行不再能够充当多部门间争端的仲裁者。银行也没有资格去惩罚那些出格的资本家。而这可能是20世纪80年代的金融创新者取得成功的原因之一，他们利用低评级的“垃圾债券”，在金融界掀起了一场革命。如果银行继续扮演20世纪60年代的保守角色，利用垃圾债券进行大规模收购的做法可能永远不会成功。

到了20世纪80年代中期，使得战后企业精英保持相对温和的三股主要力量都消失了。政府大幅度降低了对企业活动的监管，包括那些在早些年可能被视为违反反垄断法的行为。劳工运动的辉煌已经一去不返，在私营部门不断式微，但越来越多地发生在公共部门。商业银行作为企业精英的最后约束来源，已经变得越来越像投资银行的角色。这种转变预示着《格拉斯－斯蒂格尔法案》的最终终结，1999年该法案于被国会废止。

但是，鉴于被广泛引用的戴维斯（Davis，2009）和克里普纳（Krippner，2010）对美国经济发展金融化的描述，我们就可以认为银行业的衰退和金融部门力量的增加在同一时期内是一致的吗？答案由两部分组成：一是商业银行确实复苏了，至少在2008年金融危机之前是这样，但正如我们所看到的，商业银行是通过显著改变自己的角色来做到这一点的；二是，随着商业银行定位的转变，投资银行重新出现，以及一系列其他金融机构开始崛起。金融领域确实成为企业利润的主要来源，并在一定意义上变得越来越强大，在这个过程中的一些关键参与者的行为不仅对社会的其他部分产生越来越大的影响，同时对世界的其他部分的影响也越来越大。然而，与战后时期不同的是，这种影响不是任何集体行动的结果，而是控制着巨额财富来源的行动者个体交易的综合结果。

收购浪潮

真正的开端可以说是20世纪80年代的收购浪潮。这波浪潮的根源是1974年的股市下跌和70年代持续的经济低迷。在这十年的剩余时间里，股价一直保持在低位，业绩疲弱是一方面，整个社会对未来经济前景也缺乏乐观的想法。代理理论在金融经济学中的兴起在这一时期似乎发挥了作用，因为投资者们越来越多地使用这些理论作为他们行动的理由（Zajac & Westphal，2004）。该理论暗示，在20世纪70年代公司的价值被“低估”了，因为公司经理在多年的高利润和低竞争中与股东和市场隔绝，一旦他们在市场中的力量下降，就会发现自己无法在现有市场中竞争。相对较低的股价为投资者创造了从公司经理手中夺取控制权的机会，而80年代的收购浪潮正是体现了这一过程。同时，慷慨的税收法律也促进了这一波浪潮，税法允许用于收购的债务利息免税。除此之外，里根政府中反垄断执法官员的缺位，使得这届政府看起来似乎并不是去鼓励收购浪潮，而是将其当作一种恢复经济效率的手段。

这一波浪潮的结果是：《财富》500强中有三分之一的企业在十年内消失了。此时，作为公司系统的领袖人物——公司首席执行官们正处在一个日益脆弱的位置。由于他们的公司被其他投资者吞并，且公司经常被分割开，出售单独的组成部分，这呈现出公司部分之和大于整体的现象。许多公司试图通过使用“毒丸”防御计划，通过法律来避免被收购（Davis，1991），但即使这样也未能阻止收购浪潮。尽管学者们对这一变化的规模存在一些分歧，但大家普遍认为，从20世纪80年代初到21世纪初，首席执行官的任期大幅缩短了（Neff & Ogden，2001；Kaplan & Minton，2006）。有人或许会说，正是首席执行官们在战后体验到的高度安全感，使得他们对商界和整个社会长期发展利益有了更大的考虑空间。这种安全感可能不是首席执行官们行为表现的充分条件，但无疑是其必要条件。尤西姆（Useem，1984）提供了一个大公司高层人员变动的例子。一家零售公司的首席执行官在其公司被另一家公司收购后，失去了一家保险公司董事会外部董事的职位。在一次采访中，该保险公司的一名董事解释了为什么这位零售公司的首席执行官没有被重新任命为该保险公司的董事会成员：“他突然失去了工作；他把时间都奉献在了与当地艺术博物馆的合作上，但他因为缺乏一些基础，导致他并没有跟上商界的步伐，留他在董事会并不会为董事会带来什么。”（Useem，1984）

企业精英们的结局

现在让我们来看一下美国企业精英们在这不到20年的时间里所经历的巨大变化。20世纪70年代初，包括一小部分大公司领导人在内的精英阶层，他们在政治问题上持相对温和的观点，且对劳工组织和国家发展政策采取妥协、务实的战略。该群体以这种方式行事是被迫的，一方面是由于政府和工会相对强大的地位，另一方面来自银行界的惩戒力量。20世纪70年代末，一场影响颇大的企业攻势极大地削弱了劳工组织，政府监管也随即大幅减少。20世纪80年代的美国，见证了商业银行的权力衰落，商业银行放弃了其调解公司内部纠纷的角色。最后，80年代大规模的收购浪潮进一步摧毁了管理者的地位，这些管理者们现在意识到自己所面临的压力要超过这个群体在这次大萧条前面临的任何压力。

保留了职位的首席执行官们也面临着额外的压力。收购浪潮带来的威胁只是首席执行官们目前面临的外部压力之一。尤西姆（Useem，1993，1996）认为机构股东的增加给首席执行官们的行为带来了一套全新的约束。由于股东们持有股份量巨大，如果他们不同意管理层的决策，他们也不能简单地出售自己的股份。尤西姆认为，这样的情况会带来的结果是机构股东会越来越积极地试图影响管理层的决策。当面临投资者要求迅速获取投资回报的压力时，首席执行官们越来越难以进行长期的规划。有趣的是，尤西姆认为这些投资者与他早期著作中提到的核心圈子的人群相去甚远。为公司做出决策的人来自对投资回报感兴趣的金融专业人士，而不是出于对公司更大利益的考虑，他们不会关心狭窄的金融领域以外的问题。

多宾和左恩（Dobbin & Zorn，2005）更进一步地认为控制来自更低的层次。当代的首席执行官们面临的最重要担忧之一是金融分析师为他们的公司发布的季度利润预测。不管这家公司是盈利能力强还是亏损严重，对于投资界的大多数人来说，他们更关心的是这家公司的表现与对其的未来预期的关系如何。换句话说，即使是一家高利润的公司，如果其利润低于预期，那么它的市场价值也会下降。这导致许多公司人为调整他们的账簿，旨在达到几乎完全符合他们的季度预测。对于我们来说，这些预测所具有的意义是重要的。在多宾和左恩看来，能否符合这些预测让管理层所有其他担忧都退居其后。

最后，戴维斯（Davis，2009）认为资本市场已经将其自身作为用来控制公司的新来源。许多学者已经注意到从20世纪70年代开始，企业界明显向“股东价值”意识形态转变（Zajac & Westphal，2004）。在此之前，与管理水平上升相对应，管理人员被视为熟练的专业人士，他们管理公司的合法性基本上没有受到任何人的质疑。20世纪70年代，随着经济遭受重创，股价下跌，投资者损失惨重，由此对管理层的批评声也越来越多。上文提到的金融经济学中代理理论的兴起伴随着某种意识形态，该意识形态首先强调了公司股价是吸引投资者的一种重要手段。正如扎伊克（Zajac）和韦斯特法尔（Westphal）所说，关于股东价值的意识形态在20世纪80年代变得越来越重要，并在21世纪一直占据主导地位。

因为于股票价格重要性的增加，以及投资者越来越积极的作用——两者都直接影响公司的运行以及公司的收购行为，首席执行官们都不关注公司的长期发展，而是关注公司短期内的股票价值。如果一家公司的股价跌得太厉害，那么这家公司就很容易被收购，而它的首席执行官也很容易被替换。在某些情况下，这样的现象甚至导致了首席执行官一些激进的、可能是不计后果的行动。例如罗斯·约翰逊（Ross Johnson）在1988年对纳贝斯克（RJR Nabisco）的一次失败的杠杆收购决策（Burrough & Helyar，1990）。

以上三种说法都暗示了不同的公司控制权来源，分别是：公司股东、金融分析师和一般资本市场。以上三种说法的共同点是，认为首席执行官们不再身居商界之巅，不再享有很高的声望和安全感。相反，他们面临着越来越大的外部压力，以及个体合法性的丧失。然而取代他们的不是一群新的有条理的行动者，而是一片空白。越来越多的企业受到华尔街投资者变迁的影响，只是单纯追求投资组合的丰厚回报，却面临着领导层的真空问题。这个群体是分散的，没有具备宽广视野的前沿人物能够代表整个商业界。这并不是说网络已经消失了。相反，与华尔街内部圈子的联系，提供了打开巨额财富大门的钥匙。但这些联系被用作实现非常具体目标的工具，而不是像战后企业精英那样将之作为制度或社会领导的基础。

这造成了一个巨大的悖论。一方面，至少自20世纪20年代以来，商业的整体合法性达到了空前的高度。顶尖大学里最优秀、最聪明的人的梦想的不是成为科学家、政府官员，甚至企业管理人员，而是成为华尔街对冲基金的经营者。自由市场意识形态已恢复到大萧条前的主导地位。在尼克松政府中被认为是理所当然的政府干预，在克林顿政府和奥巴马政府中变得过于激进，而根本不值得考虑。商界在政治上的胜利再完美不过了。然而，作为一个集体的行动者，商界已经变得越来越无效。

两个例子

两个例子可以说明美国企业精英的衰落。在罗纳德・里根当选后，他成功地说服国会实施了一项意义重大的全面减税计划，同时迅速增加了军费开支。其结果是，在经济本已严重衰退的背景下，出现了创纪录的财政赤字。1983年，出于对赤字失控的担忧，商业圆桌会议不情愿地选择了增税来平衡财政预算（*Wall Street Journal*，1983）。考虑到减税政策的受欢迎程度，以及企业和富有的个人是主要受益者的事实，商业圆桌会议在争取这一立场时做出了巨大的贡献。有人可能会说，就像我在其他地方说过的那样（Mizruchi，2007a），这类行为与战后那些温和的、有远见的企业精英是一致的。事实上，支持增税甚至可能被视为企业精英的“最后一搏”。

20年后，布什总统也采取了类似的大规模全面减税措施，同样再次导致了创纪录的赤字。同时，美国当时正处于战争状态，仍处在9・11袭击后的恢复期。换句话说，在当时要求公众做出牺牲，同意通过增税来资助伊拉克战争，从历史先例上来讲也肯定是合理的。尽管情况与20世纪80年代初类似，加上额外的战时条件，商业圆桌会议却在这个问题上却没有任何声音。2004年4月，我参加了在底特律经济俱乐部（Detroit Economic Club）的商业圆桌会议，商业圆桌会议的主席约翰・卡斯特拉尼（John

Castellani）发表了演说。他脱离了准备好的讲稿，而是花了几分钟来谈论赤字的严重性，以及会对美国经济的长期生存能力构成的威胁。然而在这次讨论中，约翰·卡斯特拉尼没有提到布什的减税政策可能是造成财政赤字的原因，也没有提出暂时取消减税政策来作为解决赤字的可能方案[6]。1983年的圆桌会议要求增税，与2004年的圆桌会议在增税问题上的沉默形成了鲜明的对比。该组织不愿在小布什执政期间提出增税的确切原因尚不清楚。正如克里普纳（Krippner，2010）所指出的，在20世纪80年代，外国政府和投资者通过投资美国国债来应对美国的高利率，从而为美国政府的赤字提供了实际的资金。这一现象可能导致美国的商业领袖们认为与过去几十年相比，赤字问题已经不那么严重了。另一方面，卡斯特拉尼在商业圆桌会议上表达了对赤字的严重担忧，他指出现在的情况与1983年时一样严重，而这使得他对于税收问题上的沉默态度更加引人注目了。这种甚至拒绝考虑增税可行性的做法，反映的是领导力的缺失，即不愿为了更大的国家利益而表明一些不受欢迎的立场，而这种缺失恰是当代美国企业的特征，这也让他们有别于前几十年的企业管理层。

第二个有关当代商业社会效率低下的例子是，它无法提出一项不仅有利于整个社会，也有利于企业自身的医疗改革方案。2009年，美国最大的500家公司仅在员工的医疗保健上就花费了3750亿美元，这是其他发达国家的公司所不必承担的费用[7]。虽然像加拿大那样的单一付款人的医疗保健系统也可能会导致公司税的增加，但这种增加也很可能会因雇主被免除了雇员医疗保险责任，并且节约了成本而抵消。事实是一些企业集团已经在呼吁医疗改革。就连商业圆桌会议也发表了一份声明，指出高昂的医疗成本对美国企业的竞争力造成了巨大影响[8]。但是，这些团体都不愿意提出一项全面的解决方案来免除公司对员工医疗保健上的责任，尽管这样做会给他们带来明显的经济利益。这就是商界的行为不仅损害整个社会，还损害企业本身，从而违背了自己的利益的一个案例。的确，医疗保险行业和医疗保健行业的其他部门可能有保留现存体系的经济动机，但大多数行业在保留现存体系方面没有经济获利，却在废除现存体系方面有相当大的利益。无论是商业圆桌会议还是任何其他商业范围内的团体都没有能力或意愿提出任何一种可以协调一致的计划来解决整个商业界的利益问题[9]。

金融危机

商界对2008年金融危机的反应进一步表明，商界团体无法以连贯和有效的方式来协调其内部利益分配问题。1907年的危机不是通过国家，而是通过私人手段解决的，而危机带来的结果是，包括摩根本人在内的企业领导人都开始主张建立联邦储备银行。1929年的股市崩盘和随后的大萧条导致了监管的巨大扩张，表现在美国证券交易委员会（SEC）的建立和《格拉斯－斯蒂格尔法案》的通过。金融界最初可能反对其中的一些规定，但后来也接受了它们，并认为这至少是一个不可改变的现实。

2008年的危机则有所不同。一些观察人士认为，对新金融工具监管的缺乏在危机中扮演了重要的角色（Krugman，2008）。对于次级抵押贷款（相当于20世纪80年代的垃圾债券），并没有规定银行可以承受的最大风险敞口。衍生品也不需要公开上市。由于这些衍生品的新颖性，评级机构在对抵押贷款支持的证券的风险评级时遇到了困难。这在一定程度上与评级机构的客户持有评级机构所评级的证券有关。奥巴马政府上台后，批评人士游说政府要加强对几种金融工具的监管。从历史上来看，美国公司接受了一定程度上的监管意见，理由是监管机构可以确保参与者遵守规则，就像体育赛事的裁判一样。然而，尽管2008年金融危机带来了巨大的负面影响，但在撰写本文时，金融界仍在抵制进一步的政府监管。一个可能的原因是认为最大的金融机构一般“太大而不能倒闭”，直到在2008年9月雷曼兄弟倒闭后，政府以此事件为由介入，同时出于担心大型机构的失败会导致整个金融体系的崩溃而对其发起救援，例如花旗集团和美国国际集团。批评人士指出，正是大家认识到政府不会让这些银行倒闭，才导致这些银行会从事如此高风险的经济活动。

然而，即便是最受人尊敬的金融机构，其看似失控的行为也引发了一个问题：这样的情况会在40年前发生吗？从大萧条结束到20世纪80年代中期，美国金融体系没有经历过一次可以被称为“危机”的事件。股票市场有起有落是肯定的，1974年在很短的时间内损失了将近50%的价值。但没有出现类似1929年、1907年或1893年那样的泡沫或突然崩盘。从1987年10月为期一天的股市崩盘开始，我们见证了至少三个重要的崩盘：1987年的金融危机，20世纪90年代末的互联网泡沫和2000年的崩盘，以及21世纪初真正的房地产泡沫及其在2007—2008年期间的彻底崩盘。换句话说，这是随着商界利益的主要来源从有形产品的创造转向虚拟财富的创造（这种虚拟财富建立在不断流动的金钱和一些即便对参与其中的人来说都是越来越神秘的技术的使用），使得整个金融系统在过去二十年间在繁荣和萧条之间的转换变得更脆弱而产生的一个事故吗？如果有一个组织良好、跨行业的企业精英能够与政府合作，以确保该体系以一种有序和可预见的方式运行，这种情况还会发生吗？我相信这两个问题的答案都是不[10]。

结论

在《路易·波拿巴的雾月十八日》中，卡尔·马克思曾提到法国资产阶级的挣扎，他们不能以任何协调一致的方式来组织他们的行动，因而表现出一种无组织、无能为力的乌合之众特征。只有当法国政府愿意介入并“拯救”资产阶级时，才最终阻止了法国资本主义的彻底毁灭。在这种情况下，国家权力以政变的形式表现出来。然而，根据马克思的观点，法国资产阶级似乎明白，有时只有国家才能为资本家做他们无法为自己做的事情。正如马克思所说［Marx，（1852）1972］：

……是的，资产阶级因此承认其为了自己的利益，需要摆脱以自己的名义来统治的危险；为了恢复这片土地的安宁，资产阶级议会必须首先得到它的安宁；为了保持其社会权力不受侵犯，相对的政治权力就必须被打破；私人资产阶级只会继续剥削其他阶级，在他们的阶级同其他阶级一样被判为政治上无效的条件下，才能享有不受任何干扰的财产、家庭、宗教和秩序；而为了节省开支，必须放弃王权……”

马克思指的是一个非常具体的例子，路易·波拿巴解散了资本家主导的法国国民大会来巩固他的权力。但这一构想后来成为被称为资本主义国家结构主义理论的基础。这种观点在普兰查斯（Poulantzas，1972）的著作中得到了最有力的支持，他表明如果任由商界自行其是，就无法采取达成一致政治立场的集体行动。因为很多情况下，不同行业间有多样的利益冲突，国家需要提供政策性的压力来保障整个商界的最佳利益，这即意味着会反对一些特定行业的利益。明茨和施瓦茨（Minz & Schwartz，1985）认为金融界就扮演了这一角色。但是一些理论家，以普兰查斯的理论为基础，将其视为一种用来理解诸如《社会保障法案》和《瓦格纳法案》（Quadagno，1984）等项目会被通过的方式。虽然这些措施被理解为与企业界若干部门的具体短期利益相抵触，但也可被视为有利于整个制度的生存。

在第二次世界大战结束之后，美国资本主义的大部分开始接受（至少在战略层面上）国家在维持这一体系中的作用。当然，这个群体试图让国家为大公司的利益采取相关行动，但他们也了解，国家也需要一定程度的自主权才能从事这类行动。我认为，发生了一系列导致这一安排破裂的事件。由于20世纪70年代的经济动荡和结构变化，美国大公司开始拒绝接受他们早期与政府和劳工组织的妥协。到20世纪80年代初，随着国家监管的减弱和劳工运动的减弱，企业已经实现了自己的目标。然而，我认为正是企业精英在这段时期所经历的成功，最终导致其失败。不再受国家和劳工的约束，同时越来越独立于银行，企业精英变得越来越分散，商界群体都主要关注于自己特定的短期利益。这也可以从企业对1986年税收改革法案的反应中看出，在该法案中，企业组成了几个不同的集团，而每个集团的关注点都相对狭窄（Martin，1991）。早年企业界高度有组织的集体行动已经成为过去。20世纪80年代的收购浪潮作为致命一击，彻底摧毁了企业管理层——这是老牌企业精英的核心，500家最大的制造企业中有三分之一在这10年里消失了。到了20世纪90年代初，尽管商业圆桌会议等团体继续存在，但美国企业精英的残余与上一代人几乎没有相似之处。权力转移到了金融界。但这个群体并不像早些年那样，以纽约主要的老牌商业银行中的领头部分为主；相反，现在的金融界是一群为机构股东、金融分析师、对冲基金经理和套利者服务的专业投资者。银行家仍然可以肯定，但斯特恩斯（Stearns）和我在一个针对20世纪90年代末主要商业银行的研究中发现，这些银行家们不仅仅是为企业客户提供各种金融服务的销售人员，他们毫不掩饰地干预公司活动，也从不考虑整个商界的集体利益（Mizruchi & Stearns，2001）。

正是在这样的条件下，房地产泡沫、次级抵押贷款和抵押贷款支持证券在全球范围内被出售给那些根本不知道自己在买什么的投资者，并蓬勃发展。正是规则的缺失，约束的不存在，为它们提供了环境。企业赢得了从国家和工人手中解放出来的战争，重新获得了自20世纪20年代以来从未有过的合法性和赞誉，但现在却无法阻止自身制度的崩溃。“没有效力的权力”是我用来描述这种情况的短语（Mizruchi，2007a）。冒着被说不谦虚的危险，我认为这个短语提供了一个恰当的描述。

政策启示

鉴于本文论点的历史性质及其相对广泛的范围，对当前的政策提出任何建议可能都是冒昧的。然而，我们在这一节开始时所举的例子，即马克思关于路易·波拿巴统治时期法国资产阶级的讨论，也许可以为当前的困境提供一个解决办法。如前所述，美国公司经常愿意接受政府管制来作为减少破坏性竞争和维持稳定经济环境的手段。从航空到煤炭，从石油到糖，各行各业都出现了这种情况，金融业也如此。正如我们所看到的，金融监管时期有近半个世纪，在这期间，美国经济没有发生一场重大的金融灾难。

当然，这里的相关性不一定是因果关系。或许，金融监管与避免金融危机是一种巧合，是一个无法衡量的第三种因素在起作用，或许是整体经济的健康状况。即使监管确实在早期对经济有益，也不能保证会在当前也有类似的好处。相反，举一个例子，我们有很好的理由让航空业放松管制，即使这样的结果也会造成新的问题（Lawrence，2004）。另一方面，金融监管与不发生危机之间的对应关系是显而易见的：美国近50年没有出现严重的金融危机。金融的不稳定性的特征是，我们在20世纪80年代经历了储蓄和贷款危机，1987年经历股市崩盘，2000年经历网络泡沫的破灭，以及2008年经历了金融危机，这都是在长期监管被解除或未执行的环境下一系列新的金融工具不受监管的结果。在撰写本文时，金融界仍然有着强烈反对实施新监管的意图。然而，监管的缺失不仅可能在最近的危机中扮演了重要角色，而且可能使金融体系在未来的崩溃中变得更脆弱，而金融行业的很大一部分企业将会受到影响。金融业不愿或无力采取行动，这可能在一定程度上是一个集体行动问题：在竞争对手拒绝支持监管的情况下，金融界的成员为何要支持监管？然而，这正是为什么政府可能有必要来介入，将金融业（以及与之相伴的美国其他行业）从它自己手里救出来。如果美国的大公司缺乏有效的内部组织来解决它们的问题，那么除了国家行使其所拥有的自主权来为公司做它们显然不能为自己做的事情之外，似乎就没有其他选择了。

同时，我们社会学家也有义务。在经济和政治社会学中，我们对国家的关注在许多情况下使我们看不到非国家行动者在政府政策中发挥的作用。到20世纪80年代，有关商业政治活动的研究在美国社会学中大量出现，但自那时起，整个研究进程已放缓为涓涓细流（Mizruchi，2007b）。如果社会学家有助于理解我们这个时代的经济问题：不断增长的财富不平等、国家的作用下降、金融危机发生概率的增加，那么我们必须重新调整我们对准参与者——那些发挥最大影响作用的行为（或行动）——的镜头。这意味着我们需要重新研究企业精英：他们的结构、意识形态、内部组织，以及他们与外部参与者的关系。考虑到他们花费的数千亿美元，美国公司为什么会继续反对医疗改革？尽管遭受了巨大损失，金融业的成员为什么还要反对监管？这些问题是意识形态的吗？这些问题是组织性的，是他们无法在集体行动中维持有效的努力吗？这些问题仅仅是不顾长期后果而追求短期利益的个体行动者所造成的后果吗？没有对美国公司的研究，我们仍然无法对当代美国经济有一个清晰的认知。

注释

[1] 我们可以在LendingTree.com上的一个电视广告中看到这种做法的一个例子，该广告以虚构的斯坦利·约翰逊（Stanley Johnson）为主角，吸引了大量观众。“我是斯坦利·约翰逊，”演员吟诵道，“我有一个伟大的家庭。我在一个大社区有一栋四居室的房子。喜欢我的车吗？这是新的。我甚至还参加了当地的高尔夫俱乐部。但是我该怎么做呢？我其实负债累累。我几乎不能支付我的个人财务费用。”这一切都是通过演员脸上带着的无忧无虑的笑容表现出来的，这更增添了讽刺意味。在叙述者通过LendingTree.com赞美获得住房净值贷款的好处之后，约翰逊带着同样空洞的微笑恳求道：“谁来帮帮我吧。”这则广告在房地产泡沫最严重的时候播出，但在泡沫破裂后几乎立刻就消失了。广告可以在http://www.youtube.com/watch?v=hn5EP9StlVA上看到，或在www.youtube.com上搜索“Stanley Johnson commercial”。

[2] 1956年艾森豪威尔（Eisenhower）总统连任后不久，《时代》杂志刊登了一篇文章，并在《华尔街日报》上刊登了该杂志广告时重印了这篇文章全文，为这一观点提供了进一步的证据。在描述了艾森豪威尔政府“保护”和扩大从“新而公平的交易”继承下来的社会项目政策之后，文章引用了几位主要的企业高管

的看法，他们表示支持这种更温和的方法。芝加哥第一国民银行（First National Bank of Chicago）副行长盖洛德·弗里曼（Gaylord A. Freeman）说："我认为社会保障是好的，工会也是好的，失业补助也是可取的。社会的立法可以增加自由的总和，增加个人的尊严。"文章接着说，那些曾经谴责政府干预经济的商人也意识到，联邦的大多数管制权力，例如对股市的监管，其实对企业和消费者都是有利的。"今天，大多数商界人士都同意杜邦（Dupont）董事长小沃尔特·S.卡彭特（Walter S. Carpenter Jr.）的观点（根据反垄断法，他的公司已在法庭上被剥离22次了）：反垄断法是公平的，应该大力执行。"这篇文章接着描述了企业领导人对扩大教育机会的支持，以及他们鼓励员工成为全面发展的公民的目标，即"活在世界上，而不只是活在公司里"。感谢托德·希费林（Todd Schifeling）告诉我这篇文献。

[3] 有证据表明在法案通过后不久，大多数美国商业领袖也开始接受社会保障的存在。《财富》杂志1939年进行的一项民意调查显示，被调查的商界人士中，只有17%的人支持废除这一制度，而支持废除这一制度的人没有一个来自大型制造企业。

[4] 企业对一个积极的国家的接受不仅限于经济政策，还包括对监管的有限接受。无论是在二战前还是二战后，企业对此类监管都提供了大量支持，尤其是在行业层面。制糖业的成员支持1948年的《食糖法》；石油公司高管支持1935年制定的《州际石油契约》（Berle，1954）；航空业支持民用航空局的规定，为40年代到70年代的航空业提供了稳定的利润流（Lawrence，2004）；而煤炭生产商则支持政府强制执行全行业价格的企图（Bowman，1989）。此外，除了对这些行业特定法规的支持之外，美国商界领袖对广泛的反垄断政策表示了相当大的支持。参见克罗斯（Krooss，1970）对此的讨论，特别是在第313—314页，以及上面提及的《时代》杂志上的文章。

[5] 尼克松常说的一句话是："我们现在都是凯恩斯主义者了。"然而，事实上这句话是由崇尚自由市场的经济学家米尔顿·弗里德曼在《时代》杂志的一次采访中说的（Krugaman，2009）。弗里德曼在给《时代》杂志编辑的一封信中澄清了这句话，他传达的是一种完全不同的意思："在某种意义上，我们现在都是凯恩斯主义者；但另一方面，没有人是凯恩斯主义者。"

[6] 2004年4月26日的商业圆桌会议之后的几年时间里，卡斯特拉尼的演讲内

容在一直出现在商业圆桌会议的网站上，但现在似乎已经没有了。关于赤字的讨论并没有出现在公开分发的文本中。出版的版本是否是卡斯特拉尼原本打算使用的演讲版本，关于赤字的材料是即兴的还是原本准备的讲稿的一部分，且从出版的版本中删除了，就不清楚了。

[7] 我得出数据的过程如下：翰威特咨询公司（Hewitt Associates）受商业圆桌会议委托，在网站上发布了一份最新报告。报告估计，“大雇主”的每位员工每年的医疗保险平均成本为10743美元。根据商业圆桌会议的说法，在2009年3月，该组织代表了超过3500万雇员的公司。这两者的乘积得到文中所引用的数字。

[8] 见http://www.businessroundtable.org/initiatives/health。

[9] 由此引发的一个问题是，如果美国的企业精英在战后时期持有一种温和、务实的倾向，那为什么当时的美国领导人不推动全面的医疗改革?一个可能的原因是，20世纪50年代和60年代的医疗成本根本不是一个重大的经济问题。根据国会预算办公室（Congressional Budget Office）的数据，到2009年，医疗保健支出占美国国内生产总值（GDP）的比例约为17%（预计到2025年将升至25%），但1960年仅为4.9%，1970年约为6%。详见http://www.cbo.gov/ftpdocs/87xx/doc8758/MainText.3.1.shtml。

[10] 监管缺失的一个可能例外是2002年通过的《萨班斯－奥克斯利法案》。这部法律是在世纪之交的安然和世通丑闻之后通过的，法案设立了一系列监管委员会、对报告的要求，并制定了禁止公司与其审计师之间存在利益冲突的规则。尽管遭到金融公司的强烈反对，该法案还是通过了，并继续引发批评。尽管这个案例确实表明，即使在当代也有可能来制定监管规定，但它并没有改变一个事实，即在撰写本文时，造成严重得多的2008年危机的根源活动仍未受到监管。评论家和学者们继续讨论《萨班斯－奥克斯利法案》的有效性（Cherry，2004），以及它是否导致了公司治理的根本变化。即使它确实产生了不可忽视的影响，但与最近的金融危机相关的任何可比较范围却显示着监管的缺失，这说明《萨班斯－奥克斯利法》可以被视为这一规则的例外。

参考文献

Baran, P. A., & Sweezy, P. M. (1966). *Monopoly capital*. New York: Monthly Review Press.

Barton, A. H. (1985). Determinants of economic attitudes in the American business elite. *American Journal of Sociology*, 91, 54–87.

Bell, D. (1960). *The end of ideology*. New York: Collier.

Bell, D. (1973). *The coming of post-industrial society*. New York: Basic.

Berle, A. A., Jr. (1954). *The 20th century capitalist revolution*. New York: Harcourt, Brace, & World.

Berle, A. A., & Means, G. C. (1932). *The modern corporation and private property*. New York: Harcourt, Brace, & World.

Bowles, S., Gordon, D. M., & Weisskopf, T. E. (1983). *Beyond the wasteland: A democratic alternative to economic decline*. Garden City, NY: Anchor Doubleday.

Bowman, J. R. (1989). *Capitalist collective action: Competition, cooperation, and conflict in the coal industry*. New York: Cambridge University Press.

Brandeis, L. D. (1914). *Other people's money*. New York: Frederick A. Stokes.

Burrough, B., & Helyar, J. (1990). *Barbarians at the gate: The fall of RJR Nabisco*. New York: Harper & Row.

Cherry, M. A. (2004). Whistling in the dark? Corporate fraud, whistleblowers, and the implications of the Sarbanes-Oxley Act for employment law. *Washington Law Review*, 79, 1029–1122.

Collins, R. M. (1981). *The business response to Keynes, 1929–1964*. New York: Columbia University Press.

Dahl, R. A. (1961). *Who governs*? New Haven, CT: Yale University Press.

Davis, G. F. (1991). Agents without principles? The spread of the poison pill through the intercorporate network. *Administrative Science Quarterly*, 36, 583–613.

Davis, G. F. (2009). *Managed by the markets: How finance reshaped America*. New York: Oxford University Press.

Davis, G. F., & Mizruchi, M. S. (1999). The money center cannot hold:

Commercial banks in the U.S. system of corporate governance. *Administrative Science Quarterly*, 44, 215–239.

Dobbin, F., & Zorn, D. (2005). Corporate malfeasance and the myth of shareholder value. *Political Power and Social Theory*, 17, 179–198.

Domhoff, G. W. (1967). *Who rules America*? Englewood Cliffs, NJ: Prentice-Hall.

Domhoff, G. W. (1970). *The higher circles*. New York: Vintage.

Domhoff, G. W. (1990). *The power elite and the state*. New York: Aldine De Gruyter.

Ferguson, T., & Rogers, J. (1986). *Right turn: The decline of the democrats and the future of American politics*. New York: Hill and Wang.

Fligstein, N., & Goldstein, A. (2010). The anatomy of the mortgage securitization crisis. In: M. Lounsbury & P. M. Hirsch (Eds), *Markets on trial: The economic sociology of the U.S. financial crisis*. Research in the Sociology of Organizations. Bingley, UK: Emerald.

Frederick, W. C. (1981). Free market vs. social responsibility: Decision time at the CED. *California Management Review*, 23(3), 20–28.

Galbraith, J. K. (1967). *The new industrial state*. New York: New American Library.

Glasberg, D. S. (1989). *The power of collective purse strings*. Berkeley, CA: University of California Press.

Gross, J. A. (1995). *Broken promise: The subversion of U.S. labor relations policy, 1947–1994*. Philadelphia: Temple University Press.

Harrison, P. (2009). *Median wages and productivity growth in Canada and the United States*. Centre for the Study of Living Standards Research Note 2009-2, Ottawa, Canada.

Hunter, F. (1953). *Community power structure*. Chapel Hill, NC: University of North Carolina Press.

Judis, J. B. (2001). *The paradox of American democracy*. New York: Routledge.

Kaplan, S. N., & Minton, B. A. (2006). *How has CEO turnover changed? Increasingly performance sensitive boards and increasingly uneasy CEOs*. Unpublished manuscript, Graduate School of Business, University of Chicago.

Kaysen, C. (1957). The social significance of the modern corporation. *American Economic Review*, 47, 311–319.

Kotz, D. M. (1978). *Bank control of large corporations in the United States*. Berkeley, CA: University of California Press.

Krippner, G. R. (2010). *Capitalizing on crisis: The political origins of the rise of finance*. Cambridge, MA: Harvard University Press.

Krooss, H. E. (1970). *Executive opinion: What business leaders said and thought, 1920s–1960s*. Garden City, NY: Doubleday.

Krugman, P. (2008). *The return of depression economics and the crisis of 2008*. New York: W. W. Norton.

Krugman, P. (2009). How did economists get it so wrong? *New York Times Magazine*, September 2.

Lawrence, H. (2004). *Aviation and the role of government*. Dubuque, IA: Kendall Hunt Publishing.

Lichtenstein, N. (2003). *State of the union: A century of American labor*. Princeton: Princeton University Press.

Martin, C. J. (1991). *Shifting the burden: The struggle over growth and corporate taxation*. Chicago: University of Chicago Press.

Marx, K. ([1852] 1972). The eighteenth Brumaire of Louis Bonaparte. In: R. C. Tucker (Ed.), *The Marx-Engels reader*. New York: Norton, pp.436–525.

McIntyre, R., & Hillard, M. (2008). The 'limited capital-labor accord': May it rest in peace? *Review of Radical Political Economics*, 40, 244–249.

Mills, C. W. (1956). *The power elite*. New York: Oxford University Press.

Mintz, B., & Schwartz, M. (1985). *The power structure of American business*. Chicago: University of Chicago Press.

Mitchell, N. J. (1989). *The generous corporation: A political analysis of economic power*. New Haven, CT: Yale University Press.

Mizruchi, M. S. (1982). *The American corporate network, 1904–1974*. Beverly Hills, CA: Sage Publications.

Mizruchi, M. S. (2007a). *Power without efficacy: The decline of the American corporate elite*. Unpublished manuscript. Department of Sociology, University of Michigan. Available at: http://www-personal.umich.edu/Bmizruchi/seminar-paper1.pdf.

Mizruchi, M. S. (2007b). Political economy and network analysis: An untapped convergence. *Sociologica*, 2, 1–27. Available at: http://www.sociologica.mulino.it/doi/10.2383/24765.

Mizruchi, M. S., & Stearns, L. B. (2001). Getting deals done: The use of social networks in bank decision-making. *American Sociological Review*, *66*, 647–671.

Neff, T., & Ogden, D. (2001). Anatomy of a CEO: Chief executive officer research. The Chief Executive. Available at: http://findarticles.com/p/articles/mi_m4070/is_2001_Feb/ ai_71579494.

Polsby, N. W. (1963). *Community power and political theory*. New Haven, CT: Yale University Press.

Poulantzas, N. (1972). The problem of the capitalist state. In: R. Blackburn (Ed.), *Ideology in social science* (pp.238–253). London: Fontana.

Quadagno, J. S. (1984). Welfare capitalism and the Social Security Act of 1935. *American Sociological Review*, 49, 632–647.

Ragin, C. C., & Becker, H. S. (1992). *What is a case*? Cambridge: Cambridge University Press.

Rose, A. M. (1967). *The power structure*. New York: Oxford University Press.

Skocpol, T. (1980). Political response to capitalist crisis: Neo-Marxist theories of the state and the case of the New Deal. *Politics and Society*, 10, 155–201.

Soref, M. (1976). Social class and a division of labor within the corporate elite: A note on class, interlocking, and executive committee membership of directors of U.S. industrial firms. *Sociological Quarterly*, 17, 360–368.

Stearns, L. B. (1986). Capital market effects on external control of corporations. *Theory and Society*, 15, 47–75.

Useem, M. (1979). The social organization of the American business elite and participation of corporate directors in the governance of American institutions. *American Sociological Review*, 44, 553–572.

Useem, M. (1984). *The inner circle*. New York: Oxford University Press.

Useem, M. (1989). The revolt of the corporate owners and the demobilization of business political action. *Critical Sociology*, 16, 7–25.

Useem, M. (1993). *Executive defense: Shareholder power and corporate reorganization*. Cambridge: Harvard University Press.

Useem, M. (1996). *Investor capitalism: How money managers are changing the face of corporate America*. New York: Basic.

Vogel, D. (1989). *Fluctuating fortunes: The political power of business in America*. New York: Basic Books.

Wall Street Journal. (1983). Business Roundtable urges that U.S. raise taxes, cut spending. March 3, p.34.

Weinstein, J. (1968). *The corporate ideal in the liberal state, 1900–1918*. Boston: Beacon.

Zajac, E. J., & Westphal, J. D. (2004). The social construction of market value: Institutionalization and learning perspectives on stock market reactions. *American Sociological Review*, 69, 433–457.

Zeitlin, M. (1974). Corporate ownership and control: The large corporation and the capitalist class. *American Journal of Sociology*, 79, 1073–1119.

第十三章　金融繁荣的政治经济学

格雷塔·R. 克里普纳（Greta R. Krippner）

摘要

本文认为金融危机使一系列困局浮出水面，而这些困局都源于美国经济在20世纪60年代末和70年代的衰退。当增长在60年代末开始遭遇挫折，政策制定者面临如何在相互竞争的社会优先事务中分配稀缺资源的困难的政治选择。通货膨胀在一段时间内提供了一种避免这些权衡取舍的方法，掩盖了分配冲突，为一个膨胀的国家提供了资金。但在20世纪70年代，通货膨胀为经济增长乏力提供的解决方法变得越来越没有效果，这为美国经济的金融化转型创造了条件。吊诡的是，金融化转型运行起来相当于通货膨胀的功能，同样使政策制定者得以避免艰难的政治选择，因为对国家繁荣的限制变得更加严格了。但是，金融化转型并不比通货膨胀更能解决这些根本问题。因此，最近的金融危机可能预示着分配政治将重返美国政治和社会生活的中心舞台。

引言

当写到20世纪70年代的通货膨胀危机时，英国社会学家约翰·戈尔德索普（John Goldthorpe）（1978，pp.211-212）做出了以下观察："自由市场关系本身无法为其稳定的延续提供基础，并且它们将成为社会分裂和对立的根源，而社会分裂和对立可能是经济问题的根源。"戈尔德索普在30年前写下了这些话，但它们在今天看来几乎是预言。戈尔德索普的理论认为，表面上看起来是经济问题的问题，实际上是一系列更深层次的社会和政治冲突造成的。事实上，这一理论为理解美国金融市场最近的动荡提供了一个非常有用的出发点。然而，戈尔德索普所指出的根本性的社会分裂和对立，并不是迄今为止有关金融危机的大多数讨论的核心。

这一遗漏之所以引人瞩目，有两个密切相关的原因。首先，我们当前的困境与20世纪70年代的通胀危机之间的联系不仅仅是巧合。相反，有一些重要的历史连续性将当前的危机与戈尔德索普精辟描述的社会和政治冲突联系在一起。在本文中，我将阐明金融危机已经将一系列起源于70年代通胀危机的困境暴露出来。从这个意义上说，我的目标并不是为金融危机的成因本身提供一个解释（本书的其他许多作者已经完成了这一目标），而是把金融市场最近的发展放在一个更长的历史演变背景下，在这个演变过程中，具有潜在破坏性的分配紧张态势被推迟了几十年。[1]我将进一步指出，这种"推迟"的关键奠基于塑造了自70年代以来美国经济特征的并有着广泛基础的金融化转型，[2]这是一种在通胀本身未能达到同样目的后，让政策制定者得以避免面对经济增长放缓的社会和政治现实的发展。其次，尽管经济学家已经认识到资产价格泡沫是通胀的一种形式，而且他们甚至姗姗来迟地承认，有关管理产品市场通胀的一些经验教训，或许也应该适用于金融市场（Trichet，2005），但社会学家和政治学家却没有类似的发现。70和80年代的大量文献描述了通货膨胀的社会和政治特征，并将这种讨论嵌入到一个政治经济框架中（例如，Alexander，

1974；Bell，1976；Goldthorpe，1987；Greider，1987；Hirsch & Goldthorpe，1978；Hirschman，1980；Lindberg & Maier，1985)。但这些见解并没有延伸到金融繁荣时期，其结果是，对这些时期的社会学理解远远落后于经济知识的储备。

不仅如此，许多社会学家还默认了对当下危机之前的金融市场发展的传统解释。这个在媒体和某些著名学术研究中广为流传的观点（尤其是Shiller，2008）认为我们目前的困境反映了房地产市场中投机泡沫的出现，将毫无戒心的购房者卷进了漩涡。这个传统解释是建立在一种受人尊敬的学术文献之上的，该文献描述了金融市场的内在特性，这些特性使得市场容易出现艾伦·格林斯潘所谓的“非理性繁荣”时期。[3]特别是，经济主体在繁荣时期变得过度自信的倾向，在投资者中产生了一种欣快感。在这种背景下，认为资产价格将继续上行的信念成了一种自我实现的预言，因为按照这种信念行事的投资者推动了市场走高。此外，信贷标准在繁荣时期往往会恶化，使投机者能够撬动杠杆押注，进一步推高资产价格（Kindleberger，1978；Minsky，1986）。吊诡的是，如果乐观情绪在听闻了破产、金融丑闻或其他任何导致投资者调整预期的事件的消息后破灭了，推动繁荣向上的自我实现倾向，可能很快就会让位于低迷时的恐慌（Kindleberger，1978）。

值得注意的是，对金融市场投机动态的关注似乎很符合美国经济的经验，而且毫无疑问，资产价格泡沫的出现塑造了（或者更恰当地说，扭曲了）近年来的经济活动模式。但是，用这种方法来理解美国经济最近发展的本质也存在一些问题。最重要的是，在关注金融市场内部动态时，传统观点将引发投机狂热的事件置于需要解释的东西的框架之外。例如，在经济史学家查尔斯·金德尔伯格（Charles Kindleberger，1978）著名的金融狂热理论中，当一个“替代事件”（Displacing Event）——丰收或歉收、技术革新、战争或停止战争、政策失误——改变了经济中的获利机会时，狂热就开始发作了。[4]一旦替代事件发生，无论是什么，金融市场固有的投机倾向就会使泡沫膨胀。就我们最近的投机狂热而言，这种替代事件通常被理解为一种政策错误，其表现形式是艾伦·格林斯潘决定在2001年之后的很长一段时间内将利率维持在非常低的水平。这里重要的一点是，从投机泡沫理论的角度来看，替代事件或多或少是随机的。艾伦·格林斯潘在2001年股市下跌后的降息决定就像流星从外太空坠落地球一样。

因此，传统观点无法解释为什么某些历史时期似乎比其他时期更容易出现金融繁荣。一个相关的困难是，这种观点往往会造成一种印象，即如果没有政策错误，我们目前的困难是可以避免的，抑或一旦这些错误得到纠正，只需技术解决方案就能解决这些困难。相反，如果为金融繁荣奠定基础的政策选择不被排除在需要解释的东西的框架之外，而是被分析为国家行动与市场反应同步发展的社会和政治过程的组成部分，那我们便可以开始根据更广泛的历史发展模式来定位最近的事件。当然，这种方法需要打破政治和经济、国家官员和市场行为者之间的界限，并探索这些活动领域的相互构成，而不是把其中一个作为分析的内部和外部。回到开篇戈尔德索普（Goldthorpe，1978）的观察，这一观点表明，我们目前的困境不完全是，甚至主要不是经济性质的，而是反映了一系列隐藏在明显的技术问题之下的社会和政治困境。

为了理解这些困境的确切本质，我们有必要重新审视从20世纪60年代末到70年代，当战后富裕程度开始出现衰退时，美国社会所面临的问题。长期以来，经济增长一直是美国解决分配冲突的传统方法（Collins，2000），通过不断扩大可分配的资源来避免社会群体之间的零和竞争。当战后几十年看似无穷无尽的增长放缓时，通胀反映出人们试图通过其他方式摆脱这些零和约束（Crouch，1978；Hirsch，1978；Wojnilower，1980）。特别是，通货膨胀掩盖了公开的分配冲突，使相互竞争的社会群体在一场“蛙跳”游戏中化解社会紧张，而在这场游戏中，不可能在任何特定时刻确定谁领先谁落后（Goldthorpe，1987；Hirschman，1980；Tobin，1972）。同样，通货膨胀使国家表面上满足了社会群体不断增长的需求，但实际上却拒绝了这些需求（Hirschman，1980）：名义社会支出可能在增加，而物价上涨会侵蚀这些支出的实际价值。但至关重要的是，在70年代，通货膨胀为经济增长提供的解决方案变得越来越失灵，通货膨胀加速恶化而不是减轻了社会冲突；糟糕的经济大气候蚕食了税收收入，加剧了国家财政的恶化。因此，政策制定者面临着一个抉择，是允许通胀加速，还是通过限制财政和货币来实施紧缩——这样就没有了在如何分摊富裕下降的负担方面达成任何广泛社会共识的裨益（Bell，1976）。

这些发展为美国经济的金融化转型创造了条件。如果通胀暂时为增长放缓带来的困境提供了答案，那么金融化转型将能解决通胀带来的困境，同样也能让政策制定者避免在相互竞争的社会优先事项之间做出艰难选择。但正如通胀并非实现这一目标的明智“策略”一样，金融化转型也没有提供一个精心制定的计划以摆脱富裕程度下降带来的约束。相反，政策制定者最初拥抱金融市场不是为了逃避这些约束，而是为了顺应它们，他们相信通过依靠市场机制，而不是通过直接的国家行动，将有可能更有效地管束激增的社会需求（Krippner，2011）。但在采取这一行动的过程中，政策制定者无意中消除了对美国经济信贷扩张的内外部限制，将70年代新出现的匮乏转变为一个资本充裕的新时代。从这方面来说，金融化转型为政策制定者提供了一个解决富裕程度下降所带来的困境的方法，这并不是因为政策制定者成功地将强加管束的任务转移给了市场，而是因为市场未能实现政策制定者所追求实施的约束。简言之，在将信贷扩张从制度限制中释放出来的过程中，政策制定者将潜在的社会和政治冲突化为朝向繁荣的明显回归。当然，正如我们现在所知道的，金融化转型与其说是消除了70年代的资源匮乏，不如说是将之暂停了，同时也给经济带来了很多脆弱性，即政策制定者之前所面临的困境周期性出现的风险——现在正是凶兆显现的时刻。

在下文中，我将分析两个关键时期，在这期间，政策制定者在20世纪60年代末开始的经济增长放缓中试图避免艰难政治选择的努力，消除了对美国经济信贷扩张的内外[5]限制。这样做的后果很严重，因为信贷流动的增加促进了金融业的增长，并使整个经济越来越容易受到资产价格泡沫的影响（Borio & Lowe，2002；Cooper，2008；Minsky，1982，1986）。第一个关键时期涉及20世纪70年代美国国内金融市场的去管制化，并在80年代取消美国经济的利率上限时达到顶峰。第二个关键时期追溯到里根政府在80年代初为避免迫在眉睫的财政危机而进入全球资本市场所做的努力。这两个时期一起标志着从一个信贷扩张受到明确限制的经济体，到一个没有这种限制的经济体的转变，这为我们自己的信贷自由流动、金融狂热和大约30年后的恐慌时代奠定了基础。

在继续讨论之前，请注意对这个论点的一个重要提醒。在这里和下面讨论“国家”和“政策制定者”时，我把实际上是把多个国家机构和多种功能的国家行动者压缩成一个似乎没有区别的整体。这种压缩在对复杂历史现实的简短描述中是必要的，但应该强调的是，这样统一的整体是不存在的。我理解的国家是由多个机构和行动者组成的，有着不同的（我们将会看到）而且经常相互冲突的目标。在下面讨论的第一时期中，政策制定者是故事的核心，他们是寻求国内金融市场去管制化的国会议员；在第二个时期里，追求全球金融市场自由化的里根政府官员占据了中心舞台，试图对里根的扩张性计划施加限制的美联储官员扮演了配角。虽然人们并不认为这些政策制定者拥有相同的目标，但他们的共同点——将一种多重叙事整合在一起的——是他们所应对的一系列问题。一般而言，国家力图避免由于战后繁荣转向始于60年代末和70年代的停滞而出现的新限制所引起的社会和政治冲突。以下几页的叙述讲述了政策制定者如何学会先挖掘国内市场，然后是全球金融市场，以规避这些限制，为我们最近的金融灾难埋下了伏笔。

国内金融去管制的社会政治

从20世纪60年代末和70年代开始，国家面临的困难包括若干方面，但这些问题的共同点都是通货膨胀。通货膨胀是指一个给定经济体中物价上涨的一般速度（Flemming，1978，p.13）。经济学家和社会学家对通货膨胀的原因争论不休，但从一般意义上讲，通货膨胀反映了一种情况，即对资源的要求超过了经济的实际产出，从而导致个体间对商品和服务的竞争推高了价格。由于各种原因，对资源的要求可能超过经济的实际生产潜力，这包括过度的政府支出、工薪阶层成功要求更高薪酬的能力，以及货币供应的扩张（Alexander，1974）。经济学家们倾向于把所有这些机制都归结成一种终极机制——货币主义者的著名论断，“通胀无论何时何地都是一种货币现象”（Friedman，1970，p.24）。从技术意义上讲，这或许是正确的，但正如社会学家所观察到的，这并不特别具有启发性，因为它很难解释为什么政府会屈服于压力而扩大货币供应（Maier，1978，p.38；Goldthorpe，1978，p.188；Crouch，1978，p.225）。从这个意义上说，社会学的解释更加强调群体间的冲突和重新分配的要求，这些都是通货膨胀事件的最终根源（即使是通过货币渠道来刺激经济）（Hirsch & Goldthorpe，1978）。[6]

当然，如果经济中的所有价格都按比例上升或下降，那么通胀对分配就不会产生影响：只要相对价格保持不变，以美元或10美分计价的交易应该没有区别（Tobin，1972）。但是，由于价格在不同行业（和社会群体）中的变化并不一致，所以通胀具有显著的分配后果，尽管这些后果通常有些隐蔽。如果一个工会能从雇主那里获得有利的工资结算，它的地位就会暂时提高，直到更高的工资成本转化为更高的价格，侵蚀工资能够购买的商品和服务的实际价值。一旦这些价格上涨在整个经济中变得普遍起来，实际工资下降的工人就会推动另一次工资上涨，使得这个循环再次运转起来。这种循环可以无休止地重复，每个群体都只能获得暂时的收益，然而，推动和反推动的顺序往往会释放分配方面的紧张，因为永远不完全清楚谁是赢家，谁是输家（Goldthorpe，1987，p.373）。

至关重要的是，通货膨胀不仅化解了社会群体之间的紧张关系，也化解了国家与公民之间的紧张关系。赫希曼（Hirschman，1980，p.202）指出，对于缺乏直接拒绝向社会特定群体提供资源的意愿或能力的政治当局来说，通货膨胀是“说不”的一种间接手段：通过侵蚀购买力，通货膨胀降低了生活水平，而不需要任何明确的协议来证明这样做是合适的。当然，同样地，在分配方面缺乏明确的社会契约意味着，一旦暴露出来，通胀本身就可能成为相当激烈的社会冲突的焦点，而不是缓解这种紧张局势的良药（Hirsch & Goldthorpe，1978）。但总的来说，通货膨胀使面临经济状况恶化的社会至少在一段时间内避免了内部关于如何分配购买力下降所带来的负担的分歧（Wojnilower，1980，pp.325-326）。

通货膨胀的压力首次在美国经济中浮现始于20世纪60年代中后期，标志着美国从一个容易富裕的时期过渡到一个国家繁荣受到越来越严格限制的时代。约翰逊总统未能在资助越南战争和资助“伟大社会计划”（the Great Society）的反贫困项目之间做出选择，从而没能正视这些限制。他的失败饱受指责，被认为是在国家难以兑现其财政承诺之际，首先释放了通胀这个恶魔。20世纪60年代末，随着经济增长放缓，一场声势浩大的工会运动拒绝缩减其要求，这进一步加剧了通胀压力。正如查尔斯·梅尔（Charles Maier，1978，p.60）所观察到的，在这种背景下，政策制定者面临着这样一种可能性，“围绕国民收入分配的争议可能会引发丑陋的对抗，或（需要）被加大的通胀力度”。仅仅在约翰逊受到指责几年后，尼克松总统便反映出政策制定方面的新的清醒认识，他设立了一个国家目标研究团队，负责确立一个可以用严格受到限制的手段实现的社会议程（Collins，2000，p.146）。

金融监管机构尤其意识到了这一迫切性；资本似乎是国家资源中最稀缺的资源之一，对国家未来的福祉至关重要。因此，政策制定者认为自己是在监督相互竞争的社会优先事项之间的信贷合理分配。[7]在战后的大部分时间里，新政的金融监管一直在帮助实现这一目标，但从60年代中期开始，该体系开始显现出相反的效果。在新政体制下，调控经济中信贷流动的关键机制是一种被称为“Q条例”的手段，一项对存款机构支付资金利率设定上限的规定。作为1933年《银行法》（Banking Act）的一部分，“Q条例”的明确目的是防止存款机构之间破坏性的竞争。在30年代银行倒闭事件开始不断蔓延时，人们普遍认为，20年代繁荣时期的存款竞标战导致了金融机构为资金支付了过高的价格，吸引银行家不计后果地放贷。通过抑制存款机构之间的竞争，政策制定者希望他们能够防止另一场金融崩溃。

但除了这一明确的功能外，“Q条例”还在整个商业周期中充当了稳定经济的便利工具（Knodell，1994）。当经济中的通胀压力加剧时，市场利率将升至储蓄存款规定的上限以上，促使家庭和企业将资金撤出存款机构，投资美国国债和其他具有市场回报率的金融工具。可预见的结果是，在市场利率较高的时期，资本将从存款机构流出。因此，这些机构的贷款将突然停止。这些“去中介化”（disintermediation）事件——这么叫是因为它们打断了银行系统作为资金供应者和使用者之间中介的传统功能——使可用于新贷款的资本收缩，这对长期抵押贷款的影响尤其严重。住房和建筑业的严重衰退将很快抑制整体经济。随着经济逐渐放缓，这一机制将发生逆转，随着市场利率回落至监管上限以下，资金将回到存款机构，重新启动放贷和经济扩张。

人们可以质疑这一体制的公平性：限制的重担落在了房地产行业身上，而不是这一体制的有效性。记者威廉·格莱德（William Greider，1987，p.177）用来代指“Q条例”上限的“金融管道中的截止阀”以液压效率将市场中的资本抽干了。与去管制的经济环境中所发生的情况不同，信贷在经济扩张时期变得更加昂贵，在去管制之前的时代，信贷根本无法获得。利率只要稍稍高于规定的上限，流入经济的信贷就完全被切断了。因此，“Q条例”的上限有一个显著的优势，就是以相对较低的利率对经济进行约束，而典型的战后衰退是温和的，并且幸运的是，时间很短（Wojnilower，1980）。房地产在每次经济衰退中都首当其冲，使得建筑业和劳工组织产生了一些抵抗，但房地产作为制衡经济扩张和收缩周期的权重所发挥的特殊作用，在当时或多或少被认为是一种合理的经济管理手段。

然而，当通货膨胀成为战后经济的一个长期特征时，这一机制所蕴含的社会张力将变得越来越明显。伴随通货膨胀在70年代不仅是周期性的发生，而是成为永久性的条件，“Q条例”在稳定经济方面的作用开始失灵。在这样的环境下，市场利率仍持续高于“Q条例”的上限，带来的后果是支撑房市的存款机构经历了资金大出血，而不是暂时的资金外流。除了抵押贷款机构和建筑商由于突然出现资金短缺而带来的日常焦虑外，政策制定者现在面临着来自个人的更广泛、更深层次的愤怒，这些人感受到了维持日常生活在无法获得信贷情况下的难以忍受的困难。[8]随着通货膨胀加剧，政策制定者发现自己正处于一场日益激烈的分配斗争的中心，这是一场大公司与城市居民、城郊业主和小企业主之间的斗争。

这场不断演变的闹剧的关键在于，“Q条例”并没有平等地约束所有金融机构。存贷协会［或称“储蓄机构”（thrifts）］——从事抵押贷款的专业金融机构——受到规定的严格限制，而向小企业和消费者发放贷款的小型银行也是如此。而大银行，及其大型企业客户，不断地找到了规避利率上限的方法。[9]结果，紧缩的信贷不成比例地影响到房主、消费者和小企业，使这些部门无法获得信贷，而大公司却可以无限制地继续借款。雪上加霜的是，无限制的企业借贷加剧了经济中的通胀压力，进一步收紧了对储蓄机构和房地产行业的限制。

此外，到了60年代末，另一个通胀受害者加入了储蓄机构，开始呼吁政府提供救助。州政府和市政府的债券销售受到严格的高利贷限制，它们发现自己也面临着去中介化。例如，在洛杉矶，城市宪章规定该市债券的市场利率上限为6%。随着市场利率突破这一上限，为洛杉矶各种基础设施项目融资而发行的债券甚至连一个出价的都没有。机场新设施的建设、洛杉矶港的改善、水利和电力部门的计划支出，以及街道的维修，都因资金从该市的金库中蒸发而突然暂停。[10]在全国各个城市，这种情况重复出现，资金被从公共部门抽走。在纽约市，市长林赛（Lindsay）抱怨纽约市几乎借不到钱来为其公共住房项目提供资金。[11]尽管在60年代的种族骚乱之后，这些城市得到了联邦政府的资金注入，但现在，通货膨胀正在有效地把这些钱冲走，使城市中心的状况一如既往地恶化。旧金山市市长阿利奥托（Alioto）警告说："城市里的情绪可以像1967年、1968年、1969年那样具有破坏性。"他补充说："认为城市不会爆发动乱将是一个严重的错误。"[12]

当立法者们审视这个问题时，他们举行了一系列似乎没完没了的听证会，他们不断回到这个问题的本质：钱就这么多。只有这么多给企业，只有这么多给住房，只有这么多给城市。因此，立法者努力寻找新的资金来源，可以用于解决住房、城市和小企业问题。帕提曼（Patman）主席清醒地评估道："除非我们找到一些钱，一大笔钱，否则我们在住房问题上无能为力。"[13]但是立法者开发新资金来源的最具创意的尝试迟早也会遇到同样不可避免的现实：资本供应严格受限。

一个特别说明问题的事件是在1968年，国会成立了一个新的联邦机构，政府国民抵押贷款协会（GNMA），以支持一个抵押贷款支撑的证券市场。[14]抵押贷款是长期贷款；因此，它们对投资者没有吸引力，比如要求其投资组合有流动性的养老基金。在这点上，政策制定者认为将新资本引入住房市场的一种方式是将抵押贷款工具从贷款转变为可在资本市场交易的证券。它的实现是通过集合一组抵押贷款，通过要求它们满足某些条件来将它们标准化，然后出售其中的一部分，使每个投资者有权从基础抵押贷款产生的现金流中按比例获得一定份额（Sellon & Van Nahmen，1988，p.9）。住房金融的证券化取得了巨大成功，正如政策制定者所希望的那样，它帮助稳定了抵押贷款市场。但是，与往常一样，这里有一个陷阱：政策制定者们很快意识到，抵押贷款支撑的证券并没有将新资本引入房地产市场，而是将资金从储蓄机构吸出。[15]除了短期国债或公司债券外，当市场利率高于存折储蓄账户的规定利率时，储户现在可以在一系列机构证券中选择投资。钱就这么多。

事实上，通胀的无情逻辑表明即使立法者设法为住房建设、小企业或城市筹集了新资本，它们也只会增加通胀压力。在资本本来就稀缺的世界里，增加住房建设支出意味着削减其他支出和需要某种形式的信贷分配。作为反映这一迫切性的信贷分配方案从60年代中期至70年代中期一直列在立法议程上，仅1974年立法会议就审议了将近100件不同法案。[16]从例如在朝鲜战争中使用的自愿信贷限制计划到对在“非优先”领域放贷的银行实施惩罚，尽管这些方案的细节各不相同，但其基本前提是一样的：如果以“Q条例”上限形式出现的政府控制扭曲了经济中的信贷流动，那么政府可以采取行动来抵消这种扭曲，将稀缺的资本引导至需要的地方。但是所有这些举措都存在一个基本问题。即使政策制定者一致认为有必要进行分配，他们也一致认为让其他人来做会更好。国会坚称美联储使用的是“国家信用”，因此有义务订立优先事项。[17]美联储反驳认为，订立优先事项完全是国会或总统的责任。[18]美联储主席阿瑟·伯恩斯（Arthur Burns）尤其坚持认为参与信贷分配将把美联储变成一种“政治工具”，[19]迫使政策制定者“来决定我们经济社会中的某些群体比其他群体更有价值”。[20]伯恩斯认为，在这些问题上，美联储没有专业知识或管辖权。

这种烫手山芋的游戏持续了好几年，国会一再授权美联储和总统实施各种形式的信贷分配，但后来发现这些新权力并没有被使用。[21]一位愤怒的立法者沮丧地问他的同事：“如果（信贷分配）是一个如此巧妙的主意，为什么国会不自己来做呢？”[22]没有必要回答这个问题：与美联储或财政部一样，国会也不急于将自己置身于那些能够获得信贷的人和那些信贷需求未能得到满足的人之间的激烈斗争之中。但是，当然，这只是引发了这个问题：难道信贷不是已经在现有的监管控制体系下进行分配的吗？标志性的自由主义经济学教授莱斯特·瑟罗（Lester Thurow），其抵押贷款申请在1974年10月的信贷危机中被拒，他这么认为：“目前银行系统正在进行信贷分配，问题是，在信贷分配中是否应该有一些公开的指导方针？问题不是我们是否应该进行信贷分配，因为那不是个选择。”[23]

财政部部长威廉·西蒙（William Simon）则拒绝了这一意见，警告称，如按瑟罗的建议制定明确的公开指导方针，将会创建“一个信贷警察国家”。[24]财政部部长接着描绘了一幅令人胆寒的极权主义社会图景，在这个社会里一位“信贷沙皇”[25]控制着所有公民的行动，主导着人们的金融选择直到最后一分钟的细节。西蒙问道：[26]

> 一个想在他的商店里增加一个侧厅，雇用12个人的商人能获得贷款吗？根据这项（信贷分配）法律，他将不得不排在租住保障性住房的后面，即使保障性住房的租户可能还在找工作。
>
> 一位想在百货公司买一台新冰箱的家庭主妇会因为华盛顿有人认为她用旧冰箱也没问题而被拒绝使用她的记账账户吗？
>
> 一个想要一辆旅行车的六口之家能借到钱吗，还是只能借一辆联邦政府官员认为对国家更好的小型汽车？

西蒙问题的答案很清楚。正如西蒙所解释的：“一些借款人无法以任何价格获得资金，这给他们带来了严重的困难，而另一些人却可以获得比他们实际需要的更多的钱。”[27]但具有讽刺意味的是，正如瑟罗所言，在现有的金融监管体系下，这些问题每天都以相同的方式被回答。在通货膨胀的背景下，“Q条例”严重限制了一些借款人，但同时为其他借款人提供了几乎无限的信贷渠道。事实上，西蒙已经找到了问题的症结：要么政策制定者必须收紧对那些逃脱监管的大型银行的限制，要么房地产、州和地方政府以及其他同样受到限制的行业必须被松绑。前一种选择将使政策制定者将不得不继续决定如何分配约束负担——随着政策制定者权衡相互竞争的社会群体的主张，获取信贷会变得越来越政治化。后一种选择意味着，至少在一定范围内，市场可以做出选择，让决策者摆脱一项令人厌恶的任务。

鉴于这一考量，政策制定者不顾来自金融业、房地产业和工会的强烈反对，支持取消利率上限或许并不令人意外。[28]经过近十年的斗争，国会于1980年春通过了《存款机构解除管制和货币控制法案》，[29]为在六年内逐步取消利率上限建立了一个框架和时间表。[30]立法者支持去管制的核心理念是价格机制将以与利率上限相同的方式实现对信贷的配给。随着经济增长加速，信贷成本将被推高，阻碍潜在借款人寻求贷款，从而对经济施加约束。借贷者是否愿意支付利息，而不是对利率摇摆不定的控制，将决定他们能否获得资金。但去管制的一大意外在于价格在很大程度上未能实现对信贷的配给（Wojnilower，1985，p.352）。事实证明，美国人在做借款决定时对信贷成本并不敏感——除非利率非常高，否则他们将继续借钱。结果就造成了昂贵信贷的自由流动，因为货币的水龙头被打开了。

因此，去管制化呈现出一种悖论。政策制定者曾希望通过取消利率上限使他们卸下监管稀缺资本在不同用途之间分配的责任，把这项政治上困难的任务留给市场。价格机制的无情逻辑将成为国家未能做到的约束之源，迫使企业和家庭量入为出。但吊诡的是，去管制化非但没有提供一种在不同用途之间分配信贷的间接手段，反而使分配稀缺资本的整个问题变得毫无意义。在去管制化的环境下，资本将不再稀缺，而是有充足的供应。

但是如果要说70年代所有令人失望的确定性似乎都在某种程度上被搁置了，那么要做出这样的判断还为时过早。随着这个十年的结束，两种使人不安的担忧挥之不去。第一个是在去管制环境下通胀压力将会加速，这将迫使似乎暂时摆脱了艰难政治决定的政策制定者再次面对它们。事实上，观察到信贷在不受制度约束的情况下自行运行的金融经济学家们预测80年代的通胀将大幅加速（Kaufman，1986；Wojnilower，1980）。[31]第二个担忧与此密切相关。尽管金融去管制化让政策制定者得以暂缓有关资本应如何在相互竞争的用途之间分配的决定，80年代初可预期的巨额政府赤字可能会让政策制定者重新面对这些更严峻的压力。观察人士还担心政府对资本的需求将吞噬金融市场，迫使信贷成本高昂至市场的配给机制最终落地，并将所有其他资本使用者排除在外。结果，这两种情况都没有出现。这种脆弱的平衡将保持下去，尽管解决上述每一个问题都将加深和扩大美国的金融化转型。

里根政府发现了全球经济

如果政策制定者在60年代末和70年代首次遇到资本短缺问题，那么在80年代财政危机隐现的背景下，这个问题将再次出现。在里根时代，国家财政压力当然不是什么新鲜事——自从越南战争以来，当约翰逊总统在“枪支和黄油”之间的选择失败造成了国家收入和支出之间的巨大差距时，国家的预算状况便一直在不断恶化（Collins，2000）。正如我们所看到的，正是越战时期国家财政状况的恶化首先引发了通胀，迫使政策制定者后知后觉，意识到在经济增长放缓的背景下，痛苦的选择将是必要的。然而尽管在60年代末和70年代，政府曾是众多在拥挤的资本市场上与企业和房地产业竞争资金的借款人之一，到了80年代，空前规模的政府赤字对所有其他借款者造成了压倒性威胁。

里根政府的赤字是一系列错误的结果，这些错误在现有的文献中都有详细的记载（例如Greider，1987；Murphy，1997；Stockman，1986）。在当选总统之前，里根一直受到经济学供给学派的影响，这是当时在保守派圈子里流传的一种激进的新经济理论。供给学派认为经济增长最重要的障碍反映了市场制度的特征，这些特征（而不是凯恩斯主义范式下的需求不足）干扰了投资动机。最初，供给侧方案包含了一系列广泛的政策，从工人培训项目到去管制计划，目的是消除阻挠市场顺利运行的障碍。然而，在里根政府时期，这个词更狭义地指代用减税来释放被压抑的创业活力，推动投资繁荣的主张。供给学派最夸张的说法认为减税将产生足够的新经济活动，抵消带给政府财政收入上的损失。[32]当然，当时的假设是减税将伴随着激进的支出削减计划。但里根总统如此确信减税会实现自我平衡，以至于1981年的税收法案得以签署成为法律，即使必要的支出削减未能实现。结果正如美国行政管理和预算局局长戴维·斯托克曼（David Stockman，1986，p.370）那句名言所说："肉眼所见均是赤字。"

虽然供给学派依然坚信里根的税收提议将刺激经济强劲复苏，经济增长将"超过"赤字，但金融市场却不那么确定。困扰华尔街——以及越来越多不再跟风供给侧学派的政府内部决策者——的预测是，联邦政府和资本市场上的私人借贷者之间即将发生冲突。在这种"挤出"情况下，政府将抢占私人借贷者的资本；当私人借贷者之间相互竞购剩余的资金时，利率将会涨至将这些借贷者挤出市场的程度。分析人士担心，这一令人不悦的结果将使经济活动陷入停滞，使企业无法获得新的投资融资，从而扼杀刚刚开始的复苏。在1981年和1982年的大部分时间里，股票和债券市场因预期会出现这种"挤出"情况而摇摆不定，这在里根政府官员中引起了极大的恐慌。[33]

但是，令华盛顿和华尔街都感到意外的是，这种情况并没有出现。几个因素阻止了资本市场出现这场可怕的灾难。首先，经济复苏在好几个月里都难以实现，私人部门对投资基金的需求一直低迷到1983年。其次，企业能够直接从留存收益中为投资项目提供资金，由于1981年减税政策放宽了折旧免税额，留存收益得到了显著的提振。[34]最后，最重要的是，就在1983年年中经济终于开始复苏之际，一个主要的新资金来源出现了，相当出人意料地为联邦预算赤字提供了资金：国际投资者，尤其是日本投资者，对美国国债产生了巨大的兴趣。

里根政府官员没有预料到这一事态发展的原因有很多。80年代初，政策制定者还没有完全适应将世界想象为一个开放的流动资本的海洋。国际金融一体化是一项正在进行的工作，这一进程的影响仍在显现。戴维·斯托克曼后来承认里根身边的顾问中没有人预见到外国流动资本将会在预算赤字融资方面发挥什么作用（Murphy，1997，p.148）。即便是或许比以往或之后的任何一位央行行长都掌握国际经济动态的美联储主席保罗·沃尔克（Paul Volcker）也没有预测到在一夜之间突然出现了填补预算赤字的流动资本的规模（Volcker & Gyohten，1992，pp.178–179）。

美国财政部和经济顾问委员会（CEA）的经济学家都很了解这个熟悉的宏观经济学公式，即储蓄缺口（以预算赤字形式存在），根据定义将被（负的）净出口抵消，因此会有资本流入，但是这些关联被说得相当含糊。[35]例如，在1981年秋天写的一份备忘录中，CEA主席默里·韦登鲍姆（Murray Weidenbaum）指出“外国投资组合的流入在缓解国内市场的赤字融资压力方面可能会很有用”。[36]同样地，1981年12月在美国企业研究所（American Enterprise Institute）的一次演讲中，CEA成员威廉·尼斯凯恩（William Niskanen，1988，p.110）也假定进口资本的机会意味着当时即将出现的赤字可能不会给那时观察人士所预期的利率带来强大的上行压力。尼斯凯恩回忆说他的听众对任何大规模资本流入的可能性都持高度怀疑态度。此外，尽管这些关系可能已经被里根手下的经济学家们至少抽象地理解了，但在一个开放的经济体中，赤字可以通过国外进口资本来融资的观点，并没有为更广泛的内阁成员所接受。直到1984年10月，尼斯凯恩为内阁经济事务委员会（Cabinet Council on Economic Affairs）撰写了一份备忘录，解释说国内储蓄和国内投资之间的差额必然等于外国借款。[37]尼斯凯恩回忆道：“内阁会议上几乎每个人都感到意外！”[38]

里根政府里的许多成员没有充分预见到外国资本流入在为预算赤字融资中扮演的角色的另一个原因是这些资金流是被沃尔克信奉的货币主义所带来的超高利率吸引来的。[39]政策制定者认为货币主义实验将是短暂的，而利率将很快恢复到更正常的水平。但与预期相反的是，即使在放弃货币主义实验之后，美国经济中的高利率依然存在。尽管这在一定程度上是与金融去管制相关的经济结构变化的结果，[40]利率居高不下也反映出沃尔克对里根计划的抵制。沃尔克观察到政府内部正在进行的预算争论，担心巨额赤字将逆转他在通胀问题上取得的进展（Volcker & Gyohten，1992）。结果，他固执地拒绝做他之前央行行长在类似情况下所做的事情——通过引导经济朝向将会导致通货膨胀，从而降低债务的当前美元价值的更宽松的货币政策将赤字货币化（Greider，1987，p.560）。[41]相反，沃尔克进一步提高了利率，决心扑灭任何通胀的火花。

沃尔克没有意识到的是，在开放的全球资本流动的背景下，这一政策将适得其反。正如美国众议院银行、住房和城市事务委员会资深经济学家简·达里斯塔（Jane D'Arista）所解释的："沃克尔想要抵消宽松财政政策的影响，但又加上了鼓励资本流入的利率政策。"[42]高利率——比日本同类无风险政府债券高出5百分点（Murphy，1997，p.144）——非但没有引发"挤出"效应，迫使政府重新走回财政紧缩的道路，反而给美国经济带来了大量资本：1983年850亿美元，1984年1030亿美元，1985年1290亿美元，1986年达到惊人的2210亿美元。[43]其结果就是，信贷市场上私人和政府借款者之间可怕的冲突从未发生。

但是，如果"挤出"效应没有按照教科书的方式发生，那么另一种更为隐匿的"挤出"形式正在重塑美国经济。20世纪80年代，不断上升的利率吸引了海外资金，使得私人借贷者即使在赤字增长的情况下也能继续获得资本，这一事实缓解了教科书式的"挤出"现象。但是从国外涌入的资本给80年代的经济带来了另一种扭曲：美元开始迅速升值。为了投资美国经济，外国人不得不把他们的货币——日元、马克、法郎等——兑换成美元，结果外汇市场对美元的需求增加，推高了美元的价格。这反过来又使美国出口商在外国市场上处于竞争劣势：为了在这些市场上销售商品，出口商将美元价格转换成随着美元升值而变得越来越贵的当地货币。[44]这一过程的结果很快就体现在美国制造业和农业面临的巨大压力上，因为美国生产商的市场份额不断被外国竞争对手夺走。

美国国内反对美元走强的声音来自四面八方，但带头反对的是商业圆桌会议及其非常直言不讳的领导人，卡特彼勒拖拉机公司（Caterpillar Tractor）董事会主席李·摩根（Lee Morgan）（Destler & Henning，1989）。1982年，摩根委托两位学者大卫·默奇森（David Murchison）和以斯拉·所罗门（Ezra Solomon）研究美元走强的原因，并提出适当的政策对策。他们的报告于1983年9月正式发布，但在此前一年广为流传。报告强烈支持这样一种观点，即日本为在美国市场获得竞争优势而采取了蓄意压低日元汇率的措施。特别是，他们认为，限制性的资本市场政策阻止了资本流入日本市场，从而抑制了对日元的需求，并增加了对美元等其他货币的需求。因此，卡特彼勒的报告呼吁通过进一步开放日本金融市场来修正强势美元。

这个分析结果被证明是错误的。事实上，日本资本市场最重要的管制措施是限制资本外流，而不是流入。[45]其结果是，开放日本金融市场将增加从日本流向美国的资本，这增强而不是削弱了美元。正如时任CEA的经济学家保罗·克鲁格曼在一份备忘录中所指出的那样，“很难相信日本资本市场的开放会使日本成为资本的主要进口国。日本拥有世界上最高的储蓄率。随着资本的自由流动，我们预计日本将把这些储蓄中的一部分投资到海外，即成为资本输出国，而不是资本进口国。”[46]然而，在卡特彼勒报告的推动下，美国财政部于1983年11月发起了旨在开放日本金融市场的外交攻势（Frankel，1984）。

很难知道财政部是在明知卡特彼勒报告结论有误的情况下采纳了该报告，还是像卡特彼勒的经济学家一样，只是错误地估计了开放日本市场对资本流动方向的影响。可以肯定的是，卡特彼勒报告中令人费解的经济逻辑为里根政府解决了一系列问题。或许最重要的是，卡特彼勒报告让里根政府在不损害绝对自由放任政策导向的前提下，对商界日益激烈的抱怨看似做出了回应。[47]因为美国财政部关于开放日本资本市场可能产生的影响的公开和私下声明之间存在分歧，所以这里对这些事件的解释变得有些挑战性。在公共场合——尤其是在财政部部长唐纳德·里根的声明中——财政部似乎采纳了卡特彼勒报告的观点，采取开放日本资本市场的步骤将导致流入日本的资本增加，对日元升值和美元贬值施压。[48]私下里，财政部知道得更清楚。在一次内阁委员会会议上，克鲁格曼的备忘录被拿来进行了讨论，财政部负责货币事务的副部长贝利尔·斯普林克尔（Beryl Sprinkel）赞同CEA迫使日本进一步开放其金融市场的结果是将削弱，而不是增加日元的价值（对美元的影响相反）。[49]

除了让财政部官员能够大声宣布它正在处理被高估的汇率——虽然他们可能意识到了开放资本市场的效果将与商界所认为的相反——卡特彼勒报告受到财政部欢迎还有另一个原因。重要的是，卡特彼勒研究中得出的分析将人们的注意力从经济顾问委员会（CEA）对美元走强的解释上转移开。CEA认为美元升值是因为预算赤字导致了高利率；而高利率反过来又使美元成为一种吸引资本流入的理想资产。[50]对财政部来说，这种分析——及其对预算赤字的令人不悦的强调——相当于“卖空”里根计划。[51]从财政部的角度来看，外国资本之所以被吸引到美国经济中是因为美国的投资回报率高于其他地方。[52]即使这种逻辑有一点错误，卡特彼勒的研究至少把重点放在了它应有的地方：美元走强是因为去管制后的美国市场吸纳资本进入，而受到束缚的海外市场排斥资本。对于财政部的经济学家来说（如果不是对卡特彼勒拖拉机公司而言的话），美元飙升并不是某种潜在的病态迹象，而是里根时代美国的正确之处。

但有一件事是财政部和CEA能够达成共识的：不管原因是什么，与美元高企相关的资本流入都代表着一种有益的发展。这一立场在以CEA主席马丁·费尔德斯坦命名的所谓“费尔德斯坦教义”（Feldstein Doctrine）中得到了最明确的阐述。[53]费尔德斯坦认为外国资本流入为国民储蓄提供了重要补充。因此，既有的预算赤字、美元的升值和相关的资本流入成了美国经济的“安全阀”，避免挤出国内投资。[54]财政部也同意：“流入美国的资本……将使美国的利率低于其正常水平，保留了对利率敏感的行业的就业机会，并[允许]比正常情况下积累更多的资本。”[55]

简而言之，在两年的时间里，里根政府的经济学家们已经认识到，他们不是生活在一个封闭的国家经济里，而是在一个全球资本的世界。因此，当里根复苏经济的进程在1984年中期开始加速，而资本市场上私人借贷者即将被“挤出”市场的恐惧再次出现时，[56]财政部已做好了准备。沃尔克重复了其较早前声称的他在任何情况下都不会容忍赤字的警告——以及因此他称算总账的日子快要到了，这令金融市场感到震惊，但政府的经济学家们冷静地分析了外资在为即将到来的投资热潮提供融资方面所起到的作用。[57]

推动开放日本金融市场的努力是否是财政部利用日本资本流入来为美国赤字融资的蓄意尝试——还是如一些人所认为的，这仅仅是一个政策“错误”？随着经济复苏，财政部的意图不可能是含糊不清的。[58]从1984年7月开始，财政部采取了几项具体措施以提高美国金融工具对外国借款人的吸引力（Frankel，1994，pp.301-302）。第一，外国人从美国投资中赚取的利息中被征收的30%的预扣税被取消了。《商业周刊》（1984年7月23日）评论道，“意图扩大美国政府债券购买者范围是最终取消这项（税收）的一个主要原因”。第二，在1984年秋天，财政部启动了以外国市场为目标的证券计划，其中还为欧洲和日本市场特别发行了几次。9月，美国财政部负责国际事务的副部长大卫·莫福德（David Mulford）前往欧洲以引起人们对新发行证券的兴趣。类似地，贝利尔·斯普林克尔也访问了东京向日本投资者推销债券。拍卖非常成功；德斯特勒和韩宁（Destler & Henning，1989，p.29）称里根政府的财政部是“历史上最伟大的债券推销员”。最终，在10月，经过与国会的一场斗争，财政部获得了发行所谓“无记名债券”（Bearer Bonds）的许可，这与国际投资者对可以匿名持有的未注册证券的偏好是一致的。[59]

这些举措的结果是改变了政府和所有其他借款者在拥挤的市场上争

夺资金的零和关系。值得注意的是，经过20世纪70年代长期的资本短缺以来，这才过了没几年时间，而政策制定者在那十年里面临的困境似乎完全属于另一个时代。尽管里根政府出现了创纪录的赤字，但财政危机得以避免。至少在当时，股市不再因为每一项预算数据而波动。正如《商业周刊》以怀疑的语气指出的那样：

> 当一个增长的经济体与其巨额预算赤字碰撞时，国家的财政根基本应动摇。信贷需求将飙升，将利率推升至最高水平。然而，在经历了两年的恐慌之后，股市正大胆地推进到创纪录的水平。……过去两年的经验表明美国不是一个封闭的系统。外国资本的流入可以同时满足私人和公共借贷者。[60]

里根政府的政策制定者在80年代初发现，他们生活在一个资本可以无限供应的世界里。从这个意义上说，里根时代的经济政策完成了——而且在某种意义上完善了——在上个十年里从对国内金融市场去管制开始的进程。金融去管制消除了美国经济中信贷自由流动的障碍，但随之而来的信贷扩张可能会加速通货膨胀。沃尔克担任美联储主席的使命是抑制通货膨胀，而他的政策体系是要通过尽力紧缩信贷迫使美国企业和家庭吞下这剂苦药。然而，这是一个为封闭经济设计的政策，而外国资本的流入抵消了高利率对抑制美国经济信贷增长可能产生的任何影响（Greider，1987；Konings，2008）。但是虽然沃尔克的惩罚性货币制度没有限制信贷的增长，但高利率确实通过将资本从生产部门吸引到金融市场来抑制了通货膨胀。至关重要的是，随着通胀被赶到金融市场——通胀在这里不可见（或被概念化了）[61]——政府将不再需要在实施紧缩和面对日益增加的价格压力之间做出看似不可能的取舍。如此，如果对国内金融市场的去管制使政策制定者能够暂时逃避政治上的艰难决定——如何分担不断下降的富裕程度的责任，那么进入自由的全球资本市场将使政策制定者能够无限期地推迟这些选择。

结论

在本文中，我探讨了通过消除对信贷流动的结构性限制，创造了使美国经济容易受到金融危机冲击的条件的长期历史发展过程。更具体地说，我认为为最近的金融危机奠定基础的广泛的金融化转型直接源于30多年前对前一场经济危机的回应。但这些事件不仅是通过我在前面的叙述中所追溯的一连串历史事件联系在一起的，而且还通过将通货膨胀和金融化转型与美国经济日益衰落相连的根本逻辑联系在一起的。许多评论人士在撰写有关20世纪70年代通胀危机的文章时指出通胀为经济增长的终结提供了一种“解决方案”，它掩盖了生活水平的恶化，并使政府避免了其财政状况恶化的后果。但这只是暂时的：随着通胀加速，它已不再是社会润滑剂，反而加剧了潜在的社会和政治冲突（Maier，1978，p.71）。可以说，这一阶段的变化发生在70年代中后期，当时通胀率攀升至两位数，而美国人也厌倦了挣扎着跟上不断上涨的物价。当时人们普遍预计，已经被湮没的分配冲突现在会浮出水面，需要得到政治解决。塞缪尔·布里坦（Samuel Brittan，1978，p.185）抓住了当时的主流情绪，写道：“我们的宽限期已经走到了尽头。”

但是值得注意的是，这个“宽限期”比布里坦想象的要长得多。事实上，金融化转型提供了进一步的手段来推迟与富裕程度下降相关的艰难政治决策。从这个意义上说，金融化转型就相当于通货膨胀，使美国社会回避了在60年代末开始影响生活水平的资源限制。两者的机制当然不同，但影响是类似的：不像通胀允许社会行动者（暂时）去要求得到比经济的基本表现所能保证的更多的资源，信贷扩张现在也可以发挥同样的作用。如今自由流动的信贷可以通过将债务和责任置换到遥远的未来来缓解潜在的社会冲突，而不像通胀要在相互竞争的社会群体之间以令人眩晕的操作来消除分配方面的紧张。然而尽管事实证明作为对美国经济富裕程度下降的一种应对措施，金融化转型比通胀更加持久，但当前危机的无法回避的教训是这种策略现在也已经走到了尽头。这是否意味着分配冲突将再次回到舞台中央，或者政策制定者将偶然发现一些新的方法将这些冲突推迟到更遥远的未来，目前仍有待观察。

很难知道在这方面未来会怎样，部分是因为过去用来避免富裕程度下降困境的“策略”在很大程度上是无意为之的。在这方面，如果说通货膨胀和金融化转型是针对美国社会中同一些根本问题的平行反应，这很难说是否是设计好的。相反，金融化转型是为了应对通胀危机而做出的一系列临时决定的结果，而通胀危机的后果与政策制定者的预期几乎完全相反。这在本文讨论的两个关键片段中一览无余：尽管政策制定者对市场机制的依赖最初反映出他们在努力约束国家、企业和消费者对稀缺资本的争夺，但他们很快发现金融市场实际上并没有施加这种约束。政策制定者取消了利率上限，意在将在相互竞争的社会优先事项之间分配资本的艰巨政治任务交给市场。然而，政策制定者将信贷扩张从制度约束中解放出来，完全避免了分配的需要。当然，在一个封闭的经济体中，让借款人自由地竞争有限的资金，最终会将信贷价格推高到迫使一些借款人退出市场的地步，否则就会加速通货膨胀。但在一个新开放的经济体中，这样的后果被预先阻止了，因为高利率吸引了大量外国资本进入美国金融市场，抑制了通货膨胀，同时避免了在国内资本市场上进行信贷配给。简而言之，无论是将银行系统去中介化的机制，还是私人借贷者在资本市场上被“挤出”，都未能阻止对信贷看似无限的需求。

难怪即使自由流动的信贷会使美国经济受到金融市场波动的影响，政策制定者还是无法抵御不受约束的市场的诱惑。在20世纪70年代和80年代实行的政策框架下，信贷供应将是充足的，其结果是，关于如何在相互竞争的社会优先事项之间分配有限资源的政治冲突刚现萌芽就被有效地去政治化了。信贷扩张并没有让政府成为零和博弈的仲裁者，反而使得政策制定者化解了兴起的政治紧张局势，短期内经济似乎重现了繁荣。政策制定者将不再被置于必须决定哪些社会群体应优先获得信贷的境地，而随着国家预算状况的恶化，他们也不会面临为哪些社会优先事项提供资金的艰难政治选择。简言之，60年代末和70年代的危机被资本的海洋冲走了。

本文论述的目的是表明美国政治经济的这种转变为我们提供了关于创造了当前金融危机背景的长期的社会和政治条件的重要洞见。当然，对这场危机的起源会有一个能够补充并扩展我在这里所讲述故事的更详细的解释。这个更加近景的解释会具体追踪在前文中没有得以充分展开的事件——特别是，抵押贷款支撑的证券市场的发展，信用违约掉期的产生，宽松的监管，宽松的货币政策，以及外国央行渴望为美国赤字融资与贪得无厌的美国消费者（Morris，2008）。所有这些发展都导致了房地产市场的巨大泡沫，泡沫一旦形成，就会由金融市场内部的投机动力推动其继续形成令人眩晕的上涨（Shiller，2008）。但在这些事件发生之前，美国经济已经从一个内部和外部信贷流动都受到严格控制的体系过渡到了一个所有这些限制均被消除的体系，为这些事件的发生埋下了伏笔。

应该强调的是，我这一做法的目的并不是要进行一场关于到底是远期还是近期历史事件在对了解目前的危机时应被视为更加“重要”的毫无结果的辩论。关键是不同的议题在不同的时间尺度上有不同的呈现。特别是，尽管对此次危机的近景描述令人信服地证明自由流动的信贷所带来的表面繁荣建立在脆弱的经济基础之上，但从更长远的历史角度，我们可以清楚地看到，近来金融繁荣的规范性基础同样站不住脚。特别是，本文中呈现的历史分析表明自70年代以来的几十年里，美国经济一直在信贷扩张的表面之下潜伏着一系列尚未解决的分配问题。这给了我们重要的启示，当时和现在一样，美国社会面临的问题需要的将不仅仅是技术上的解决方案。

当然，这并不是要淡化导致金融危机的各种政策失误的重要性——或者通过改革美国金融市场的监管结构来寻求补救措施的迫切需要。本文想要说的是，无论这些补救措施的构想有多好，都不足以解决当前危机带来的更根本的问题。大约30年前，在通货膨胀的严峻考验中，社会学家丹尼尔·贝尔（Daniel Bell，1976，p.230）观察到，“资本问题将永远伴随着我们”。政策制定者当时也同意这种观点，他们认为自己有责任在相互竞争的社会优先事项之间分配稀缺的资本。但在转向市场时，政策制定者不仅回避了这一责任，还回避了贝尔（Bell，1976，p.278）提出的必须面对的问题：“我们想花多少钱，以及为谁花？”市场无法解决这些问题，因为价格机制没有针对这些问题的解决方案。事实上，回到我们的原点，正是国家作为仲裁者的角色，有可能使其陷入一个社会中更具分裂性的冲突，而在这个社会中无限的经济增长已不再是解决分配困境的简单办法。这正是围绕政治力量而非经济力量进行分配所带来的困境：政治决策集中了责任，而市场分散了责任（Bell，1976，pp.197，226）。因此，如果在过去30年里自由流动的信贷让政策制定者能够避免做出关于在我们社会中如何分配资源和回报的公开政治决定，那么在未来的几年里，除了对经济以及随之而来的冲突和危机进行政治管理，将别无选择。

注释

[1] 这并不是说近几十年来没有再分配，尤其当20世纪70年代见证了美国经济中收入和财富不平等的急剧增加。我只是想说分配问题近年来并没有被政治化，它们在公共话语中仍然相对缺席。

[2] 出于版面方面的考虑，我无法针对“金融化转型”展开全面讨论，但是我用的这个词指的是从70年代开始的在美国经济中日益重要的金融活动。在金融化转型中没有一个唯一的决定因素，但我在这里的重点是与70年代和80年代国内和全球金融市场自由化有关的美国经济中的信贷扩张。更详细的讨论可参见Krippner（2011）。

[3] 针对有关泡沫的大量经济文献的有用调查，参见Evans（2003），Shiller（2000）和Shleifer（2000）。值得注意的是，并非所有对泡沫的解释都需要希勒（Shiller）特别强调的那种认知扭曲，而且一些投机泡沫的理论假定的是完全理性的行为。

[4] 金德尔伯格的表述体现了异端经济学家海曼·明斯基（Hyman Minsky）

关于投机狂热著作的普及（Minsky，1975，1982，1986）。

[5] 随着1974年美国经济中对资本管制的取消，信贷流动的正式外部限制得以解除（Abdelal，2007）。我在这里强调的不是这种正式变化，而是对向美国提供资本的外国资本供应者（特别是日本）市场的逐步开放。可以说，从其放松了美国政府融资限制的效果来看，正是后一种变化使得从美国经济中正式取消资本管制变得有意义。

[6] 这两种观点最初都没有过多关注由于关键商品短缺导致的通胀。这种类型的通货膨胀随着70年代油价的上涨而成为焦点，在某种程度上也使得经济学家和社会学家之间的争论变得无关紧要。然而尽管油价上涨给经济带来了严重的通胀冲击，但值得注意的是正是由于受工资—价格—工资螺旋上升的影响，这种冲击才会加速美国经济的通胀（Tobin，1974）。

[7] 例如，参见1961年8月14日至18日联合经济委员会就《信贷和货币委员会报告》举行的听证会。

[8] 例如，参见维维安·凯茨（Vivian Cates）于1973年9月14日写给众议员赖特·帕特曼（Wright Patman）的信（U.S. House of Representatives, Committee on Banking and Currency, *The Credit Crunch and Reform of Financial Institutions, Part II*, September 17, 18, 19, and 20, 1973, p.1094）。

[9] 在这方面的一个关键进展是可转让存单的发展，这是一种可以有效地使银行获得持续资金的金融工具。在这方面，商业银行越来越依赖商业票据市场为贷款提供资金也具有重要意义。最后，进入欧洲美元市场为银行提供了一个完全超出美国监管体系能力范围的资金来源。参见Krippner（2011）对这些观点的阐述。

[10] 洛杉矶市市长山姆·约蒂（Sam Yorty）的证词，Testimony of Sam Yorty, Mayor, City of Los Angeles, *Grassroots Hearings on Economic Problems*, House Committee on Banking and Currency, December 1, 1969, pp.126–129。

[11] 纽约市市长约翰·林赛（John V. Lindsay）的证词，Testimony of John V. Lindsay, Mayor, City of New York, *Emergency Home Financing*, House Committee on Banking and Currency, February 2, 1970, pp.21–25。

[12] 旧金山市市长、美国市长会议主席约瑟夫·阿利奥托的证词，Testimony of Joseph Alioto, Mayor, City of San Francisco, and President, U.S. Conference of

Mayors, *The Growing Threat of a Domestic Financial Crisis*, August 7, 1974, p.2。

[13] 主席赖特·帕特曼的陈词，Statement of Chairman Wright Patman, *Emergency Home Financing*, House Committee on Banking and Currency, February 3, 1970, p.89, emphasis added。

[14] GNMA（或“吉利美”）是由创立于1938年，为在大萧条严重时期购买抵押贷款提供资金的联邦国民抵押协会（FNMA或“房利美”）发展而来的。FNMA于1968年私有化，而GNMA仍是一家上市公司。1970年，私人的联邦住房贷款抵押公司（FHLMC或“房地美”）成立以与房利美竞争。

[15] 美国人寿保险协会首席经济学家肯尼斯·赖特（Kenneth Wright）的证词，Testimony of Kenneth Wright, Chief Economist, Life Insurance Association of America, *Emergency Home Financing*, House Committee on Banking and Currency, February 3, 1970, p.87。

[16] “Congress Tries to Strongarm the Fed,” *Business Week*, February 24, 1975, p.23.

[17] 主席赖特·帕特曼的陈词，Statement of Chairman Wright Patman, Emergency Home Financing, House Committee on Banking and Currency, February 3, 1970, p.90。

[18] 联邦储备委员会主席亚瑟·伯恩斯（Arthur Burns）的证词，Testimony of Arthur Burns, Chairman, Federal Reserve Board, *Selective Credit Policies and Wage-Price Stabilization*, Senate Banking Housing and Urban Affairs, March 31, 1971. See also Eastburn (1970)。

[19] 联邦储备委员会主席亚瑟·伯恩斯的证词，Testimony of Arthur Burns, Chairman of the Federal Reserve Board, *To Lower Interest Rates: The Credit Allocation Act of 1975*, February 19, 1975, p.28。

[20] 联邦储备委员会主席亚瑟·伯恩斯的证词，Testimony of Arthur Burns, Chairman of the Federal Reserve Board, *To Lower Interest Rates: The Credit Allocation Act of 1975*, February 19, 1975, p.38。

[21] 参见*Interest Rates and Mortgage Credit*, Senate Banking and Currency Committee, August 4, 1966; Statement of Senator William Proxmire, *Purchase of Treasury Securities and Interest on Savings Deposits*, Senate Banking and Currency

Committee, April 3, 1968, pp.1–2; Testimony of William McChesney Martin, Chairman, Federal Reserve Board, *Deposit Rates and Mortgage Credit*, September 10, 1969, pp.86–87; *Deposit Rates and Mortgage Credit*, Senate Banking and Currency Committee, September 9, 10, 22, 1969; *Selective Credit Policies and Wage-Price Stabilization*, Senate Banking Housing and Urban Affairs, March 31, April 1, 7, 1971.

[22] 众议员威利斯·格拉迪森（Willis Gradison）的陈词，Statement of Representative Willis Gradison, *To Lower Interest Rates: The Credit Allocation Act of 1975*, February 19, 1975, p.41.

[23] 麻省理工学院经济学教授莱斯特·C.瑟罗（Lester C. Thurow）的证词，Testimony of Lester C. Thurow, MIT Professor of Economics, *An Act to Lower Interest Rates and Allocate Credit*, House Banking, Currency, and Housing Committee, February 4, 1975, p.83。

[24] 财政部部长威廉·西蒙（William E. Simon）的证词，Testimony of William E. Simon, Treasury Secretary, *An Act to Lower Interest Rates and Allocate Credit, House Banking, Currency*, and Housing Committee, February 4, 1975, p.19.

[25] 财政部部长威廉·西蒙的证词，Testimony of William E. Simon, Treasury Secretary, *An Act to Lower Interest Rates and Allocate Credit, House Banking*, Currency, and Housing Committee, February 4, 1975, p.18, p.20.

[26] 财政部部长威廉·西蒙的证词，Testimony of William E. Simon, Treasury Secretary, *An Act to Lower Interest Rates and Allocate Credit, House Banking*, Currency, and Housing Committee, February 4, 1975, p.19.

[27] 财政部部长威廉·西蒙的证词，Testimony of William E. Simon, Treasury Secretary, *An Act to Lower Interest Rates and Allocate Credit, House Banking*, Currency, and Housing Committee, February 4, 1975, p.20.

[28] 有关反对金融去管制的故事以及如何最终克服这一问题，请参见Krippner（2011）。

[29] 取消利率管制是这项庞大立法中最重要的方面，但新法也赋予储蓄机构在贷款和投资活动中更大的灵活性，扩大了美联储系统的会员范围，并授权可转让支付命令账户，以及储蓄账户和支票账户之间的自动转账。参见Florida（1986）对立法历史的详尽介绍。

[30] 随着1982年《甘恩－圣哲曼储蓄机构法案》（Garn-St. GermainAct）的通过，逐步取消利率上限的速度突然加快了。

[31] 将金融去管制与通胀联系起来的机制是，轻易获得信贷使需求可以不受限制地传导到市场，使企业和消费者对商品和服务进行竞价。

[32] 一些最热心的供给学派人士，如保罗·克雷格·罗伯茨（Paul Craig Roberts），后来否认他们曾支持著名的拉弗曲线（Laffer Curve）所体现的观点，即减税将是收入中立的（甚至增加收入的）。但正如费尔德斯坦（1994，p.25）指出的，供应学派人士——包括罗伯茨在内——留下了大量的书面记录，使得随后试图与拉弗保持距离的努力显得有些虚伪。

[33] Lawrence Kudlow and Beryl Sprinkel, “Financial Warnings,” April 28, 1981, *Cabinet Councils*: Box 12, Ronald Reagan Presidential Library; Jerry Jordan, “Economic Summary,” October 6, 1981, *Cabinet Councils*: Box 16, Ronald Reagan Presidential Library; L. Kudlow, “Financial and Economic Outlook,” January 21, 1982, *Cabinet Councils*: Box 19, Ronald Reagan Presidential Library; L. Kudlow, “Financial Markets Update,” August 6, 1982, *Cabinet Councils*: Box 26, Ronald Reagan Presidential Library.

[34] “Recovery Shrugs off the Deficit,” *Business Week*, June 6, 1983, pp.24–26.

[35] 私人储蓄+预算盈余–国内投资 =出口– 进口。这个公式成了关于“双赤字”这场著名辩论的基础，即对贸易赤字是由预算赤字引起的关注。

[36] Murray Weidenbaum, “The United States and the International Economy,” September 16, 1981, *Cabinet Councils*: Box 13, Ronald Reagan Presidential Library (emphasis added).

[37] William Niskanen, “Characteristics of the Current Recovery,” October 5, 1984, *Cabinet Councils*, Restricted Materials: Box 31, Ronald Reagan Presidential Library.

[38] Interview, July 18, 2002.

[39] 货币主义指的是货币供应量的增长率是实际经济产出的唯一决定因素这个理论（Friedman，1968）。根据货币主义学说，央行的作用应该局限于控制货币供应，而不是试图去直接刺激经济增长或创造就业。虽然货币主义在理论上只规定了货币供应量的恒定增长率（既不刺激也不萎缩经济），但货币主义政策在

实践中往往具有相当大的限制性，正如沃尔克时代的情况一样。

[40] 正如在前一节中所解释的，如果不通过利率上限将借贷者赶出市场，所有人都可以寻求获得信贷，其结果是导致经济中的利率被大幅推高。

[41] 在物价上涨（即通货膨胀）期间，货币就失去了价值：购买同样数量的商品需要更多的货币。随着通货膨胀的推进，债务的实际价值被侵蚀，因为用于偿还债务的美元价值低于债务最初累积时的美元价值。因此，通胀对债务国来说是件好事，因此往往会减轻政府的财政负担。

[42] Interview, July 16, 2002.

[43] 数据来源于《1989年总统经济报告》（*1989 Economic Report of the President*）。在这些年中，联邦预算赤字的规模分别为1983年的2080亿美元，1984年的1850亿美元，1985年的2120亿美元和1986年的2210亿美元。因此，由外国资本提供资金所占的联邦预算赤字比例从1983年的略低于一半到1986年的全部。

[44] 假设一家美国公司需要以10美元的价格出售其小部件以实现盈利。进一步假设日元汇率为150日元兑1美元。这意味着这个美国小部件在东京的售价为1500日元。现在假设美元升值，以新汇率计算，1美元可兑换300日元。这个小部件现在在东京的售价为3000日元。假设本地生产商的成本没有变化，他们可以以低于价格翻倍的美国生产商的价格销售。这个例子看似极端，但这些数值与80年代美元兑日元汇率变化的幅度一致。

[45] Paul Krugman, “Is the Yen Undervalued?” September 30, 1982, *Martin S. Feldstein, Files*: Box 1, Ronald Reagan Presidential Library.

[46] Paul Krugman, “Caterpillar Tractor’s Yen Study: An Evaluation,” October 25, 1982, *Martin S. Feldstein, Files*: Box 1, Ronald Reagan Presidential Library.

[47] Interview with Jeffrey Frankel, July 12, 2002.

[48] 例如，在1983年11月10日发表在《华盛顿邮报》上的一篇采访中，里根评论道：“他们不会与任何人分享（他们的）储蓄。任何一家日本公司都可以到我们这里来，在我们的市场上借贷，拿走我们的存款；我们不可能不受惩罚地进入他们的市场，在那里借到我们想要的任何东西，所以我们要说的是，开放你们的资本市场，学会分享。这样一来，你们能帮助你们的日元升值，而我们的美元就不会那么强劲了。”（引自Frankel，1984，p.27）。财政部部长的这一分析

在两个方面引人注目。首先，随着美国对外国资本的依赖日益加深，可以说美国需要学会“分享”。其次，里根断言日本不断增加的资本外流（即借钱）将使日元升值表明他对经济学的理解相当薄弱。正确的分析是，如果美国居民从日本借款，那么日本居民就在购买美国资产，增加了对美元的需求，也因此增加了美元的价值。

[49] “Minutes of the Cabinet Council of Economic Affairs,” October 27, 1982, *Cabinet Councils, Restricted Materials*: Box 23, Ronald Reagan Presidential Library.

[50] “Minutes of the Cabinet Council of Economic Affairs,” October 27, 1982, *Cabinet Councils, Restricted Materials*: Box 23, Ronald Reagan Presidential Library.

[51] Frankel Interview, July 12, 2002.

[52] 财政部还强调了“避风港”的观点：资本之所以流入美国，是因为美国市场为投资者提供了躲避世界其他地区政治和经济动荡的避难所。类似的论点在90年代再次浮出水面，当时它们似乎更为合理。参见Frankel（1988）试图对在80年代资本流入美国的各种解释之间做出评判。

[53] “费尔德斯坦主义”一词是弗雷德·伯格斯坦（Fred Bergsten）创造的。

[54] Martin Feldstein, “Is the Dollar Overvalued?” April 8, 1983, *Cabinet Councils, Restricted Materials*: Box 26, Ronald Reagan Presidential Library. Council of Economic Advisers, “The U.S. Trade Deficit: Causes, Prospects, and Consequences,” October 4, 1983, *Cabinet Councils*: Box 42, Ronald Reagan Presidential Library.

[55] Treasury Department, “Causes and Consequences of U.S. Deficits on Trade and Current Account,” October 4, 1983, *Cabinet Councils*: Box 42, Ronald Reagan Presidential Library.

[56] William Poole, “Interest Rates, Stock Prices, and Monetary Policy,” June 19, 1984, *Cabinet Councils*: Box 52, Ronald Reagan Presidential Library.

[57] J. Gregory Ballentine, “International Capital Flows,” October 26, 1984, *Cabinet Councils, Restricted Materials*: Box 31, Ronald Reagan Presidential Library; Sidney Jones, “Report of the Working Group on International Trade on the Probability of Large Merchandise and Current Account Deficits Continuing for Several Years,” December 14, 1984, *Cabinet Councils*: Box 55; Roger Porter, “Minutes of Cabinet

Council on Economic Affairs," January 22, 1985, *Cabinet Councils, Restricted Materials*: Box 31, Ronald Reagan Presidential Library. 报道了沃尔克的评论及其对金融市场的影响（February 20, 1984; March 5, 1984; March 19, 1984; October 15, 1984）。

[58] 前一种观点参见Destler and Henning（1989），后一种观点参见Frankel（1994）。

[59] "Why the Treasury's Plan to See Debt Overseas May Not Fly," Business Week, October 22, 1984, p.129.

[60] "The Markets Bet Against Henry Kaufman," Business Week, February 11, 1985, p.88.

[61] 直到最近，美联储还没有将资产价格上涨视为应使用货币政策工具应对的通胀形式（参见Bernanke & Gertler，1999）。很明显，这一观点在当前金融危机之后得到了修正。

参考文献

Abdelal, R. (2007). *Capital rules: The construction of global finance*. Cambridge, MA: Harvard University Press.

Alexander, K. (1974). The politics of inflation. *The Political Quarterly*, 45, 300–309.

Bell, D. (1976). *The cultural contradictions of capitalism*. New York, NY: Basic Books.

Bernanke, B., & Gertler, M. (1999). Monetary policy and asset price volatility. *Economic Review*, 84, 17–51.

Borio, C., & Lowe, P. (2002). *Asset prices, financial and monetary stability: Exploring the nexus*. Working paper no. 114. Bank for International Settlements, Basle.

Brittan, S. (1978). Inflation and democracy. In: F. Hirsch & J. H. Goldthorpe (Eds), *The political economy of inflation* (pp.161–185). Cambridge, MA: Harvard University Press.

Collins, R. (2000). *More: The politics of economic growth in postwar America*.

New York, NY: Oxford University Press.

Cooper, G. (2008). *The origins of financial crises: Central banks, credit bubbles, and the efficient markets fallacy*. New York, NY: Vintage.

Crouch, C. (1978). Inflation and the political organization of economic interests. In: F. Hirsch & J. H. Goldthorpe (Eds), *The political economy of inflation* (pp.217–239). Cambridge, MA: Harvard University Press.

Destler, I. M., & Henning, C. R. (1989). *Dollar politics: Exchange rate policymaking in the United States*. Washington, DC: Institute for International Economics.

Eastburn, D. (1970). Federal reserve policy and social priorities. *Business Review of the Federal Reserve Bank of Philadelphia*, November Issue, pp.426–432.

Evans, L. (2003). *Why the bubble burst: U.S. stock market performance since 1982*. Cheltenham, UK and Northampton, MA: Edward Elgar.

Feldstein, M. (1994). American economic policy in the 1980s: A personal view. In: M. Feldstein (Ed.), *American economic policy in the 1980s* (pp.1–79). Chicago, IL: National Bureau of Economic Research.

Flemming, J. S. (1978). The economic explanation of inflation. In: F. Hirsch & J. H. Goldthorpe (Eds), *The political economy of inflation* (pp.13–36). Cambridge, MA: Harvard University Press.

Florida, R. (1986). *Banking on housing: The political economy of financial deregulation and the reorganization of housing finance*. Ph.D. Dissertation, Columbia University, New York, NY.

Frankel, J. (1984). *The yen/dollar agreement: Liberalizing Japanese capital markets*. Washington, DC: Institute for International Economics.

Frankel, J. (1988). International capital flows and domestic economic policies. In: M. Feldstein (Ed.), *The United States in the world economy* (pp.559–627). Chicago, IL: National Bureau of Economic Research.

Frankel, J. (1994). The making of exchange rate policy in the 1980s. In: M. Feldstein (Ed.), *American economic policy in the 1980s* (pp.293–341). Chicago, IL: National Bureau of Economic Research.

Friedman, M. (1968). The role of monetary policy. *American Economic Review*, 58, 1–17.

Friedman, M. (1970). *The counter-revolution in monetary theory*. London: Institute of Economic Affairs.

Goldthorpe, J. (1978). The current inflation: Towards a sociological account. In: F. Hirsch & J. H. Goldthorpe (Eds), *The political economy of inflation* (pp.186–214). Cambridge, MA: Harvard University Press.

Goldthorpe, J. (1987). Problems of political economy after the postwar period. In: C. S. Maier (Ed.), *Changing boundaries of the political* (pp.363–407). New York, NY: Cambridge University Press.

Greider. (1987). *Secrets of the temple: How the federal reserve runs the country*. New York, NY: Simon and Schuster.

Hirsch, F. (1978). The ideological underlay of inflation. In: F. Hirsch & J. H. Goldthorpe (Eds), *The political economy of inflation* (pp.263–284). Cambridge, MA: Harvard University Press.

Hirsch, F., & Goldthorpe, J. (1978). *The political economy of inflation*. Cambridge, MA: Harvard University Press.

Hirschman, A. (1980). The social and political matrix of inflation: Elaborations on the Latin American experience. In: *Essays in trespassing: Economics to politics and beyond* (pp.177–207). New York, NY: Cambridge University Press.

Kaufman, H. (1986). *Interest rates, markets, and the new financial world*. New York, NY: Times Books.

Kindleberger, C. (1978). *Manias, panics, and crashes: A history of financial crises*. New York, NY: Wiley.

Knodell, J. (1994). Financial institutions and contemporary economic performance. In: M. A. Bernstein & D. E. Adler (Eds), *Understanding American economic decline* (pp.114–160). New York, NY: Cambridge University Press.

Konings, M. (2008). The institutional foundations of U.S. structural power in international finance: From the re-emergence of global finance to the monetarist turn. *Review of International Political Economy*, 15, 35–61.

Krippner, G. (2011). *Capitalizing on crisis: The political origins of the rise of finance*. Cambridge, MA: Harvard University Press.

Lindberg, L., & Maier, C. (1985). *The politics of inflation and economic stagnation: Theoretical approaches and international case studies*. Washington, DC: Brookings Institution.

Maier, C. (1978). The politics of inflation in the twentieth century. In: F. Hirsch & J. H. Goldthorpe (Eds), *The political economy of inflation* (pp.217–239). Cambridge, MA: Harvard University Press.

Minsky, H. (1975). *John Maynard Keynes*. New York, NY: Columbia University Press.

Minsky, H. (1982). *Can "It" happen again? Essays on instability and finance*. Armonk, NY: M.E. Sharpe.

Minsky, H. (1986). *Stabilizing an unstable economy*. New Haven, CT: Yale University Press.

Morris, C. (2008). *The trillion dollar meltdown: Easy money, high rollers, and the great credit crash*. New York, NY: Public Affairs.

Murphy, R. T. (1997). *The weight of the yen*. New York, NY: W.W. Norton.

Niskanen, W. (1988). *Reaganomics: An insider's account of the policies and the people*. New York, NY: Oxford University Press.

Sellon, G., & VanNahmen, D. (1988). The securitization of housing finance. *Economic Review* (July/August Issue), 3–20.

Shiller, R. (2000). *Irrational exuberance*. Princeton, NJ: Princeton University Press.

Shiller, R. (2008). *The subprime solution: How today's financial crisis happened, and what to do about it*. Princeton, NJ: Princeton University Press.

Shleifer, A. (2000). *Inefficient markets: An introduction to behavioral finance*. Oxford: Oxford University Press.

Stockman, D. (1986). *The triumph of politics: How the Reagan revolution failed*. New York, NY: Harper and Row.

Tobin, J. (1972). Inflation and unemployment. *American Economic Review*, 62,

1–18.

Tobin, J. (1974). There are three types of inflation: We have two. *New York Times*, September 6, p.33.

Trichet, J. C. (2005). *Asset price bubbles and monetary policy*. Mas lecture, Singapore, June 8.

Volcker, P., & Gyohten, T. (1992). Changing fortunes: The world's money and the threat to American leadership. New York, NY: Times Books.

Wojnilower, A. (1980). The central role of credit crunches in recent financial history. *Brookings Papers on Economic Activity*, 2, 277–339.

Wojnilower, A. (1985). Private credit demand, supply, and crunches – how different are the 1980s? *American Economic Review*, 75, 351–356.

第四部分

危机制造：投机泡沫和商业周期

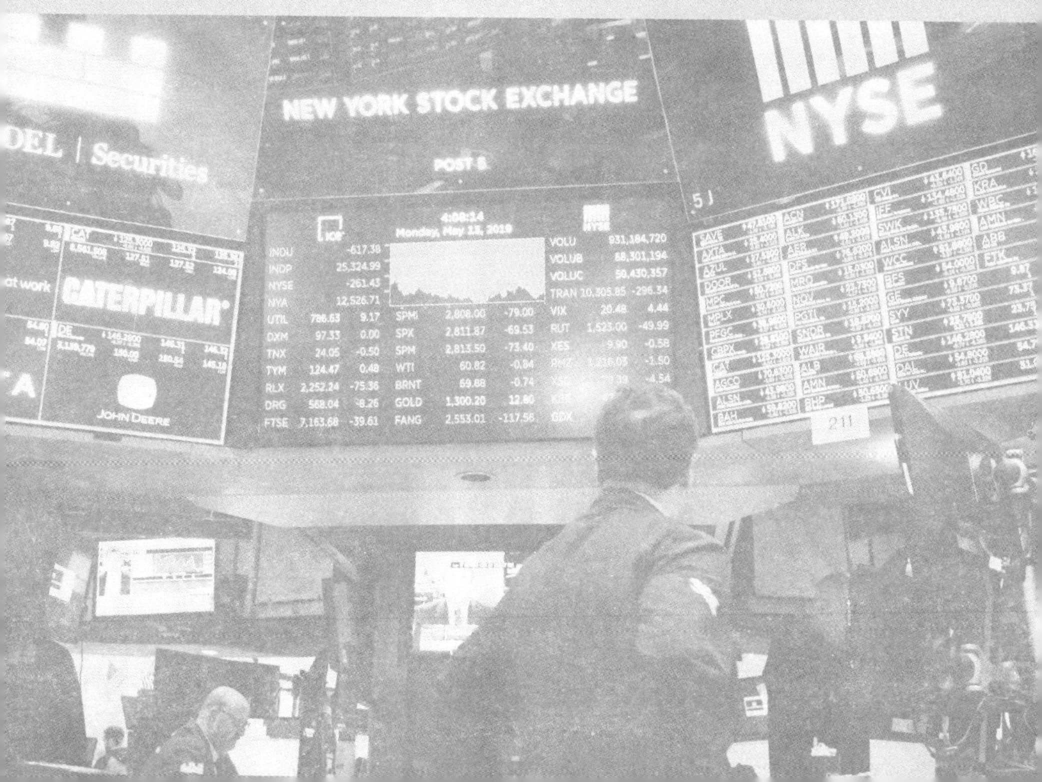

第十四章　市场失灵的制度嵌入性：为什么投机泡沫仍在发生

米切尔·Y. 阿博拉菲亚（Mitchel Y. Abolafia）

摘要

本文点出了一个极度脆弱的金融系统的出现以及摧毁它的房地产市场泡沫背后的制度因素。本文的一个基本前提是，这场金融危机是嵌入制度并由制度失灵所引发的市场失灵。失灵的制度包括学术、政治和监管方面的制度。本文展现出这些制度是如何被严重破坏的，这也说明金融资本主义的合理性是受到限制的。本文观察金融危机的视角认可金融市场改革的迫切性，同时也建议进行制度性改革作为抵御未来系统失灵的重要保障。

大部分投机泡沫对于社会来讲并不是灾难。泡沫的恶果通常只限于那些购买资产的投机者以及围绕他们的交易伙伴。即使是世纪之交的互联网泡沫，其后果相对来说也被控制住了。但是这次房地产市场的泡沫的破裂引发了次级贷款和相关证券工具的违约，直接导致了银行业危机和信贷冻结，使整个经济陷入了自大萧条以来的最严重的衰退。当相关资产与经济的方方面面绑定时，泡沫就成了一个社会问题；极其复杂的金融系统使经营者和监管者都无法理解，系统内的不同部分紧密相连以至于一个部分的危机无法被轻易遏制（Palmer & Maher，2010；Schneiberg & Bartley，2010）。在这样一个复杂和紧密相连的金融系统内，产生于被广泛持有的资产的投机泡沫构成了一个严重的系统性风险。

本文认为，发达工业社会拥有避免灾难性投机泡沫的知识，但也认为我们不可能结束这样的人为灾难。我将会展示的原因更多在于我们对塑造经济政策的制度因素的理解，而不在于我们的投机泡沫的经济学知识。这不是我们对经济学知识的缺乏，而是我们对学术制度、政治制度和监管制度等方面的知识以及对这些制度的解读的缺乏。我们没能理解经济政策（即市场系统）嵌入这个制度场域的程度。更具体地说，我们没能预料到一个激进的思想意识对这些制度之稳健性的腐蚀作用。

由于其无所不在的特质，这个思想意识在一开始很难被识别。金融市场可以自我监管，无须国家过多干预的理念看似充斥了资本主义历史。每当这个理念被国家采纳时，都出现创新和投机的时代。就像经济史学家卡尔·波兰尼所解释的，程度较低的市场干预会产生利润和“恶劣影响”（Polanyi，1944）。这些“恶劣影响”包括不断攀升的欺诈、违约以及破产。市场包含了一种“自我毁灭机制”，社会最终需要通过自我保护来抵御这种机制［Abolafia（1996）中我对波兰尼循环的讨论］。从历史的角度看，这个问题看起来则成了一个社会为了换取金融创新而愿意容忍何种程度的紊乱和系统性风险。

但这个选择并不是一个简单的理性计算。本文提出一个分析框架来看待学术、政治和监管领域的创业者利用主要事件去重构他们所相信的“有利市场”的制度。艰难的经济条件，如20世纪70年代的大通胀，给政治和监管创业者提供了机会去解绑已有的稳定和控制的政体来支持利润的增加。被削弱的社会制度的订立导致了这里所讨论的这种系统失灵。本文特别认定了三种导致最近投机泡沫灾难性社会后果的制度。这些制度是（1）学术经济学的专业，（2）这个时代占统治地位的政治话语，和（3）脆弱的监管结构。这些制度没能调节市场的“自我毁灭机制”使他们的合法性陷入质疑。这也表明解决投机泡沫的方法在于制度的艰难变革。

设计问题

“泡沫通常是在事发后才被发现的。要提前发现泡沫就需要判定出成千上万有经验的投资者都是错的。与市场对赌，说好听点，通常是危险的。”

——艾伦·格林斯潘（June，1999）[1]

“我们当中那些关注放贷机构自身利益以确保股东股本权益的人（特别是我自己），必将处于一种惊疑的状态。”

——艾伦·格林斯潘（October，2008）[2]

这两句话也许会被看作过去十年泡沫经济的总结。他们表明美联储起初对抑制投资者的非理性狂欢，以及对市场力量已经造成连续两次经济泡沫发出警告是极不情愿的。对市场和银行家的自利可以成为一种自我监管力量这种判断的信念在本文中被认为是市场原教旨主义。我认为市场原教旨主义很不适合去诊断或者为经济泡沫开出药方。我将进一步论述美联储在推动泡沫经济中所扮演的角色，以及其限制泡沫经济的勉为其难的背后正是市场原教旨主义。我的目的是要探讨这种思想意识是如何被采纳，以及解释这种被采纳的思想与各种利益和事件。

本文的根本前提是制度性的，即组织是由存在于一个特定场域里的叙事、行动逻辑和思想意识组成的（Phillips，Lawrence & Hardy，2004）。我的观点建立于研究经济和管理理论如何在私营和公共部门政策制定中被采纳的组织和历史制度主义之上（Weir & Skocpol，

1985；Hall，1989；Guillen，1994；Campbell，1998）。跟从坎贝尔（Campbell，1998）的观点，我展示了一种思想——在这里即为市场原教旨主义——是如何既限制又推动了政策制定进程的。尽管此观点与凯恩斯的“政策制定者经常成为理论僵化经济学家的奴隶”（Keynes，1936，p.383）的著名评论相呼应，但并不会将所有的影响都归咎于智慧的学者及其思想。相反，我的观点旨在探究思想如何被选择还受到国家政治语境的本质、国家结构的容纳力，以及执政党的目标的影响。这些制度压力合在一起才能帮助解释为什么即使在拥有避免泡沫经济的知识和组织能力的情况下，泡沫仍然会发生。

本文围绕着三个问题来展开：泡沫从哪里来？为什么它们还在发生？它们能被管理吗？在进一步讨论后两个问题之前，我将介绍三个用于解释投机泡沫的分析视角。为了达到我们的目的，泡沫被简单定义为一种情况，在这种情况下“价格高企……只是因为投资者相信售卖价格明天会变高——但这时的‘基础’因素看起来并不能支持这样的价格”（Stigliz，1990，p.13）。在下一节中我将说明市场原教旨主义掩盖了我们从历史经验和其他典型中获取的知识。

泡沫从哪儿来？

市场原教旨主义

今天理解资产市场最有影响力的方法可以称得上是市场原教旨主义了。如前文所述，这是过分相信利用市场能力能取得社会范围内的最优结果。这不是一种思想，而是各个相关思想组成的一个系统，它提供了预测、诊断和出路。这种信念的最强形式在金融市场中得以体现。在金融学中它已经成为程式化的传统智慧。近期，英国金融服务局在描述其在金融危机前的监管哲学背后的学术假设时有效地阐释了这个传统智慧。

（1）市场价格是理性评估经济价值的上佳指标。

（2）因为建立在新的、更具流动性的市场的创造的基础上，证券化信贷的发展提高了配置效率和金融稳定性。

（3）金融市场的风险特征可以从数学分析推算出来，实现对交易风险的稳健的定量测量。

（4）市场规管可以被当作一种控制有害风险的有效工具。

（5）金融创新被认为是有益的，因为市场竞争会淘汰任何没有产生增值的创新（Skidelsky，2009，p.38）。

这里的主角就是那只无形的手。它决定价值，创造效率，降低风险，以及确保有价值的创新。简言之，市场可以以最优化的方式自我调节。政府对市场机制的干预只会使其更加没有效率。这里假设了市场可以正确地给风险定价。唯一的缺陷就是那种对未来未知的或者至少不可预测的不确定性。面对不确定性，风险不是呈正态分布，而对风险的数学分析会制造确定性的幻象。

在经常与有效市场假说（EMH）相关联的市场原教旨主义的最强形态中，资产价格通常能反映资产的真实价值，使得泡沫没有存在的空间。任何主要的价格波动都被解释为是对改变资产基础价值的外生冲击的反应。这个观点反映在弗拉德、加伯和霍德里克等人的著作中（Flood & Garber，1980；Garber，1990；Flood & Hodrick，1990）。他们研究了荷兰的郁金香泡沫（Tulip mania）和法国及英格兰的南海泡沫（South Sea Bubble），历史上两个最著名的泡沫。他们发现这些根本不是泡沫，而是对变化条件的理性反应。但是这个市场原教旨主义对经济史的胜利并不是无可争议的。根据坎特伯雷（Canterbury，1999）和巴德利和麦康比（Baddeley & McCombie，2001）对这部著作的批评，快速上涨的价格似乎并没有反映出对郁金香需求的陡然增加，也没有反映出南海公司对盈利的理性预期。此外，一段时间内的价格暴跌以及随后的政府干预表明，这是一场崩盘，而非一场标准模式的价格贬值。总而言之，价格没有反映出对基本价值的理性评估，而泡沫的概念不可能那么容易被摒弃。

如格林斯潘上述所论，市场原教旨主义的弱形态普遍接受泡沫可能会在极少情况下出现。在这些情况中，价值被一些市场的外部冲击所扭曲。但是就像格林斯潘所解释的，直到泡沫破裂，否则你无法确认它就是个泡沫，所以最好相信投资者和银行家的判断，而不是去抑制这个繁荣。金德尔博格（Kindleberger）的著作最能代表这种弱形态。金德尔博格认为，泡沫是外部冲击的结果，导致了由信贷供应中不稳定的变化所引发的狂热（Kindleberger & Aliber，2005）。这种思路的三大弱点是（1）它对外部冲击的依赖掩盖了市场的内在弱点，（2）它的均衡假设让人们对干扰源进行功能主义式的搜寻，以及（3）它的心理简化论掩盖了制度在投机泡沫中的作用。接下来的两个理论说明了这些弱点。

金融不稳定性假说

这个模型是由海曼·明斯基（Hyman Minsky，1986，1993）提出的。[3]它只是在近年房产泡沫破裂后才得到重视。现今发生的事情与明斯基模型的合流使得“明斯基时刻”成了华尔街的警句。明斯基并没有假设泡沫需要一个外生性冲击，而是看到这种不稳定性是资本主义经济内在动力的一部分，即具有系统内生性。[4]明斯基认为经济中存在着从谨慎到庞氏（Ponzi）风格的不同融资体制（Minsky，1986，p.230）。“在持续繁荣的时间内，整个经济从创造稳定系统的金融关系转型成创造不稳定系统的金融关系”（Minsky，1993，p.8）。稳定时期鼓励更多增加收入的冒险和创新，即使这样会破坏产生系统连贯性和稳定性的条件。这不是一个追求个人利益引导经济走向均衡状态的系统。相反，“平静”鼓励了更多冒险和创新，而它们相应地会创造出更多内生、将偏离放大的不稳定力量。

最近，帕帕季米特里乌和雷（Papadimitriou & Wray，2008）将明斯基的模型应用到现在的金融灾难中。如他们所解释，“过去十年的金融创新大大拓展了信贷供应，从而推高了资产价格。这不仅促进了进一步创新以利用盈利机会，也加剧了债务狂潮和更多杠杆”。他们展示出一系列的盈利机会如何增大了喜好风险的胃口，以及使情绪的天平从恐惧向贪婪倾斜。金融不稳定性假说的最大优点就是承认了不稳定性是金融资本内部过程的结果。明斯基展示出，从1945年到1965年20年的战后稳定期之后接踵而至的是一系列折射出这个系统日益脆弱的准危机（1970，1974—1975，1979—80，1982—1983）。尽管有很多原因值得推荐金融不稳定性假说的解释力，但它有两个缺陷。第一是这个模型的心理简化主义。明斯基倾向依赖例如狂喜、狂热、悲痛，以及其他凯恩斯式的“动物精神”这样的措辞来解释不稳定性、偏离以及放大作用，特别是在他这个假说的早期版本中。第二个缺陷是经济功能主义，这使得泡沫的发生看起来太过必然。这些问题会在第三个模型中得以解决。

社会建构视角

这个模型最早由阿博拉菲亚和基尔达夫（Abolafia & Kilduff，1988）以及阿博拉菲亚（Abolafia，1996）提出。在其目前的版本中也借鉴了阿克洛夫和罗默（Akerlof & Romer，1993），巴伦（Barron，2007），以及弗格森（Ferguson，2008）的著作。它与明斯基的模型都认为泡沫内生于这个系统。但是在社会建构的视角中，个体经济行为，例如投机，发生于社会关系、文化习俗，以及政治经济制度的情境中。这些社会情境定义了市场，而非相反。因此，是推动创新的市场专业人士和内幕投机者制造了泡沫，而非狂躁受害者中的非理性民众。[5]这些制度创业者最近通过推销毫无透明度的次级贷款和衍生品重新定义了交易群体的认知地图以及对这个群体的规范性限制。同样，正是国家对宽松信贷和松懈管制的支持才造成了不稳定，而不是太多稳定性造成了这个后果。换言之，市场能够有效运转是因为搭建了正式和非正式限制的结构以驯服它们。没有这些社会基础设施，金融市场会自我毁灭。

社会建构视角强调市场专业人士和内部投机者的投机性做法。该模型预测说，无论这些投机性条件在哪里，人们都有可能在资产市场上制造泡沫，这一观点得到了实验经济学研究的支持（Smith et al.，1988；

Haruvy et al.，2007；Hussamet et al.，2008）。比较历史研究表明，投机泡沫有三个反复出现的特征。首先是金融创新的产生，如上文提到的那些，这些创新具有内部人士可以欺诈性利用的信息不对称的形式（Ferguson，2008；Akerlof & Shiller，2009）。近年来这些形式包括次级贷款和表外会计。这种偏离常规的创新在运作金融市场的机构中变得正常化（Palmer & Maher，2010）。第二个特点是对金融市场积极的去管制化。这些去管制化的政策决定使得市场专业人士可以自由地测试机会主义的极限。最后一个必要的特征是容易赚钱。所有泡沫都是在容易获得信贷的条件下发生的。在当前的泡沫经济中，这意味着长期的低利率。美联储过度扩张的政策和中国的投资过剩都是造成这种局面的原因。

为什么泡沫依然出现？制度嵌入框架的视角

我并不对社会建构视角会被我们的经济政策制定者所采纳抱有幻想，然而我相信它为抑制过度投机提供了指导。即使这些看法仍然停留在主导范式之外，经济史和制度记忆依然会提醒政策制定者以往的泡沫及其后果的后遗症。但历史是出了名的容易被遗忘，而当老成员离开组织后，制度记忆也变得不可靠了。尽管在战后政策制定者专注于不再重蹈1929年的覆辙，但到了1980年，在他们大脑中最重要的便不是大萧条，而是大通胀了（the Great Inflation）。市场原教旨主义正是在这个历史时刻成了占主导地位的意识形态。那么，这样一种意识形态是如何被采纳的？我们要如何解释其广泛影响力？

答案就是要不仅要理解泡沫，还要理解泡沫之中的制度压力。这是一个关于思想在政策制定中的角色的论点。但这并不是说思想能够单独决定政策。相反地，我将说明思想一直是处于与利益和事件的持续互动中。如韦伯（Weber）所说，思想经常体现出一个时刻的利益和事件，创造出一幅世界的新画面，并改变了历史的轨迹（Gerth & Mills，1946）。制度视角认定了三个影响思想被采纳的因素。这些因素反映了组织起来的行动者——例如专业人士、政治党派，以及技术官僚，制造施加在国家经济政策之上的制度压力的力量。在本文中，我将聚焦美国的货币政策。在最近的泡沫经济中，美联储负责控制货币供给并监管最大的银行控股公司。这对于理解泡沫经济的形成和管理至关重要。

专业经济学的角色

经济学的概念和模型在经济政策制定中扮演了很重要的角色。就像管理理论那样，这些概念和模型至少有两种使用方式（Guillen，1994）。第一，它们给政策制定者提供了一套技术知识，可以作为过滤器来筛选信息，以及作为识别和选择政策选项的脚本。第二，这些概念和模型构成了一个“旨在建立合法性和加强可信度”的意识形态（Guillen，1994，p.3）。它们包含了在政策制定的公正性和合理性上达成共识的基础（Heilbroner & Milberg，1995）。当政策制定高度透明且存在争议的时候，第二个用处就会特别重要。

到20世纪中叶，经济学作为一个学科已经在公共事务中扮演起了一个合法的，甚至主导性的角色。这个学科的内部动态已经反映在美国持续变化的政策领域上。像马里恩·福卡德（Marion Fourcade，2009，p.127）所解释的，经济学的数学化提供了技术能力，给经济学研究带来了一种“政治观众眼中的公正”的感觉，并使它看起来没有那么主观。这种技术中立性形象的优势被美国人最乐见的经济学和自由放任的政治哲学的合流所放大了。

经济政策经常会反映出关于经济如何运转的一套信念。在美国历史的大部分时间里，政府最低程度参与经济的偏好一直都占据主导地位。在大萧条期间，关于政府在增加总需求和稳定经济中作用的凯恩斯理论变成取得了主导地位。凯恩斯认为金融市场就是一个“赌场”，积极的监管对于抑制它们的恶化非常重要。在80年代，凯恩斯主义的主导地位被市场原教旨主义所取代了。这些观点通常作为默认假设存在于政策辩论的背景之中（Campbell，1998），然而当经济环境对这些假设提出疑问时，它们可能会成为人们关注的焦点。正如下面这段来自90年代美联储（Federal Reserve）一次政策会议的摘录。当时，反应迟钝的经济迫使政策制定者重新考虑当时的正统观点。

林赛先生：20年前我上大一的萨缪尔森第八版《经济学》的课时，我们学到的第一件事就是“节俭的悖论”。节俭悖论是1972年——或者可能是1952年——“资产负债表重组将导致经济活动减少”的说法。……过去20年里，我们一直试图忘记凯恩斯主义经济学，而这可能是个错误，因为事实上我认为它可能非常接近我们现在的情况……（FOMC，1992，p.37）

对这些假设的质疑反映了凯恩斯主义的共识在70年代已经消散，而与其竞争的市场原教旨主义迅速填补了这个真空。海尔伦纳和米尔贝格（Heilbroner & Milberg，1995）认定了四个导致凯恩斯主义在经济学领域消散的分析性缺陷。第一是其无法提供一个通货膨胀的理论。它的努力之一，菲利普曲线（the Phillips Curve），被弗里德曼（Friedman，1968）、费尔普斯（Phelps，1967）和戈顿（Gordon，1972）的一系列文章弄得名誉扫地。第二是其无法预测或解释困扰70年代美国的滞胀。第三是货币政策的效力相对有限。货币主义者和其他市场原教旨主义者将此视为一种直接挑战，尤其是在通胀时期。最后，凯恩斯主义关于宏观经济的行为假设，即前面提到的“动物精神”，与之前和当前微观经济学的理性人假设是不一致的。所有这些缺陷都为抨击凯恩斯主义，政策制定者抛弃它的努力，以及回归市场而不是依靠国家来解决问题打开了大门。

在经济学转型的同时，它的应用姐妹学科金融学正在通过量化实现新的一致性。第一步是运用股价纵向数据发展出EMH。EMH基本上是讲看不见的手在金融市场起作用，即金融工具的价格反映了所有可用信息和对风险的最佳估计。这当然成了市场原教旨主义的最高指导原则。也许在新的定量金融学里对理解泡沫经济最重要的发展是投资组合多样化方法的发展，这使投资者知道他或她所承担的风险水平。这样的结果就是催生出了简单的风险测量和一系列新的投资工具。银行家、经纪人、投资者和监管者开始相信，你可以利用证券、期权和其他衍生品来降低最糟糕的风险，并选择你愿意承担的风险水平。正如艾伦·格林斯潘2004年所说，“这些日益复杂的金融工具，特别是在最近紧张的时期，促成了一个比四分之一个世纪之前更加灵活、高效因而更具弹性的金融体系的发展”（Cassidy，2009，p.227）。市场本身已经成为市场风险的解决方案。虽然从美国经济政策的历史就足以预见这种回归市场的解决办法，但它的性质是由下面讨论的政治和组织因素所决定的。

国家政治话语的传统

政策制定是在流行的政治思想背景中发生的（Hall，1989）。这些思想反映了一些文化上的流行观念，比如适当的政府角色、市场或国家作为社会问题解决方案的有效性、相互竞争的价值观的显著性，以及对过去成功与失败的广受认可的解释。这正是主导话语出现的时候。在其最连贯的情况下，这样的话语就变成了一个项目（Campbell，1998），一个指导决策者采取行动的政策方案。在经验丰富的领导人手中，这样一个项目可能会成为公众情绪的一个隐性组成部分，一套关于什么是政治上可以接受和合法的规范性假设（Campbell，1998）。

从70年代中期卡特政府时期开始，政治话语的本质开始转向经济去管制化和以市场为中心的政策制定。这一话语是对上述1974至1975年严重衰退和滞胀的反映。思想和环境是一致的。米尔顿·弗里德曼在1980年出版了他的书《自由选择》（*Free to Choose*）和同名电视节目，这是一份反政府、支持市场的宣言。极右翼智库的地位上升到了新的高度。在传播大师里根总统的领导下，这些想法有了一个娴熟的解读者。去管制运动升级为疯狂的反国家主义运动（Block，1996）。市场原教旨主义代表了新古典主义在经济领域复兴与保守主义意识形态在政治领域崛起之间的相互渗透。经济政策的措辞反映出一种盲目乐观的观点，即不被干预的市场才能取得最佳的结果。

“自由”市场和反国家主义的话语主导了近30年。在美联储，政策制定者采用了一种货币主义政策来降低通货膨胀。这项政策获得了新的合法性，因为它被假定降低了政策制定者的自由裁量权，转而相信市场的理性。后来，在格林斯潘的领导下，美联储放松了对银行业的监管，对本文伊始引述的非理性繁荣采取了放任自流的态度。格林斯潘是编造大师，他将互联网泡沫中股票价格的飙升解释为反映了生产力的提高。国家政治话语完全变成了市场原教旨主义的论调，怀疑论者被边缘化了。

国家结构的包容性

经济政策通常被理解为利益群体或者阶层政治的结果。制度主义理论家（Hall，1989；Weir & Skocpol，1985；Campbell，1998）提出，国家及其机构的结构如何可以成为采纳各种思想和模型的载体，以便对政策问题做出连贯的反应。在最近的一篇著作中（Abolafia，出版中），我认为货币政策越来越成为政府中相对独立的技术专家的工作。在美联储的历史进程中，对其政策制定的控制权已从银行家手中被转交给了经济学家。从1913年成立到经济大崩溃，美联储一直由地区储备银行控制，尤其是纽约的储备银行。在大萧条和二战期间，美联储尽职尽责地满足了财政部的政策需求。1951年，《财政部和联邦储备系统协议》（Treasury-Federal Reserve Accord）赋予了美联储相对于行政部门的自治权。美联储必须学会在这种新的、更自由的环境中运作。在1960年，美联储的所有理事都不是经济学家。在1970年，7位理事中有4位是经济学家，而到1980年，除1位外，其余都是经济学家。到泡沫经济时期，从银行家到支持正统经济学的技术专家的转变已经完成。

随着凯恩斯主义的瓦解，尤其是菲利普斯曲线的名誉扫地，美联储的技术专家们就像他们在学术界的同事一样重新拾起了新古典主义范式的标准工具。与此同时，财政政策的失信似乎让美联储掌管了经济。对凯恩斯主义需求管理的批评与美联储管理货币供应的能力是相辅相成的。这无意中增强了美联储的权力，并将其置于舞台中心。1987年，里根总统任命艾伦·格林斯潘，一个倾向于市场原教旨主义的人，出任美联储主席。到1999年，随着《金融服务现代化法案》的通过，这项法案和格林斯潘的领导确保了银行将享受宽松的监管，而泡沫不会提前被发现。美联储变得越来越不情愿再遵循前主席马丁的格言：其工作就是“在派对开始时拿走大酒杯”。

从1996年到1998年，美联储实行宽松的货币政策，标准普尔500指数从740点上涨到1229点。当俄罗斯卢布和对冲基金长期资本管理公司（LTCM）崩溃时，这个繁荣的市场遇到了挫折。美联储三次降息以回应市场。外界普遍认为此举是为了拯救陷入困境的对冲基金。许多市场人士开始相信，美联储会出手干预以保护资产价格。在降息之后的一年里，标准普尔指数上涨了35%，以科技股和网络股为主的纳斯达克指数上涨了一倍。主席格林斯潘将股价变动解释为是由技术驱动的生产力增长的结果。商业媒体大肆吹捧由技术推动的新经济。由于担心通货膨胀，美联储在1999年年末开始缓慢提高利率。股市泡沫在2000年3月破裂。纳斯达克指数当时站在5048点。到2000年5月降至3164点。纳斯达克指数已从高点下跌了47%，反映出由热钱推动的高科技股投机泡沫的终结。

随着经济崩溃的影响在2001年开始波及整个经济，美联储开始降息。鉴于美联储在1998年和2001年两次采取的行动，市场专业人士开始用使投资者免受损失的“格林斯潘对策”（Greenspan Put）来形容美联储缓冲股市下跌的意愿。在2001年9·11恐怖袭击后，美联储开始大幅降息。经济继续下滑，而格林斯潘在讲话中宣布他担心会发生通货紧缩。美联储在2003年将利率一路下调至1%，认为这将导致房价快速上升，从而抑制通货紧缩。随着利率达到历史低点，房屋销售和房价开始飙升。在此期间，美联储暗示将在相当长一段时间内维持宽松利率。2004年出台的紧缩政策进展缓慢。当房地产市场上缺乏合格购房者时，银行会向资质较差的人提供利率诱人的抵押贷款（次贷）。房屋销售和价格继续飙升，直到

2007年泡沫最终破裂。这一次，经济崩溃导致几家主要金融机构的倒闭、信贷冻结、经济严重衰退，以及美联储和财政部的大举注资。

到20世纪90年代末至2007年的泡沫经济期间，美联储是在美联储理事唐纳德·科恩（Don Kohn）所称的“格林斯潘教义”（Greenspan Doctrine）的指导下运作的。这一教义是基于涌入华尔街的新金融工具能够降低系统性风险这一信念的。正如科恩对这个教义的描述，它“通过允许金融机构分散风险、更准确地选择自己的风险取向，以及改善对它们所承担的风险的管理，这个教义使金融机构变得更加强大”（Cassidy，2009，p.22）。这一教义是市场原教旨主义的一种变体，它使美联储非常愿意接受极高风险的策略。它允许美联储在2001年11月至2005年2月将关键利率保持在2.5以下，引发了美国历史上最大的借贷狂潮，而与此同时，它对其管辖范围内的主要银行控股公司过度的杠杆和风险承担视而不见。美联储似乎没有注意到风险已经集中到少数几家“大到不能倒”的公司身上。

最后，现在应该很清楚市场原教旨主义的成功在很大程度上来自上述三个制度领域的相互渗透。[6]学术界、美联储和投资银行之间存在高度的流动性。经济学和金融学为美联储输送工作人员，并为投资银行提供了绝大多数的MBA。这些银行输送了越来越多的总统顾问和内阁官员。这种由技术专家组成的干部队伍的相互渗透导致分析的同质性越来越强，而经验主义的衰落和主流正统理论的数学化加剧了这种同质性。这种相互渗透的结果是让市场原教旨主义得以称霸。正如玛丽·道格拉斯（Mary Douglas）所写的，“一个答案，只有在它支持了个体在做决定时已经存在于他脑海中的制度性思维时，才会被认为是正确的”（Douglas，1986，p.4）。

讨论：制度视角思考的其他模式

人们很容易将2008年的金融危机归咎于一个系统设计问题。通过创造人们对其风险知之甚少的工具，通过消除防火墙并允许银行成为被此类风险吸引的大型控股公司，以及未能对金融业风险最高的部分进行适当监管，我们已经设计好了走向失败的道路。就其自身而言，这个解释是很好的。但是这个解释还不够充分。它没有检视制度因素和打破旧有监管制度的重要事件。它遗漏了影响美联储决策和重新设计金融体系的学术、政治和监管的共同压力。最后，它忽略了通过支持其他制度思维模式来实现意识形态从市场原教旨主义转向的要求。

如果我们的分析停止在系统设计层面，那么金融危机可能被视为一场意外。本书的几篇文章都将2008年的金融危机描述为一场正常事故（Palmer & Maher，2010；Schneiberg & Bartley，2010）。但是，根据定义，正常的事故是不可避免的（Perrow，1984）。它们的复杂性和耦合性导致了人类无法预测的相互作用。但最近的金融危机曾是可以避免的。这个体系的缺陷已被了解。无论是被贴上赌场（Keynes，1936）、庞氏金融（Minsky，1986），抑或是资本主义的“有害影响”（Polanyi，1944）的标签，金融创新和杠杆的极端后果都被学者和金融专家所预测。根据现有的知识，我们是如何设计出走向失败的方式的？我对这个问题的回答是要审视制度基础设施所制造出的意识形态盲点。

停止在系统设计层次上进行分析的一个更大的危险是，我们将提供不了改革制度基础设施中根深蒂固问题的建议。本文认为这种失败的主要潜在原因是人们对一个破产的理念体系的过度信仰，这个体系抓住了市场被嵌入其中的关键制度。通过采纳和实施一种与美国资本主义历史记录相悖的激进意识形态，我们设计出了这种系统失败的方式。防止类似的失败需要制度性反思：即制度行动者质疑自身实践的能力。这本身似乎不太可能，但学习型组织确实存在，一个更稳定系统的参数可以通过立法来确定，决策者和监管者可以得到更好和更广泛的训练。

用完美换取不完美

上述分析提出的第一个政策问题是“我们如何应对市场原教旨主义对经济政策的压倒性控制？”尽管一些不同的声音，如保罗·克鲁格曼，约瑟夫·斯蒂格利茨和一些行为经济学家在场外疾呼，但真正的信徒仍在掌控局面。写这篇文章时，民粹主义者的愤怒正在上升，但信仰的捍卫者几乎没有表现出悔恨或对他们信仰的怀疑。

比这更不祥的是整个经济已经按照市场原教旨主义的图景被完全重新设计。金融市场已经去管制化，金融资产已被证券化。正如杰瑞·戴维斯所解释的，EMH已被转变为一种社会组织原则，在这种原则下，金融资本在经济中扮演核心角色，而不是配角。

> 随着美国经济像行星绕着太阳转一样绕着金融市场转，社会生活的所有类别都被证券化了，变成了一种资本。在我们年老时照顾我们的不是公司或政府，而是我们的401（K）。住房不仅仅是一个居住的地方，也是未来房价上涨的一个期权。我们现在把教育、才能和个性称为“人力资本”——这并非讽刺，而是一个显而易见的事实。朋友、家人和邻居现在都是“社会资本”，是未来可能得到回报的投资（Davis，2009，p.236）。

这些新的思考和行动方式是潜伏的且不易被改变的。市场原教旨主义对我们集体意识的控制是不动声色和彻底的。

但这种令人不安的状况不应该阻止人们讨论乃至推动引入一种对市场及其与社会的关系有着更平衡观点的其他政策选项。打破市场原教旨主义的控制需要跨学科的挑战。作为这一挑战的一部分，应向大学提供竞争性经费以在硕士和博士学位中创建金融监管项目。这些项目将是跨学科的，需要金融市场历史的课程（泡沫、恐慌和银行挤兑的入门课程）、监管政治、比较监管体系、行政和监管法律、经济社会学、行为金融学，以及金融和监管经济学。选修课程将集中于证券、银行业、风险分析等。此类项目的核心前提是市场是制度嵌入的，良好的监管可以使市场增长与稳定性和纪律性之间达到平衡。学生将在毕业前参加几家金融监管机构的实习。目的是打造一个对监管持积极观念的专业骨干。

国家科学基金会（NSF）应创建一项竞争性的研究经费，用于从历史学、政治学、信息科学到社会学、心理学和经济学等学科的角度研究金融市场失灵。这些研究将使我们对市场的理解融入背景环境中。它们将突出信息不对称、市场外部性及其对社会福利的影响。它们将发展出各种市场失灵的指标。并且它们将开始质疑市场原教旨主义的关键假设。经济学和金融学要么应该提高对市场失灵的认识，要么应该放松对公共政策分析的占据，而社会科学也必须注意到它们作为政策科学的日益增强的责任。

偏向社会甚于市场

第二个主要的政策问题是“我们如何才能重新平衡我们的政治话语？”20世纪80年代，玛格丽特·撒切尔曾以宣称“社会”这件事不存在而闻名。作为一个真正的市场原教旨主义者，她只看到了原子化的个体。大约在同一时间，罗纳德·里根说政府是问题所在，而不是解决方案。正是这样的话语削弱了市场的运作能力。通过轻视个人作为一个共同社会成员对彼此的责任，并通过发出监管执行力减弱的信号，机会主义和欺诈行为就会出现。具有讽刺意味的是，市场交换的规范基础，例如信任和合作，都被降格了。通过轻视政府作为问题的解决方案，过度的市场交易没有得到遏制，发出监管减弱了的信号，对现有法律的执行也失去了合法性。

已经成为我们政治文化中被视为理所当然的一部分的市场原教旨主义话语，必须接受批判性的审视，公开讨论和分析其失败之处。令人惊讶的是，这并没有发生在金融危机之后。尽管许多记者报道了银行倒闭和救助计划，但无论是媒体还是政界人士，都很少讨论危机的根源，包括对导致我们陷入这种境地的政治和经济体制的怀疑。1932年至1934年的佩科拉（Pecora）听证会给大萧条贴上了标签，这导致了罗斯福新政的金融监管。“胡佛主义”成了糟糕经济政策的同义词。我们还没有看到类似的情况。在写这篇文章时，听证会很温和，几乎没有呈现出调查热情。政客们对攻击当下的意识形态兴趣不大。公开热烈地讨论我们制度上的失败，无论是公开的还是私下的，都将有助于建立必要的改革联盟，并质疑市场原教旨主义的霸权。

最重要的是，我们需要一种新的、将市场嵌入社会而不是反过来的政治话语。这种话语应该以质疑市场原教旨主义及其隐含价值的非正统理论为依据。政客们需要倡导公平和安全的价值观，不惜一切代价地重新平衡主导当今时代的对利润的冲动。政客们需要建立一套行动逻辑，让现有监管机构免受市场原教旨主义的过度影响。第一步将是制定新的规则、政策和制度，以便在社会发展过程中发现并降低金融风险。

加强国家能力和效能

即使对之前讨论过的两个制度领域进行改革，但如果不加强国家的能力以减弱一个内在脆弱的金融体系的风险的话，这也是不够的。要做到这一点，国家必须变得少受学术风气和政治话语的影响，而更有效地履行其立法责任。考虑到宏观经济学理论中的这个风气，当美联储被与维持物价稳定和经济增长的使命联系在一起的冷静的实用主义统治时，它处于最佳状态（Abolafia，2004）。它需要保持一种更强大的能力来界定和解释不同于其他制度领域的问题。这一想法反映在美联储对政府行政部门的结构独立性上，但这还远远不够。结构自主权并不意味着文化自主权（Carruthers，1994）。美联储必须能够跳出市场原教旨主义正统观念以外进行“思考”，以保护其平衡增长和稳定价格的使命（Abolafia，2010）。

通过增加经济学人员和FOMC（联邦公开市场委员会）成员中的异质性，可以增强文化自主权。上述提及的监管学校应该有货币政策方向以教育美联储的工作人员。FOMC应该被重新设计以涵盖已经在学术界、政府和企业界任职的这些项目的毕业生，以及正统经济学家。当前加强国会对货币政策监督的努力是错误的，因为它们可能会进一步使政策制定政治化，减少结构独立性和文化自主权。

我认为在增加文化自主权的同时，也应该增加对美联储的立法委任权的问责。加强监督和问责制的第一步是让美联储通过将对银行控股公司的监管移出它的管辖权限来聚焦于货币政策。由于银行业集中于越来越少的银行控股公司，这些实体需要特别监督。尽管从系统失灵的角度来看，一个由规模较小银行组成的体系似乎更可取，但在政治上也不太可能。因此，我们需要确保增强监管银行的能力。美联储未能对这些银行进行恰当的监督，表明它的行动远未到位。此外，银行监管与货币政策之间存在利益冲突的危险。美联储专注于其他关键任务，尤其是货币政策，已是一个足够广泛的领域。

对金融体系问责制的需求日益增长也要求建立一个独立的系统监管机构（ISR）。金融市场应该自我监管的信念必须被国家有责任控制风险的信念所取代。这里的基本思想是，随着金融体系复杂性和耦合性的增加，国家有越来越多的责任保护社会免受随之而来的风险。国家需要与金融创新保持有同步的专业知识和资源，以及评估其风险的分析技能。最近的金融危机让我们认识到被卷入其中的公司及其监管机构对这些风险知之甚少。正如社会授权情报机构在打击国内和国际恐怖主义中展现的自由裁量权和分析能力一样，我们也应该授权在金融体系中建立类似的金融监管机构。该机构将独立于现有的银行和证券监管机构以及美联储，而也将承担一种协调功能来关注系统风险。

ISR的主要任务是控制系统风险。ISR将监督金融系统各组成部分之间的相互联系，以便能够检查、评估和确定风险的优先级。按照斯派洛（Sparrow，2000）的观点，一家以风险控制为重点的机构不是在组织的顶端仅有几个专注于风险的部门，而是要拥有一个基于项目的基础架构，专门用于挑选重要问题（风险领域）并任命团队解决系统中不断产生的风险。那未来将有一系列监督金融体系主要组成部分的项目，所有这些项目都将致力于风险控制。

这样的监督机构将需要特别打造一个具有创新性的学习系统，在该系统中可以搜索、共享和集成来自现有机构及其自身获取的情报的信息。如果将金融危机视为事关国家安全的问题，那么ISR将需要比SEC和美联储在最近这场危机中更警觉、反应更迅速。如果我们要拥有“大而不能倒”的机构，那我们必须在大型机构破产时保护社会的利益，这可以通过要求ISR评估金融创新的风险并授权ISR以牺牲股票和债券的持有人为代价制定有序的解决方案，即资产清算。ISR将大大增强国家能力。

上述建议有双重目的。在组织设计层面，我们需要重新设计金融系统以使其产生更低水平的系统风险。要做到这一点，既要提高风险的透明度（例如，将对冲基金与银行控股公司分离），又要形成新的国家风险控制能力。在制度层面，我们需要对横跨我们社会的各个主要制度进行意识形态的变革。这并不像听起来那么激进。它只是建议回归大萧条时代的思维；那段时间，人们已经普遍认识到金融市场需要适当的监管以缓和其无度行为并维持其合法性。正是本着这一精神，我建议设立ISR，它将为替代性的教育和研究提供资助，并且与一种以公平和经济稳定的辞令为基础的监管话语相关联。

结论：投机泡沫能够被控制吗？

本文讨论的原因和解决方案表明，我们的社会需要对最近金融危机中表现出的制度失灵进行广泛讨论。这必然是一个关于利益和价值的讨论，一个关于我们的制度“思考”社会福祉方式的讨论。如果要保护家庭和公司不受金融市场最严重的无度行为的影响，我们又该如何在创新和盈利机会之间的取舍以取得平衡？本文认为，我们在现代资本主义这个永恒的议题上失去了平衡，我们忽视了经济稳定这一至关重要的目标。市场原教旨主义的霸权使这种平衡朝着失控和不可持续的风险的方向走得太远了。未能保护公民免受这种不稳定的影响削弱了人们对我们主要制度的信任。

当然，这个结论假定稳定和信任是值得保护和加强的社会价值。大萧条之后，在稳定和信任方面取得的成果是真实的。一个有效的管理部门的建立减少了金融市场对社会的风险。随着金融市场的持续创新和全球化，这些成果需要得到再次确认和扩大。由于未能跟上不断变化的市场而使这些成果化为乌有是错误的。是到了承认这个错误并改正它的时候了。同时，稳定和信任的目标需要美联储重新表达缓和极端非理性繁荣的意愿。

最好的改革办法是在市场中开始重新设计系统，同时改革学术、政治和监管制度，从而最全面地应对好风险因素。系统的重新设计将包括例如将不同等级的风险划归给不同类型的金融公司，将衍生品交易转移到交易所，以及增加银行的资本储备。但考虑到当前改革努力的方向和金融部门的政治权力，对金融部门进行实质性的重新设计似乎不太可能。

关键性的改革需要把重点从市场转移到市场所嵌入的制度中。经济学家们仍在假定市场是完美的和不完美（低效率）的之间进行一场荒谬的争论。这场辩论被证明在解决金融系统的危机倾向方面是无效的。一种对制度的关注是人们会询问专业人士，如本文中讨论的那些人，以及主要机构，如美联储，是否有效地利用了他们的权力为普遍的社会福利服务。人们会询问这些专业人士和监管者所嵌入的制度是否在履行他们的职责。这种方法是为了评估一个制度的合法性而设计的。虽然有效性和效率都值得重视，但前者受到的重视太少了。

这就引出了我们的最后一个问题，“投机泡沫能够被控制吗？”我的回答是能和不能。“能”是因为我们可以用必要的知识来抑制一场投机性狂欢中最严重的无度行为。我们知道，极度宽松的监管和无关痛痒的处罚、金融创新中的信息不对称，以及宽松的货币政策，都是导致经济容易出现泡沫的条件。交易量、新工具的扩散、公司的杠杆水平，以及新手的市场参与等指标都可以被监控。创建一个ISR可以将这些能力扩展到新的领域。加强现有监管机构来监督急剧扩张的市场，要求衍生品在交易所交易，以及实施更有力的反周期货币政策，都是政府目前的组织能力范围之内的事情。

但是，最后，我还是会说“不能”，因为这里指出的制度因素似乎还没有可能消失，而且在美国版的资本主义中可能会成为重复出现的主题。市场原教旨主义的话语可能会像在凯恩斯主义革命中那样受到抑制，但它很可能再次出现，并受到罗纳德·里根和玛格丽特·撒切尔等制度创业者的拥护，这些创业者又得到青睐商业利益不受约束的政治和经济行动者的支持。没有任何一场劳工运动或其他社会运动有力量去抵制专业经济学和国家支持的原教旨主义的制度力量。鉴于目前的竞选融资状况，金融业本身就将决定对其监管体系的重新设计。

最后，我担心尽管2008年出现了房地产泡沫，但我们尚未见到美国市场原教旨主义的终结。它深深植根于个人主义文化和美国的政治辞令中。从奥巴马政府在卫生、能源和环境领域面临的政治困难可以看出这种话语的惯性力量。我们知道，制度因素不容易改变。经济政策的重大变化要求由一位拥有相当口才和完美时机的制度创业者支持的经济学学术和监管实践的转变。在这一点上，重大的制度变化似乎不太可能。

注释

[1] This quote is taken from Greenspan’s appearance before the Joint Economic Committee of Congress in June of 1999 (Zandi, 2009, p.70).

[2] 格林斯潘的证词，Committee on Government Oversight and Reform, U.S. House of Representatives (October 23, 2008)。

[3] 明斯基在他的职业生涯中多次修改这个模型。作为凯恩斯主义者，明斯基的早期模型假设了外生冲击（错位）。因此，我们依赖于他后期的工作。

[4] 值得注意的是，大量实验经济学的研究支持明斯基的观点，即泡沫是资产市场特有的（Smith, Suchaneck & Williams, 1988; Haruvy, Lahav & Noussair, 2007; Hussam, Porter & Smith, 2008）。

[5] 这一发现得到了上述应用的实验经济学研究的支持。

[6] 我把这一观点归功于克劳斯·韦伯（Klaus Weber）对这篇文章的评论。

参考文献

Abolafia, M. Y. (1996). *Making markets: Opportunism and restraint on Wall Street*. Cambridge, MA: Harvard University Press.

Abolafia, M. Y. (2004). Making sense of recession: Toward an interpretive theory of economic action. In: V. Nee & R. Swedberg (Eds), *The economic sociology of capitalism*. Princeton, NJ: Princeton University Press.

Abolafia, M. Y. (2010). Narrative construction as sensemaking: How a Central Bank thinks. *Organization Studies*, 31(2), 1–19.

Abolafia, M. Y. (in press). The interpretive power of central banks. In: K. Knorr-Cetina & A. Preda (Eds), *The handbook of the sociology of finance*. Oxford: Oxford University Press.

Abolafia, M. Y., & Kilduff, M. (1988). Enacting market crisis: The social construction of speculative bubbles. *Administrative Science Quarterly*, 33(2), 177–193.

Akerlof, G. A., & Romer, P. M. (1993). Looting: The economic underworld of bankruptcy for profit. *Brookings Papers on Economic Activity*, 2, 1–73.

Akerlof, G. A., & Shiller, R. J. (2009). *Animal spirits*. Princeton, NJ: Princeton University Press.

Baddeley, M., & McCombie, J. (2001). An historical perspective on speculative bubbles and financial crises. In: P. Arestis, M. Baddeley & J. McCombie (Eds), *What global economic crisis*? London: Palgrave.

Barron, M. (2007). *Speculative bubbles and the dot-com era*. Doctoral Dissertation, Sociology Department, Stony Brook University.

Block, F. (1996). *The vampire state*. New York: The New Press.

Campbell, J. (1998). Institutional analysis and the role of ideas in political economy. *Theory and Society*, 27, 377–409.

Canterbury, E. R. (1999). Irrational exuberance and rational speculative bubbles. *The International Trade Journal*, 13, 1–32.

Carruthers, B. G. (1994). When is the state autonomous? Culture, organization theory, and the political sociology of the state. *Sociological Theory*, 12(1), 19–44.

Cassidy, J. (2009). *How markets fail: The logic of economic calamities*. New York: Farrar, Strauss, and Giroux.

Davis, G. F. (2009). *Managed by the markets: How finance reshaped America*. Oxford: Oxford University Press.

Douglas, M. (1986). *How institutions think*. Syracuse, New York: Syracuse University Press.

Ferguson, N. (2008). *The ascent of money: A financial history of the world*. New York: Penguin.

Flood, R. P., & Garber, P. M. (1980). Market fundamentals versus price-level bubbles: The first tests. *Journal of Political Economy*, 88, 745–770.

Flood, R. P., & Hodrick, R. J. (1990). On testing for speculative bubbles. *Journal of Economic Perspective*, 4, 85–101.

FOMC. (1992). *Federal open market committee meeting October 6, 1992*. Board of Governors of the Federal Reserve, Washington, DC.

Fourcade, M. (2009). *Economists and societies: Discipline and profession in the United States, Britain, and France, 1890s to 1990s*. Princeton, NJ: Princeton University Press.

Friedman, M. (1968). The role of monetary policy. *American Economic Review*, 58, 1–17.

Garber, P. M. (1990). Famous first bubbles. *Journal of Economic Perspectives*, 4, 35–54.

Gerth, H. H., & Mills, C. W. (1946). *From Max Weber: Essays in sociology*. New York: Oxford University Press.

Gordon, R. (1972). Wage-price controls and the shifting Phillips curve. *Brookings*

Papers on Economic Activity, 1972(2), 385–421.

Guillen, M. (1994). *Models of management*. Chicago, IL: University of Chicago Press.

Hall, P. (1989). *The political power of economic ideas*. Princeton, NJ: Princeton University Press.

Haruvy, E., Lahav, Y., & Noussair, C. (2007). 'Traders' expectations in asset markets: Experimental evidence. *American Economic Review*, 97(5), 1901–1920.

Heilbroner, R., & Milberg, W. (1995). *The crisis of vision in modern economic thought*. Cambridge: Cambridge University Press.

Hussam, R. R., Porter, D., & Smith, V. L. (2008). Thar she blows: Can bubbles be rekindled with experienced subjects? *American Economic Review*, 98(3), 924–937.

Keynes, J. M. (1936). *The general theory of employment, interest, and money*. New York: Harcourt Brace.

Kindleberger, C., & Aliber, R. (2005). *Manias, panics, and crashes: A history of financial crisis*. Hoboken, NJ: Wiley.

Minsky, H. (1986). *Stabilizing an unstable economy*. New Haven, CT: Yale University Press.

Minsky, H. (1993). The financial instability hypothesis. In: P. Arestis & M. Sawyer (Eds), *Handbook of radical political economy*. Aldershot, UK: Edward Elgar.

Palmer, D., & Maher M. (2010). A normal accident analysis of the mortgage meltdown. In: M. Lounsbury & P. M. Hirsch (Eds), *Markets on trial: The economic sociology of the U.S. financial crisis*. Research in the Sociology of Organizations. Bingley, UK: Emerald.

Papadimitriou, D., & Wray, L. R. (2008). Minsky's stabilizing an unstable economy: Two decades later (Preface). In: H. Minsky (Ed.), *Stabilizing an unstable economy*. New York: McGraw Hill.

Perrow, C. P. (1984). *Normal accidents: Living with high-risk technologies*. New York: Basic Books.

Phelps, E. S. (1967). Phillips curves, expectations of inflation and optimal employment over time. *Econometrica*, 34, 254–281.

Phillips, N., Lawrence, T. B., & Hardy, C. (2004). Discourse and institutions. *Academy of Management Review*, 29, 635–652.

Polanyi, K. (1944). *The great transformation: Political and economic origins of our time*. Boston: Beacon Press.

Schneiberg, M., & Bartley, T. (2010). Regulating and redesigning finance? Market architectures, normal accidents, and dilemmas of regulatory reform. In: M. Lounsbury & P. M. Hirsch (Eds), *Markets on trial: The economic sociology of the U.S. financial crisis*. Research in the Sociology of Organizations. Bingley, UK: Emerald.

Skidelsky, R. (2009). *Keynes: The return of the master*. New York: Public Affairs Press.

Smith, V. L., Suchaneck, G. L., & Williams, A. W. (1988). Bubbles, crashes, and endogenous expectations in experimental spot asset markets. *Econometrica*, 56(5), 1119–1151.

Sparrow, M. K. (2000). *The regulatory craft: Controlling risks, solving problems, and managing compliance*. Washington, DC: Brooking Institution Press.

Stiglitz, J. (1990). Symposium on bubbles. *Journal of Economic Perspectives*, 4, 13–18.

Weir, M., & Skocpol, T. (1985). State structures and the possibilities for Keynesian responses to the Great Depression in Sweden, Britain, and the United States. In: P. Evans, D. Rueschmeyer & T. Skocpol (Eds), *Bringing the state back in*. Cambridge: Cambridge.

University Press. Zandi, M. (2009). *Financial shock*. Upper Saddle River, NJ: FT Press.

第十五章　因果关系的社会建构：制度神话对金融监管的影响

安娜·鲁布佐娃（Anna Rubtsova），里奇·德约迪（Rich Dejordy），
玛丽·安·格林（Mary Ann Glynn）和梅耶·扎尔德（Mayer Zald）

摘要

在本文中，我们考虑了美国股票市场从18世纪70年代到20世纪初的演变。从制度视角看，我们认为股票市场是一种由社会建构的文化逻辑和神话构成的制度场域。本文主要关注美国政府作为嵌入股市的行动者的角色身份，并分享了主流的市场逻辑。我们追踪不同历史时期股票市场的主导逻辑，研究这些逻辑如何影响政府对股票市场的监管行动，以及政府监管如何影响股票市场的后续逻辑。本研究既包括对历史报纸文章的定量内容分析，也包括对150多年来股票市场问题和相关解决方案的众多一手和二手资料的历史定性分析。本文记录了政府监管行动是如何反映和塑造了股票市场背后的逻辑的。

在美国，备受争议的问题资产救助计划（Troubled Assets Relief Program，TARP）产生的一个意外后果是，对该项目的争议、通过和执行

至少暂时打消了人们对联邦政府在支撑经济的金融市场中扮演外生角色的幻想。对银行、保险公司、制造商和其他经济主体的救助掩盖了政治行动与经济行动之间神秘的分割线，至少在需要采取极端行动时候是如此。然而，危机导致的反常现象并不是政治与经济之间相互依赖本身，而是这种依赖关系的可见性和能被感知性。货币政策、证券监管以及其他众多的联系纽带（Baum & Oliver，1991），将美国联邦政府和州政府嵌入了资本市场的制度领域。然而，即使在这些以资源为基础的联系之外，政府本身也被嵌入于支撑其经济和金融市场的文化/认知体系背景中。有关制度的研究中经常将政府及其行为视为外生的，即不受这些相关领域的影响（Hoffman，1999），或聚焦于明确的、强制性的或基于资源的制度压力，比如游说（Greenwood & Suddaby，2006）或合作（Selznick，1966）。

在本文中，我们将弗里德兰和阿尔福德（Friedland & Alford，1991）关于“让社会回归”的呼吁进行了扩展，重点关注政府本身如何与该领域中的其他行动者一样，受制于同样的社会构建和不证自明的意义系统中。具体来说，我们认为在任何给定的时间里，政府会受到该领域内的主导的制度逻辑影响，采用桑顿和奥卡西奥对制度逻辑的定义——“由社会建构起来的关于物质实践、假设、价值、信念以及规则的历史形态，个体在此基础上生产和再生产物质生活、组织管理时间和空间，为其在现实社会中赋予意义。”（Thornton & Ocasio，1999，p.804）本文特别关注历史上的相关假设、价值和信念，特别是那些与相应的市场实践相关的假设、价值和信念，如何塑造了被社会构建的关于市场危机的因果关系理论，以及政府随后采取的监管行动。

基于此，本文对制度理论和证券监管的文献都做出了贡献。本文不仅展示了政府如何影响金融市场，还展示了政府行为如何受到该领域历史发展及其制度神话和专业规范所体现的主导逻辑的影响。此外，政府内生的概念化性质使我们可以研究影响政府监管发展、形式和内容的制度因素。

本文研究监管行动是如何在组织内产生的。具体来说，本文关注1770年至1934年美国证券市场的州和联邦证券法。我们可以通过大萧条之后创立的证券交易委员会（SEC）来追踪美国股票市场在这段时间内的完整历史发展。当今经济发展面临的挑战，与1929年到1934年之间所面对的情形经常被认为是相似的。本文认为，细致地去了解那个时期监管条例带来的影响，不但可以帮助我们更好地理解如今面对的阻力，同时也能潜移默化地帮助我们在面对当今的挑战时，做出有关未来监管在本质和内容发展方面的明智选择。

一些有关于新组织实践扩散的最具影响力著作（Dobbin，Sutton，Meyer & Scott，1993；Hoffman，1999；Sutton & Dobbin，1996）向我们展示了法律变化是如何促进整体领域的变化的。例如，巴伦、多宾和詹宁斯（Baron，Dobbin & Jennings，1986）展示了由于二战时期的国家危机，美国政府推动了有关稳定就业的政策，从而促进了新就业政策的制度化。霍夫曼（Hoffman，1999）展示了如何通过创建环境保护机构，来影响环境实践这个新兴领域的制度发展。无论政府是被明确定义为该领域的内部系统还是外部系统，这些变化模型中的一个隐含假设是，政府对影响被监管领域的非强制性的制度力量并不敏感。这种方法与政治社会学中的以国家为中心论述是相一致的，该论述认为国家是一个官僚机构，机构的常规操作和结构影响着国家的政策和法律，但不会受整个社会的影响（Evans，Rueschemeyer & Skocpol，1985）。更具体地来说，很少有研究会考察占主导地位的指导逻辑中那些被视为理所应当的文化或是认知方面对政府监管行动的影响。

重要的是，长期以来体制内工作的传统模式让我们认识到，政府行动会受到制度领域和行动者给予的明确压力。哈夫曼和劳（Haveman & Rao，1997）描述了行动者会在州和联邦两级游说监管机构来支持各种形式的储蓄机构；格林伍德和苏达比（Greenwood & Suddaby，2006）详细描述了五大会计师事务所在影响公共会计监管改革中起到的积极且明确的作用。此外，最近的一些研究工作中已经开始探讨政府与它所运作的制度领域之间的相互依赖程度。例如，除了勾勒出金融监管对20世纪以来的美国社会和企业组织的宏观结构影响，戴维斯的研究（Davis，2009）还阐述了其对金融市场逻辑的理解，特别是股票市场会在公共政策讨论时被优先关注。本文采用和扩展了以上视角，来检查下述另一种假设：政府机构和行动者对法律上和监管上的变动的推行在制度领域是完全内生的，它们都通过颁布监管措施来影响该领域，但也明确地受到了该制度领域的全部压力和占优逻辑的影响，包括关于适当行为和价值观的不明确的、被认为理所应当的假设。

理论和实践都已证明，政府监管机构制定的法律法规体系除了有助于构建更大的制度领域外，同时在一定程度上又由该领域和现行的制度逻辑构成。我们认为，在任何时候由社会构建的信念和实践构成的股票市场逻辑（例如，股票估值、有效的市场理论，以及如卖空等适当的手段），塑造了政府需要用来回应各种市场危机的监管方式。我们发现，法律解决方案，特别是监管形式，一般都以制度逻辑为主导，作为一个整体在制度领域内制定而成。此外，作为社会构建的制度，股票市场受到表现为危机事件的矛盾和非法化的影响，这需要采取各种形式的纠正性的、恢复性（DeJordy，2010）或改变导向的行动。这些事件使得政府决策者关注了市场，他们将从制度垃圾（Schneiberg，2007）的“原始汤”（Primeval Soup）（由来自过去的“问题”、“解决方案”、流产的路径、媒体描述和来自其他源头的行业分析等历史经验组成）（Kingdon，1984）中，社会性地构建出问题的定义和法律解决方案。复兴、重组、重新部署和阐述替代逻辑（Schneiberg，2007）带来的可变性（Clemens & Cook，1999）、转置性（Sewell，1992）和重组（Powell，1991），使得完全内生的监管行动者能够制定新颖的立法形式，且这些立法形式在不同程度上反映了过去和现在的制度逻辑。

将政府概念化为嵌入股票市场领域组织逻辑中的参与者，并受到各种形式的制度压力，即重申了迪马乔和鲍威尔（DiMaggio & Powell，1983）对一个领域的经典定义，在定义中他们明确地将监管机构当作领域的组成部分。从这个定义出发，我们概念化了政府机构，像银行业、货币委员会和美国联邦贸易委员会（FTC），甚至是整个国会都可以视为股票市场的一分子，即便他们的组织结构、政治立场、力量、机构和利益都不尽相同，这些机构也都分享着相同的制度逻辑。我们对股票市场危机进行历史分析，对导致危机的原因以及所实施和放弃的法律解决方案进行解释，来对上述观点进行实证检验。我们使用了定量和定性的研究方法来解决我们的核心研究问题：在不同的历史时期，什么样的价值观和信念构成了股市领域的主流制度逻辑？这些逻辑，特别是那些潜在的专业的和文化的部分，会如何影响政府的监管行动？最后，政府行为是如何影响该领域随后的主导制度逻辑的？

通过回答以上这些问题，本文对文献做出了两个主要贡献。第一，扩展了目前在制度理论中对政府角色的理解。新制度主义者通常认为政府监管外生于所在领域的震动、冲击或破坏性事件（Baron et al.，1986；Hoffman，1999；Dobbin et al.，1993；Sutton & Dobbin，1996）。但是，这个概念暗含了一种假设：一种单向的影响流——政府行为影响制度领域，但不受制度领域影响。其他研究认为强制性的制度压力对政府行动具有明显的影响（Greenwood & Suddaby，2006）；但对制度逻辑的内隐的、文化认知方面，例如主导该领域的内生信仰体系和价值观，则关注较少。通过将政府本身视为嵌入股票市场领域的一个参与者，本文阐释了政府是如何被暴露和包裹在所有该领域中主流逻辑的各个方面的，包括被认为是理所当然的那些方面。当受到危机事件刺激时，政府的后续反应并不是那些不受该环境约束的参与者应该有的反应，而是由通行的制度逻辑所塑造而成的，这是政府参与者在该领域内所处的独特而根深蒂固的地位使然。

第二，本文扩展解释了不同的州和联邦证券法规的出现及相关内容（Burk，1985；Galbraith，1972；Khademian，1992；Mahoney，2001）。现有的研究通常认为证券监管是对市场失灵或政治环境（例如，政治团体游说，国家扩张的动力）的理性反应。然而，很少有人注意到证券法规是如何受到那些被视为理所应当的制度神话和规范性压力的影响的，这些压力围绕着并渗透在政府机构对金融机构监管的影响中。虽然有不少学者（Abolafia & Kilduff，1988；Mezias，1990；Zajac & Westphal，2004；Zuckerman，2000）将制度视角应用到股票市场的研究和相关实践中，但他们通常不像我们这样会去考虑制度力量对证券监管制定的影响。通过评估社会构建的制度神话和规范性的力量带来的影响，我们能更全面地了解美国证券监管的出现及其内容。

制度领域的政府监管与股市

在戴维斯（Davis，2009）最近的书中，他对美国金融市场的演变做了概述，并分析了这种演变对整个社会的一些影响。他特别指出了市场以“投资”为中心的逻辑与近年来的抵押贷款危机和信贷危机之间的联系。他认为，这种关系是由美国社会从清教徒式的节俭和储蓄转变为以“投资”为基础的逻辑而导致的。在这种逻辑中，价值评估主要基于经济投资，并渗透到了文化的各个方面，从教育（“人力资本”）到朋友和社会活动（“社会资本”）。他指出，人们对拥有住房态度的转变促成了房地产的繁荣和随后的崩盘，即从早期认为房地产扎根于一个社区的基础观点，到最近认为这只是一个人投资组合中的另一种资产的观点。房屋增值了，变成了资产，是可以通过杠杆来刺激消费的；而如果它下跌了，也可以像股票一样被轻易抛弃。然而，这种演变不是自发的，也不是决定性的，而是由公共政策推动的（证据来自两党执政的长期历史推动了“所有权社会”的创建），当然还有金融市场的监管行动（和不作为状态），包括放松监管的趋势。

更进一步，戴维斯（Davis，2009）不仅展示了政策和监管行动如何在金融市场的日常运作中显现出来，还讨论了金融市场的行为如何影响了那些相同的政策博弈，并推断出这一趋势未来可能带来的影响。通过采取这种做法，戴维斯对公共政策对整体大环境的影响作用提出了质疑，特别对金融市场的监管提出了质疑。他认为，政府行为者也是制度的成员，同样受到制度力量的制约，尽管他们处于制度中不同的位置。这让人想起了迪马乔和鲍威尔（DiMaggio & Powell，1983）对组织领域的最初定义，其中特别提到了监管机构是该领域的组成部分。我们从制度的视角来看待证券监管的制定，探讨的不仅是监管行为如何塑造制度环境，还包括这种环境如何同时塑造政府监管机构的活动。在此过程中，我们为制度理论和证券监管的文献做出了贡献。

制度视角

本文有助于解决制度理论中提到的几个相关问题。首先，“领域”这个关键概念的定义存在着模糊性。一方面，迪马乔和鲍威尔给出的经典定义认为，一个组织领域由“关键供应商、资源、产品消费者、监管机构和其他生产类似服务和产品的组织共同构成的一个公认的制度生活领域”（DiMaggio & Powell，1983，p.148）。然而在实际应用时，许多研究人员将领域等同于一个行业，排除了许多其他相关参与者，比如监管机构和消费者。例如，弗利格斯坦（Fligstein，2001）将股票市场概念化为一个组织领域，“在这个市场中，众公司的行为是互为导向的”，因此排除了监管机构和其他受众。其他人也明确地将政府立法行为视为外生行为，或至少不受其影响（Baron et al.，1986；Dobbin et al.，1993；Sutton & Dobbin，1996）。

与此同时，有大量的文献明确地将国家视为制度领域的参与者（Dobbin & Sutton，1998；Greve，Pozner & Rao，2006），且受制于各种制度力量。大部分的研究集中在制度压力或资源依赖的显性和隐性形式方面（Greenwood & Suddaby，2006；Haveman & Rao，1997）。本文的研究扩展了这一视角。我们发现国家不仅是制度领域的行动者，而且还受到该领域主流制度逻辑所体现的、制度压力的显性和隐性形式的限制。因此，法律法规制定的变化不仅受到制度创业者的行为影响和部分利益集团游说的影响，政府决策者还会受到由文化占主导地位的嵌入式逻辑或认知假设的影响。

对制度视角的第二项大规模批评是，制度视角过分强调了外生模型的改变（Barley & Tolbert，1997；Farjoun，2002）以及超级行动者（通常是制度创业者）在制度变革中的作用。西奥和克里德（Seo & Creed，2002）从理论上解决了内嵌的行动者的悖论：嵌入组织的行动者可以利用制度上的矛盾，从内部来影响制度的变化；最近有关美国精英会计师事务所如何利用多学科的逻辑来推动机构形式变化的研究正是从经验角度来支持了上述观点（Suddaby & Greenwood，2005）。然而这种概念化进程仍然需要强大的、“超级强大”的变革推动者，例如组织中的制度创业者或游说团体（Lounsbury，2007；Marquis & Lounsbury，2007）。然而，将政府概念化为领域的一部分也提供了一个可以通过监管行动看到该领域层面变化的机会，这是一个内生的过程，是拥有相同主流逻辑的参与者之间的交流结果，即便这些参与者具有不同的制度立场和利益追求。认识到政府机构所具备的独特结构和政治地位，理论学家便能够更真实地模拟一系列从维护原样到激进的变化和渐进的变化的内生行为。

最后，本文为研究制度和制度逻辑如何演变提供了新的内容。虽然桑顿和奥卡西奥（Thornton & Ocasio，1999）暗示了一个随时间变化的符合领域发展逻辑的某种线性过程，即一个逻辑被下一个逻辑取代，但其他学者（Schneiberg，2007）已经表明，组织中会充斥着以前的形式，或以前被中止过的一些“垃圾和抛弃物”。本文的研究建立在这个视角上，认为股票市场中较新的制度逻辑并没有完全消除旧的逻辑，较早的领域逻辑中互不关联的因素（例如股票市场问题，解决方案，价值理论；股票市场的功能和实践的法规）被保留在“原始汤”（Kingdon，1984）或文化工具包（Swidler，1986）中，供媒体、股票市场专业人士和政府等行动者使用。因此，关于（旨在解决当下问题的）监管措施的辩论和提议，都充满着来自以前时代和之前的问题的意义和神话。虽然一个逻辑在任何时候都可能占主导地位，因为逻辑是“社会建构起来的关于物质实践、假设、价值观、信念，以及规则的历史模式”（Thornton & Ocasio，1999，p.804），但其发展的历史是嵌入在领域中的，且这些历史就像资源一样，对于当下行动者来说是可以利用的。在本文例子中，这些历史就影响了证券监管在股票市场领域的出现，下文将对此展开论述。

证券监管

关于证券监管产生的文献主要依据现实主义（或理性选择）模型。一些作者提出了“市场失灵”的假说，认为州或联邦层面的监管行动旨在解决特定市场的失灵，如欺诈或过度投机；由此产生的法规据称是有效的，且会产生社会净财富（Carosso，1970；Galbraith，1972；Seligman，1983）。另一些人则认为，证券监管的规定是各种利益集团游说的结果。在这一观点中，能最有效解决搭便车问题的群体（Macey & Miller，1991）则被认为是赢家。对此，马奥尼（Mahoney，2001）提出了一种政治假设，将监管行为归因于一些广泛的政治运动，如民粹主义和进步主义，但并未对具体证券监管的经济效率情况做暗示。此外，伯克（Burk，1985）提出了结构偶然性假说，认为证券法规是国家扩张主义倾向的结果，政治偶然性假说认为证券法规的出现不是必然的，而是取决于特定的政治条件。最后，哈德米安（Khademian，1992）指出，联邦证券法规是理性选择过程的结果，但与伯克（Burk，1985）有些类似，他认为这些理性决策过程会受到国家官僚机构日常工作的影响。具体来说，他认为立法是对市场功能缺陷的回应，但美国证券交易委员会（SEC）的内部惯例和流程对最终立法有独立的因果影响。总的来说，这篇文献主要使用功能现实主义和理性选择模型来解释各种证券监管的内容和诞生，并认为监管机构是它们所监管金融市场的外生物，拥有独立的制度逻辑（如官僚主义）。

需要补充的是，我们认为证券监管是在证券市场领域不断变化的制度逻辑背景下出现的。理论上，除了自己的官僚机构和内部逻辑，监管机构还同时嵌入在更大的金融市场机构中，其与市场的互动使他们接触到市场的主流文化和专业逻辑，这些逻辑随后塑造了那些被制定出来的法规。

理论框架

我们沿着弗里格斯坦（Fligstein，2001）的路径，将股票市场概念化为一个由公司组成的组织领域，这些公司的行为互为导向，通过权力和控制在结构上连接，并共享一个共同的文化框架。进一步，我们将弗里格斯坦（Fligstein，2001）对股票市场领域的概念扩展，让其包括了更广泛的参与者——不仅包括公司，还包括政府、监管机构和媒体，这与狄马乔和鲍威尔（DiMaggio & Powell，1983）的定义一致。因此，股票市场领域是通过股票市场专业人士、政府机构、“门外汉”观众和媒体等不同主体之间的社会互动的历史偶然过程而被社会建构和重构的，这些主体有着不同的结构立场和利益，但却共同分享着股票市场领域的主导逻辑。与其他领域一样，股票市场领域体现了将意义和合法性赋予股票市场参与者及其行为的制度逻辑。这一领域的逻辑可能通过渐进的过程发生变化，如因技术进步而出现新的贸易技术，或者因为行动者、权力结构、文化理解或环境偶发因素带来的革命性转变。

特别需要指出的是，本文的理论认为逻辑上的深刻变化是由周期性的市场危机所引起的，这些危机要么起源于股票市场内部（例如，股票市场恐慌和崩溃），要么源于股票市场外部（例如，干旱、自然灾害）。这些危机局势引起了人们对股票市场问题的关注，以及该领域各种行动者可能采取的解决办法，包括政府机构、“门外汉”投资者、股票市场专业人士和媒体。总的来说，这些危机事件对现有组织文化表述的合法性提出了质疑，并引发了对新的表述或对旧表述的复述。然而，我们注意到有两个重要的基本思想：（1）在这个领域，不同的行为者占据了不同的组织结构位置，扮演着这一时代领域逻辑中的不同角色；（2）产生的逻辑不是全新的，由于过去的逻辑传播所残留的元素作为“文化工具包”的一部分，总是会被该领域内的未来行动者所使用，所以产生的逻辑反映或保留一些过去的元素。通过考虑被嵌入在更大型股票市场组织领域的政府机构及其人员，我们兼顾了其他的制度环境因素对监管措施的制定可能产生的影响。

为了探索这种可能性，本文考察了从殖民时期到1934年的美国证券交易委员会成立期间的证券监管历史。将最近经济危机的频率与大萧条时期相比，我们可以看到两个时期在市场崩溃之前均显示出一些基本的相似之处，所以对有关监管政策是如何制定的细致入微的理解能帮助我们更好地理解一些机制和力量，这些机制和力量最有可能在我们努力研究的当前监管政策制定情境中起作用。

数据和分析

本文的研究主要是对历史制度下的社会建构进行理解，本文采用定性的历史分析法（Farjoun，2002），这是制度研究的惯例（Brint & Karabel，1991；Dimaggio，1991；Galaskiewicz，1991；Leblebici，Solancik，Copay & King，1991）。跟从琼斯（Jones，2001）的脚步，运用了基于迈尔斯和胡伯曼（Miles & Huberman，1984）所勾勒出来的流程的定性的历史分析法，同时结合了扎根理论中的一般前提（Strauss & Corbin，1998），以及法朱恩（Farjoun，2002）对历史分析的建议，努力做到以下几点：（1）获得准确来源的数据，（2）使用多个数据源的数据进行三角剖分，（3）执行跨案例常数比较（本文是跨时间），（4）以表格形式汇总数据来简化数据的显示，（5）从数据中合成和提取最相关的材料，（6）持续关注证据和解释之间的区别，（7）在构建我们的叙事时阅读历史，（8）提供相关数据，以便读者可以获得一系列的证据。

本文从主要来源和次要来源两方面收集了定性数据，所涉及的参与者主要有三类：政府、华尔街和市场，以及代表更广泛文化/社会视角的媒体，市场及其行动者就是嵌入在这些文化/社会视角之中的。表14-1给出了三类参与者的一手数据和二手数据的描述性统计。

本文致力于汇编一份从殖民地时期（大约18世纪70年代）到1935年的详尽的证券交易立法行动清单。在这里，二手数据为确认“立法行为”提供了一个有用的起点（Banner，1998；Cowing，1965；Fraser，2005；Smith，2001）。此外，本文还研究了美国联邦政府和州政府的原始文件，包括1870年美国国会对黄金恐慌的调查（Garfield，1870）；美国国会对银池（Silver Pool）的调查（Committee on Banking and Currency，1891），休斯（Hughes）委员会关于“证券和商品投机”的调查［New York (State) Committee on Speculation in Securities and Commodities, 1909］；普约（Pujo）委员会的货币信托调查（Committee on Banking and Currency, 1913；Pujo, 1912, 1913）；美国国会对1929年恐慌的调查（Pecora，1939）。为了验证和补充结果列表，本文对各种数据库进行了广泛的搜索（例如Worldcat；Hein Online and Thomas Gales，专门研究历史法律文件的数据库；the US Congressional Serial Set 1817–1980）。当代法律学者的法律论文和文章（Cook，1898；Dos Passos，1882；Helliwell，1903；Lewis，1881；Parker，1911）也有助于我们确认哪些行为在时代上具有相关性（见表15-1）。

用来确定职业和文化情怀的过程将会更为直接。特别之处在于，本文使用了《华尔街日报》和纽约证券交易所制作的多种宣传类文本（Van Antwerp，1914；Clark，Bernheim，Dewhurst & Schneider，1934；Clews，1900；Committee on Public Relations, 1936；Committee on

表15-1　数据来源

行为者	一手数据来源	二手数据来源
政府（联邦和州）	国会听证会、辩论、委员会报告，包括： 美国1870年国会对黄金恐慌的调查 美国国会1981年对银池的调查 休斯委员会关于“证券和商品投机”的调查 普约委员会的货币信托调查 美国国会对1929年恐慌的调查	历史学家对证券立法的描述，包括： Banner，1998 Cowing，1965 Fraser，2005 Smith，2001 各种律师撰写的19世纪有关股票市场各种法律理论和实践的当代法律论文，包括： Cook，1898 Dos Passos，1882 Helliwell，1903 Parker，1911
华尔街/纽约证券交易所	纽约证券交易所内部文件，包括： 纽约证交所章程和修正案（1817、1902、1914、1925、1931) 委员会报告（例如 from Committees on Publicity and Library） 对调查的回应（Milburn & Taylor，1913） 来自州和联邦调查局的证据 纽约证券交易所的公共出版物（Clews，1900；Martin，1913；Van Antwerp，1914； Meeker，1922） 《华尔街日报》上的文章（1900–1936）	历史学家对股票市场和股票市场监管的描述，包括： Banner，1998 Cowing，1965 Fraser，2005 Geisst，2004 Seligman，1955 Smith，2001
公共/媒体	来自主流报纸的当代传媒报道，尤其是股票交易活跃的城市。值得一提的是，本文聚焦于1800年至1940年间以下媒体所发表的文章： 《纽约时报》 《芝加哥论坛报》 这些都来自于搜索更广泛历史报纸的搜索引擎（ProQuest）	历史学家的主流观点和媒体代表的观点，包括： Banner，1998 Cowing，1965 Fraser，2005

Publicity, 1929, 1934；Martin，1913，1919；Meeker，1922；Milburn & Taylor，1913）。为了探索媒体对股票市场的表现，本文研究了19世纪前十年到20世纪40年代出现在《纽约时报》《芝加哥论坛报》和ProQuest数据库的历史报纸中有关股票市场问题和解决方案的文章。为了确保数据的完整性，本文再次根据二手数据来源验证这些数据，并印证了我们对其历史含义的理解。然后将所有源生成的数据制成表格的形式。

表15-2展示了股票市场的问题和政府各机构提出的解决方案。内容包括：（1）立法法案的日期（包括已制定的法案或其他各种未实施但正在讨论的内容），（2）描述相关法案立法旨在解决的问题，（3）对提出的解决方案的描述，（4）关于解决方案中的立法部分和所涉及的行动者以及数据来源的详细信息。我们对股票市场问题的概念分类主要来自对这里所显示的数据的反复编码和审查。本文试图为每个立法法案所解决的问题创建一个标签，并不断地将这些标签与其他法案进行比较，最终确定了三个全面描述所有这些法案的类别：（1）过度投机；（2）操纵/欺诈；（3）政府税收收入。第三类相对出现较少，与我们所感兴趣的法律法规的变化历程关系不大，所以本文将第三类别从分析中剔除（表15-2和15-3提供了其简要统计数据）。同时，本文构造了更详细的数据分析，旨在展现从休斯和普约委员会调查中收集的丰富数据。

另一项数据提供了对《华尔街日报》1900年至1935年文章的分析。我们通过ProQuest数据库的关键字搜索来收集相关数据，使用了法案分析中辨识出来的主题。具体来说，即“操纵”“欺诈”“投机”，以及一些相关同义词，它们一般都发生在“股票市场”内。对于搜索到的每一篇文章，我们都进行了上述定性分析。

最后，我们通过定量分析对这一部分数据做了进一步的补充，分别统计了在《纽约时报》《芝加哥论坛报》以及1796年至1940年间出版的1000多份美国报刊中出现的涉及股市操纵、投机和欺诈的文章。为此，我们在ProQuest数据库中进行了关键词搜索。由于文章数量庞大，我们以五

表15-2　州立和联邦法案，1789—1899

年份	政府	问题	解决方案
1789	美国联邦	腐败	国会通过了财政部法案，该法案一个章节中禁止财政部官员和职员在股票市场交易，若有上述行为则罚款3000美元并免职
1789	美国联邦	过度投机	1789年，威廉·宾厄姆（William Bingham）首次提出了通过对股票转让征税来减缓投机的想法，但遭到否决 1898年，战争期间存在股票转让临时税
1792	宾夕法尼亚	过度投机	1792年的恐慌之后，颁布了一项基于英国巴纳德（Barnard）法案，旨在防止股票投机买卖行为的法案。该法案要求销售方需要拥有要出售的股票。该法案从未在立法机关通过
1792	纽约	操纵和欺诈 过度投机	“一项防止非法投机买卖股票、规范股票公开售卖法规的法案”，法令第二款中禁止公开拍卖出售证券，因为拍卖的方式被认为很容易受到操纵，这也被认为是1792年大崩溃的原因之一 法案的第三款是从宾夕法尼亚州讨论的法案中复制而来的，该条款使得所有卖方在出售时并不拥有股票的买卖合同无效（以防止投机时间交易）
1836	马萨诸塞	过度投机	与1792年纽约州法案中的第三款相似：要求拥有所销售的股票，以此来抑制投机性的销售
1837	纽约	过度投机	引入了一项银行的股票转售之前，必须至少持有三个月期限的要求
1840	密西西比	过度投机	禁止银行参与股票市场
1841	宾夕法尼亚	过度投机 政府税收	引入了一项所有定期交易的交割需要在售后五天执行的要求。此外，引入了股票经纪人许可证，以此增加政府收入。1862年废除
1842	马里兰	过度投机 政府税收	引入与宾夕法尼亚州在1841年提出的一项要求相同的条款
1845	伊利诺伊	政府税收	股票经纪人许可证
1847	印第安纳	政府税收	股票经纪人许可证
1851	肯塔基	政府税收	股票经纪人许可证

续表

年份	政府	问题	解决方案
1862	美国联邦	政府税收	将经纪人执照作为战时的创收措施
1870	美国联邦	操纵/欺诈	美国国会对黄金恐慌的调查
1879	加利福尼亚	过度投机	在其宪法章程中提出禁止期货交易
1882，1885	俄亥俄	欺诈 过度投机	禁止期权买卖，禁止散布虚假谣言影响市场 禁止期货交易
1882	密西西比	过度投机	使得无法预见实际交割的定期交易为无效交易的法律
1883	田纳西	过度投机	禁止期货交易
1883	阿肯色	过度投机	禁止期货交易
1885	得克萨斯	过度投机	禁止期货交易
1885	南卡罗来纳	过度投机	禁止期货交易
1886	爱荷华	过度投机	禁止期货交易
1887	密歇根	过度投机	禁止期货交易
1889	密苏里	过度投机	禁止期货交易
1890	马萨诸塞	过度投机	通过以下法案："凡为买卖合同缴纳保证金的人，在无实际接收或交割的情况下，可起诉返还任何款项。"
1890	北达科他	腐败	禁止政府部门工作人员参与投机
1891	美国联邦	操纵/欺诈	美国国会调查银池案
1892	美国联邦	过度投机	国会进行了哈奇法案的听证会，该法案提议对商品的期货交易征收10%的税
1898	美国联邦	政府税收	政府对证券交易征收临时税，作为战时创收的措施
1898	路易斯安娜	过度投机	禁止无交割意图的期货销售行为

表15-3　州立和联邦法案，1900—1930

年份	政府	问题	解决方案
1905	南卡罗来纳	过度投机	禁止期货交易
1905	北达科他，明尼苏达	欺诈	禁止投机商号
1906	佐治亚	过度投机	对期货交易强制处罚
1907	阿肯色，内华达，内布拉斯加	欺诈	禁止投机商号
1907	佛蒙特	过度投机	限制股票赌博行为
1908	密西西比，纽约，俄克拉何马，罗得岛，弗吉尼亚	欺诈	禁止投机商号
1908	阿肯色，佛罗里达，阿拉巴马，密西西比，蒙大拿	过度投机	禁止期货交易
1908	纽约	操纵/欺诈	休斯委员会调查
1909	堪萨斯，新罕布什尔，亚利桑那，爱荷华，田纳西	欺诈	禁止投机商号
1910	美国联邦	过度投机	查尔斯·F.斯科特（Charles F.Scott）代表提议禁止州际的棉花期货交易。该法案最终失败
1911	堪萨斯	欺诈	蓝天法
1912	亚利桑娜，路易斯安那，佛蒙特	欺诈	蓝天法
1913	阿肯色，加利福尼亚，佛罗里达，佐治亚，爱达荷，爱荷华，缅因，密歇根，密苏里，蒙大拿，内布拉斯加，北卡罗来纳，北达科他，俄亥俄，俄勒冈，南达科他，田纳西，得克萨斯，西弗吉尼亚，威斯康星	欺诈	蓝天法
1913	美国联邦	过度投机	克拉克修正案——参议员克拉克（Clarke）提议对棉花期货征税。该修正案失败

续表

年份	政府	问题	解决方案
1913	美国联邦	过度投机	参议员卡明斯（Cummings）提议引入对证券和大宗商品的短期销售征收10%的税。该提议失败
1913	美国联邦	操纵，过度投机	普约委员会的调查
1914	美国联邦	操纵，欺诈	欧文（Owen）法案是根据普约调查结果起草的。拟授权邮政署署长审查关于股票市场的投机信息。该法案失败了
1914	美国联邦	过度投机	颁布了棉花期货法。该法案没有卡明斯和克拉克提案那么激烈。法案中引入了政府分级标准，降低了适合期货合约的等级数
1914	美国联邦	税收	临时股权转让税
1917	美国联邦	过度投机	长期股权转让税
1915	南卡罗来纳	欺诈	蓝天法
1916	密西西比，弗吉尼亚	欺诈	蓝天法
1917	明尼苏达，新罕布什尔	欺诈	蓝天法
1919	阿拉巴马，伊利诺伊，俄克拉何马，犹他，怀俄明	欺诈	蓝天法
1920	印第安纳，肯塔基，马里兰，新泽西	欺诈	蓝天法
1921	马萨诸塞，新墨西哥，纽约，罗得岛	欺诈	蓝天法
1921	纽约	欺诈	马丁（Martin）法案授予权州检察长调查证券欺诈行为的权利
1921	美国联邦	过度投机	期货交易法案
1922	美国联邦	过度投机	粮食期货法案取代了期货交易法案。该法案要求期货卖方必须是生产者

续表

年份	政府	问题	解决方案
1922	美国联邦	欺诈	国会议员丹尼森（Denison）提议引入国家蓝天法，以此来规范不同州的蓝天法。该提议失败
1922	美国联邦	过度投机	粮食期货法
1923	科罗拉多、宾夕法尼亚、华盛顿	欺诈	蓝天法
1929	康涅狄格	欺诈	蓝天法

年的间隔进行搜索（例如，1801—1805、1806—1811）。

本文的分析依赖于对历史书籍的阅读来深入理解美国股票市场的历史发展过程（Banner，1998；Burk，1985；Cowing，1965；Fraser，2005；Geisst，2004；Khademian，1992；Kindleberger，1989；Prechel，2000；Seligman，1995；Smith，2001）；不同的作者阅读的历史记录集会有部分重叠，并且他们与其他人、其他同事（特别是在金融和法律领域的研究人士）有着交集，以此来避免一些他们不承认的偏见（Vaughn，1992）。

创建和参考这些数据分析，为我们提供了关于美国股票市场监管演变中政府行动者、专业人士和社会认知之间相互作用的新兴理论。我们将在下一节中介绍我们的发现。

调查结果

在接下来的章节中，我们描述了美国股票市场起源的程式化的历史，进而按制度逻辑的重大转变划分的演变进程来分析。下文讨论按时间顺序展开，确定在何种初始条件下股票市场和纽约证券交易所开始出现，接着是持续了19世纪大部分时间的第一阶段，最后是在崩溃、大萧条和随后的监管中达到顶峰的一个时期。在每个时间段内，我们讨论了三个主要组织机构的角色：政府和法律法规，华尔街和专业规范，以及通过大众媒体所体现的包含了更大的社会背景的大众文化认知。

纽约证券交易所：早期历史

虽然纽约正式组织的证券交易所直到18世纪90年代才出现，但市场从17世纪就存在了。当时作为荷兰的殖民地，纽约“模仿母国的贸易和盈利能力”（Fraser，2005，p.8）。到了18世纪，纽约与其他沿海城市一样，凭借其信贷和债务工具，越来越深地融入了市场经济中。然而，它最早的交易产品不是股票，而是奴隶和商品，如木材、毛皮和面粉

（Smith，2001，p.3）。但早在证券交易在美洲殖民地出现之前，一些富有的殖民者就有投资英国证券的经验，还有许多人听说过1720年的南海泡沫（South Sea Bubble）。因此，许多殖民者继承了英国人对“股票买卖”的消极态度，即认为其就是买进并立即卖出股票以迅速获利（Banner，1998）。因此，短期持有股票被认为是不适当的，也不符合新教的伦理。在北美地区，“在这个世纪下半叶之前，对企业进行广撒网的小额投资的现象极大地限制了船运产业的发展，船运产业的发展需要大量的资金来为船只提供资金”（Banner，1998）。然而，到了18世纪下半叶，美国的几个殖民地开始效仿英国发行政府债券的做法。1751年，马萨诸塞成为第一个通过发行可转让债券来筹集资金的殖民地，这种实践继而在整个70年代扩散到其他殖民地——康涅狄格、新罕布什尔、罗得岛和北卡罗来纳（Banner，1998）。

美国独立战争后，新成立的联邦政府为了加强并集中国家的货币政策，故意承担了战争期间产生的债务和各殖民地转化为州之前的债务。然而，联邦政府发现自己没有直接的收入来源。尽管偿还这些债务的压力很大，但这样做对建立一个国家的合法性至关重要。联邦政府厌倦了增税——这曾是争取独立的战斗口号，转而选择通过发行债券筹集了8000万美元。因此，“虽然很简陋，美国资本市场诞生了”（Geisst，2004）。1791年，联邦政府债券的每日公开拍卖开始在华尔街举行（Banner，1998）。

在这个早期阶段，华尔街就成为政治丑闻和市场操纵的舞台。特别是一些政治家，最著名的是财政部部长助理威廉·杜尔（William Duer），他在交易债券时利用政府计划的内部消息为个人牟取利益（Banner，1998），甚至与商界的其他人分享这一信息（Fraser，2005）。这些做法促成了1789年的《财政部法》，禁止财政部官员直接或间接参与商业和投机活动（Banner，1998），有效地禁止了这种形式的“内幕交易”。然而，操纵市场的现象仍然存在：杜尔与一个秘密的受让人圈子一起，组建了“6%俱乐部”来操纵新的国家政府债券价格。阴谋者还计划垄断美国新银行和纽约银行的股票（Fraser，2005），甚至用政府的钱来资助这些计划。“1792年3月，当一个审计人员发现杜尔在其财政部工作中控制的政府账户上有25万美元的出入时，人们对他失去了信任，导致大量他参与的证券价格暴跌”（Smith，2001，p.4）。华尔街的第一次金融恐慌和崩溃随之而来。

1792年的金融危机对立法产生了重要影响。纽约（以及宾夕法尼亚）颁布了“一项法案，以防止有害的股票买卖行为，并对公开拍卖下的销售设立相关规范”（Banner，1998）。该法案试图解决过度投机和操纵问题——前一个问题通过禁止公开拍卖被认为是特别容易受到操纵的证券来解决，而后一个问题是通过禁止卖空的手段（不以目前的价格出售自己并不拥有证券，同时有着之后会以更低价格买入的意图）来解决。

此外，华尔街的证券交易也正努力朝着正规化的方向发展（Burrows & Wallace，1999）。最早的自我监管发生在1791年9月，当时一些交易商同意遵守14条规则（Banner，1998）。然而，由于这些规则针对的是通过公开拍卖出售的证券，1792年禁止公开拍卖后，这些规则就变得过时了。随后，24位纽约经纪人在1792年5月签署了《梧桐树协定》（Buttonwood Agreement），该协定确定了固定的最低佣金率，并加有一项承诺，即签署的经纪人在谈判中相互给予优惠。1817年，27名经纪人组成了纽约证券交易委员会（New York Stock and Exchange Board），采用了一套17条规则，也就是第一部章程，这就是纽约证券交易所（NYSE）的起源。1792年的金融危机引发了美国金融市场的第一波监管行动，并成为我们分析股票市场的起点。

1790—1890：股票市场逻辑的最初印记

大众认知的贡献

早期美国殖民者中很少有个人拥有股票市场的经验，通常局限于在荷兰和英国接触过证券交易所的富人，著名的欧洲股市恐慌与崩溃让更多人注意到股票市场，如1720年的南海泡沫事件。班纳（Banner，1998）和弗雷泽（Fraser，2005）揭示了美国新教伦理，这种伦理被独立战争的革命情绪放大了，他们认为从道德上看，通过股票投机获得的快速致富不如通过有条不紊的日常努力获得的财富。然而，尽管他们倾向于认为投机是一种没有经济功能的需要道德谴责的赌博形式，但它仍然被广泛地接受和参与了（Banner，1998）。

除了是以上对股票市场的道德批判之外，人们也担心一开始在人群中广泛分布的政府债务债券，将会很快被集中到华尔街的富有商人和金融交易家手中，这带来了对“新贵族”（敛财大亨）会对社会造成影响的担忧（Fraser，2005）。近一个世纪后，1873年危机之后兴起的民粹主义运动，为围绕着证券交易的文化叙事提供了来自美国的贡献。农民们认为经纪人、铁路职工和商人是其经济困难根源，为了对付这些人，农民联盟成立了。在此期间，大宗商品投机者被视为影响收成价格的恶棍（Cowing，1965），这反映了经济发展中农业和金融部门之间的文化裂痕。

因此，将投机视为危险的和被道德谴责的主题，成为美国股市在18世纪70年代至19世纪70年代的主导流行文化叙事。从19世纪50年代开始，专职投机者首次出现在市场上，包括杰伊·古尔德（Jay Gould）、丹尼尔·德鲁（Daniel Drew）、雅各布·利特尔（Jacob Little）和海军准将范德比尔特（Vanderbilt），他们将操纵股市视为一种交易的伎俩。结果就是在这段时间里，欺诈和操纵事件增加了[1]。尽管如此，股票市场的整体文化叙事仍由对过度投机的关注主导着，图15-1绘制了在这段时期内两家主流都市报纸中有关过度投机（黑线）和操纵或欺诈（灰线）报道的数量。从中可见，对赌博和过度投机的关注占据了文化叙事长达大半个世纪，直到19世纪80年代上半叶，媒体对操纵和欺诈的关注才超过了过度投机。

政府行动的贡献

除了通过发行债券为在美国独立革命后承担的债务融资来创造市场外，政府继续通过行动和非行动方式影响着股票市场的主流逻辑。早期由于市场的参与度很低（Smith，2001），相较国民经济而言较小的市场规模和直接受市场影响的有限人数，都严重限制了过度投机的潜在危险范围。与此同时，较小的规模使它更容易受到处于特殊结构地位的强大参与者的操纵。然而，当时的政府更多地关注过度投机问题，似乎反映了上述的那种文化敏感性。从1789年到1900年的31部联邦和州立法中，仅6部涉及操纵、欺诈或腐败，7部涉及从证券交易中获得收入，而有21部直接涉及过度投机问题（见表15-2）。

在此期间，近68%的有关股票市场的立法行动旨在限制投机行为。此外，在大多数情况下，立法措施并不是发明新的解决方案，而是采用了现有的法律，有的来自英国或几个州，有的则是用以下的5种基本方法中的一个或多个来阻止过度投机：（1）持有待售股票的要求；（2）股票转售前的固定持股期限；（3）禁止银行从事证券交易；（4）限定销售的时间段；（5）禁止期货的买卖。有趣的是，尽管对股票市场逻辑的大众认知

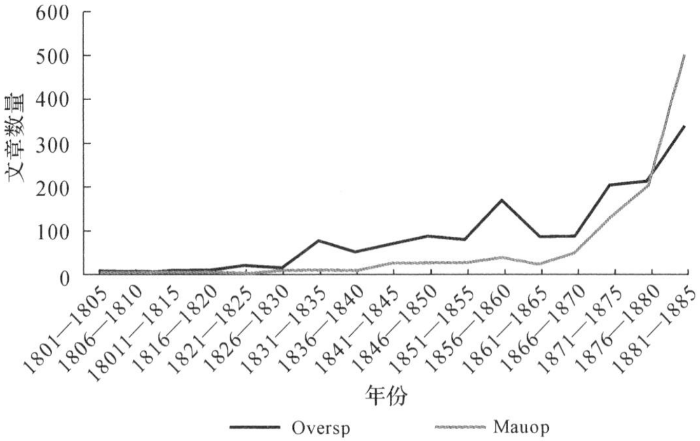

图 15-1　主流出版媒体中提到股票市场问题的文章，1801—1885

（反映在流行报刊上）在1880年前后发生了转变，对操纵和欺诈的关注也越来越多，但政府的行动并没有同时转变。然而，我们将看到立法行动方面随后出现的类似转变，这表明大众认知是政府行动的主要指标。

股票市场专业人士的贡献

华尔街的早期组织工作似乎影响了股票领域的逻辑。第一部章程，即《梧桐树协定》（Buttanwood Aqreement），以卡特尔为模板，规定了最低佣金率，以及各经纪人之间的相互优惠。尽管章程被接连不断地修改，但一种“私人俱乐部”的逻辑却一直延续到1929年，在这个逻辑下，尽管有着批评和政府的调查（例如普约委员会），成员们对彼此负有义务（但不对外部公众负有义务）。政府的行动和政策促成了这一逻辑的建立。

例如，纽约州的法律禁止卖空和公开拍卖，促使股市采用了“私人俱乐部”逻辑。自法律禁止公开拍卖以来，此类活动开始在私下进行，因为拍卖证券的人在寻找新的方法来合法化这样的交易方式。此外，证券交易核心的投标机制是非法的，这意味着从事证券交易的人无法获得正常的法律追索权。因此，他们不能围绕这些机制订立具有法律约束力的合同，因为这些条款在法庭上是无法执行的。所以，证券市场本身（拥有私人规则并通过私人来执行的私人俱乐部）遵从的荣誉法则成为证券交易从业者的主要执法手段。《梧桐树协定》以及随后的1817年《协定》简化了荣誉法则的实施，他们限制了参与“俱乐部”的股票经纪人人数，并更加透明化股票经纪人的名声，以此加强了“私人俱乐部”的组织逻辑。可以说，直到1897年美国政府采取反垄断政策之前，因美国政府对卡特尔的暗中支持，私人俱乐部的组织逻辑得到了加强（Dowd & Dobbin，2001）。

股市专业人士还抵制社会上对投机不道德的指责，他们试图让投机行为合法化。1892年，美国国会在讨论舱口法案（Hatch Bill）时，提出了期货交易的联邦禁令，金融家和经纪人推进了对投机行为的合法化考量，认为期货交易可以稳定物价，将风险从生产者转移到投机者的身上，并且，建立连接全国各地的报价体系有助于降低价格波动幅度（Cowing，1965）。1896年，哥伦比亚大学的经济学家亨利·克罗斯比·埃莫里（Henry Crosby Emery）写道，投机发挥着重要的经济功能——为全球提供报价并稳定物价，这不是让价格低于或高于某一客观价值，而是在市场中主观地决定价值（Cowing，1965）。华尔街利用这些合法化的论述重新现身，并影响了下一个历史时期的政府组织逻辑。

总结

股票市场出现的早期，政府压倒性地解决了股票市场投机的问题，这似乎是对文化情绪的反应，而不是针对这种活动的潜在后果，因为其规模小，投机可能带来的危险很有限。股票市场专业人士通过提出合法化的论述对社会文化中妖魔化投机行为作出回应。在这一时期，政府行动（尤其是纽约禁止公开拍卖）的一个重要副作用是，股票市场的“私人俱乐部”逻辑的发展。在下一个历史时期，我们将展示这一私人俱乐部的逻辑和合法化论述是如何为了监管市场而塑造相关立法行动的。

1900—1929：观念的转变

从图14-2可以看出，从上一时期开始的对操纵和欺诈的相对强调，在这一时期继续主导着文化叙事。即使在股市问题很少受到关注的时候（特别是在第一次世界大战之后的10年里），处理操纵和欺诈的数量也是处理过度投机的数量的近两倍。此外，在这一时期的开始和结束时，这样的数量比例均达六倍之多。同时，随着投机行为与清教徒的义愤脱钩后（Fraser，2005），这一时期见证了对投机行为的文化上的接受开始日渐增长。

此外，大量流行小说将华尔街浪漫化和神化，包括德莱塞（Dreiser）的流行三部曲《金融家》（*The Financier*），《巨人》（*The Titan*），《斯多噶》（*The Stoic*）；威尔·佩恩（Will Payne）的小说

《金线船长》（*The Money Captain*）；H.K.韦伯斯特（H.K.Webster）的小说《银行家和熊》（*The Banker and the Bear*）；哈罗德·贝尔·赖特（Harold Bell Wright）的《抱得女儿归》（*Winning by Barbara Worth*）（Fraser，2005）。同样，“风险”的定义也发生了转变。在19世纪，投机等同于赌博；然而，在20世纪初，通过“概率”“标准差”和“风险评估”等概念，人们对风险的理解更加精确了（Fraser，2005，p.251）。最后，由于大量中产阶级开始接触股票市场，投机行为变得更越来越可以被接受，这有两个原因，一是第一次世界大战之后，政府大规模自由贷款运动等项目使许多人有了拥有证券的想法，二是战争创造的就业繁荣产生了家庭盈余，而这些盈余则可以用来购买证券（Smith，2001）。通过这些机制，市场中的投机行为经历了民主化过程：虽然1900年只有约400万人投资股票市场，十年之后这个数字就增加到了700万（Fraser，2005），到1922年增加到了约1440万（Smith，2001）。

对投机行为的接受程度的增加导致了其在文化中的报道频率下降，与此同时，有关股市操纵和欺诈的报道在增加，这成为揭发丑闻者和进步

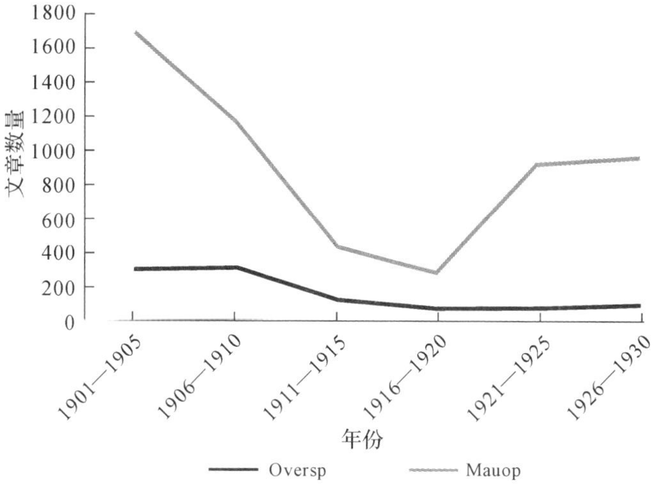

图 15-2　主流出版媒体中提及股票市场问题的文章，1900—1930

运动正在增长的势力最喜欢的目标（Cowing，1965）。特别是，“投机商号”（Bucket shops）[2]成为丑闻揭发记者们的热门目标，而对金融家集中起来的资金和权力可能对民主进程带来的潜在负效应的担忧使之成为进步主义人士的目标（Cowing，1965）。

政府行为的贡献

与当时的文化情绪相呼应，立法行动主要集中在股市操纵和欺诈上。对过度投机的关注在国家层面并不显著；尽管早期有一些围绕过度投机的政府行为，但这似乎是滞后地采用禁止期货交易的监管政策的州的类似行为传播的结果。但是，如表15-3所示，州一级的大多数立法行动都涉及证券欺诈，例如具有代表性的有关禁止证券欺诈的《蓝天法案》（即，阻止“蓝天”出售）。有趣的是，马奥尼（Mahoney，2001）表明，一个州采用《蓝天法案》并不一定反映股票欺诈在这个州里盛行，但却与当地银行的游说和民粹主义和进步运动相关，这表明了主导性的文化叙事不仅对政府行为有影响，而且对专业的规范制定也有影响。

美国联邦政府的情况要复杂一些。首先，联邦政府似乎遵循了各州制定的模式。因此，尽管19世纪80年代大多数州宣布禁止期货销售，而个别迟滞的州在1900年后也开始禁止，但直到1914年才出现第一次在联邦一级禁止期货的尝试，其形式是《联邦棉花期货法案》，到了1922年，联邦层面的《谷物期货法案》的颁布进一步加强了相关的法律法规。尽管这些法案针对的是在文化叙事中失去突出地位的过度投机，但联邦层面的相关立法仍然要滞后于文化认知和州立法行动的转变。

在这一时期，对投机商号的禁令和《蓝天法案》构成了州立法行动的主体，并再次显示出在各州间进行扩散，最终形成联邦立法的模式。在《蓝天法案》的具体案例中，由于联邦对州际贸易的管辖权，许多州制定的法律被裁定为违宪或无法执行。因此，在1922年，国会议员丹尼森（Denison）提出联邦的《蓝天法案》。尽管这一提案在当时失败了，但20世纪30年代时，当类似于国家《蓝天法案》的内容出现时，这一提案中的部分内容又被重新提起了。

在1900年至1929年间，州和联邦政府分别通过了83项立法。只有一项专注于财政创收；17项重点关注过度投机，其中大多数体现出大部分州之前采取的期货销售禁令的滞后扩散作用。然而，有66项法案涉及操纵和欺诈问题，再次反映了当时占主导地位的股票市场的文化叙事。由于1913年的普约货币信托调查（Pujo Money trust investigation）既涉及过度投机，又涉及操纵市场，引起了社会的特别关注，所以通过的立法为83项而不是84项。这次联邦调查承继了休斯委员会于1908年对纽约州的商品和股票交易所进行的非正式调查，并以某种方式效仿了休斯委员会的调查。

休斯委员会正在努力解决证券交易所合并的问题，并试图区分投机和赌博，但他没有权力要宣誓证人到场，他们所得到的主要结论是基于纽约证券交易所当局提供的书面答复。委员会给出唯一的具体建议是关于改进该州针对投机交易所的立法。普约委员会对华尔街进行了更为广泛的调查，发现纽约证券交易所的大量垄断行为、股市操纵和欺诈行为，以及对投资者保护的缺失。委员会对交易所的功能，特别是纽约证券交易所在美国经济中的作用进行讨论，仔细考虑纽约证交所对美国经济来说是否只是一个私人协会或是一个承接着公共功能的机构，以此来表明存在股票市场操纵的合法性问题。委员会反复询问交易所成员，他们如何为操纵行为辩护，以及在何种情况下操纵行为是合法的。

根据调查结果，委员会提出了一些关于抑制操纵、欺诈和过度投机的建议，其中包括（1）要求交易所全面披露信息；（2）要求交易所的保证金不低于20%；（3）禁止交易所虚假销售；（4）禁止经纪公司将客户质押的证券作为银行贷款的质押品（再质押）；（5）禁止成员之间相互拆借客户的证券；（6）在章程中写明从名单中接纳/除名证券的条件；（7）要求成员保留记录有顾客真实姓名和交易的账簿。重要的是，该委员会将这些交易所视为自我监管的“私人俱乐部”，并拒绝让联邦政府在其监管中发挥作用。为了推动交易所采用上述建议，委员会建议在州级层面推动交易所之间的合作，利用他们认为唯一存在于联邦一级的管辖权，委员会提出一项法案，该法案将禁止通过邮件、电报或电话进行交易，除非他们遵循委员会所提出的建议。然而，该法案从未获得通过。

总之，尽管普约调查发生在有着强烈的反垄断情绪的政治气候下，最初因18世纪禁止股票公开拍卖的法律而促成的交易所的“私人俱乐部”逻辑，在20世纪初因委员会将其接纳为交易所有理所当然的本质而被很好地制度化了。从这一假设出发，更为严厉的监管措施，例如联邦一级的监管，是不可想象的，因为联邦政府并不能在这类私人俱乐部中扮演监管角色，这从他们在与交易所打交道时试图利用联邦政府对邮件的控制就可以证明这一点。然而，普约调查的一个重要结果是华尔街专业人士对股市逻辑的进一步发展，如下述讨论。

股票市场专业人士贡献

再一次，华尔街并没有被动地屈服于关于股票市场本质的文化叙事或政府叙事，而是以宣传运动来推广股票市场的逻辑（Ott，2004）。普约调查期间，华尔街通过一份简短的官方回应［约翰·G.米尔本（John G. Milburn）和沃尔特·F.泰勒（Walter F. Taylor）代表纽约证券交易所］，述说了他们自己的观点，反对了政府提出的交易所合并方案，并对投机的必然性和经济必要性做了阐述。

在此期间，华尔街积极行动，旨在让大众了解到他们认为股票市场中的无用且危险的赌博与有用且必需的投机之间的区别，潜移默化地增加了大众对投机行为的接纳。这一论断源于对1900—1929年《华尔街日报》的分析。有许多文章讨论赌博和投机的区别，认为这是质的区别：赌博是基于无知和疯狂的猜测，投机源自专业人员的深思熟虑，即基于概率和风险评估，通过几近科学的手段来预测未来事件。这样定义下的投机是股票市场的组成部分，且对整个经济发展都有益。经济学家的几篇文章也支持这一观点，如上文讨论的亨利·克罗斯比·埃莫里。此外，即便是股票市场的操纵行为也被认为具有合法性。这些报道试图将某些操纵行为重新分类为一种专业的考量形式，在这种情况下，专家的行为是为了整个市场的最大利益。在这个案例中，他们区分了危险且自私自利的股市操纵行为和来自股市精英的善意且旨在稳定股价的，同时防止股价大幅下跌或上涨的有用操纵。他们认为，在这些有用的操纵行为中，精英们与大众背道而驰，与市场上的其他人反向交易，以促进稳定。

20世纪30年代：社会背景在应对危机中的作用

在之前的分析中，我们认为虽然在1900年之前，市场规模较小的时候，更容易发生欺诈和操纵行为，但当时的立法反映了当时关注赌博和过度投机的文化叙事。此外，由于政府立法禁止卖空和公开拍卖，以及在19世纪90年代之前政府对卡特尔化的默许，促进了股票市场私人俱乐部组织逻辑的发展。1900年以后，无论是对整体经济还是对潜在受影响公民的数量而言，市场参与度大幅增长，投机活动的潜在风险也随之大幅增加；然而，政府的主要关注点开始转向了操纵和欺诈行为，这再次反映了大众文化对投机的接受度，也反映了其对操纵和欺诈行为的日益关注增加。

此外，早期的私人俱乐部逻辑下的股票交易制度化根深蒂固，以至于干扰了政府证券交易所的公司法规或联邦法规。然而，即便是没有提出联邦监管建议的调查，也会促使股市领域的专业人员从事监管活动，使那些由股市精英进行投机和操纵获得了合法化的叙述。这样的趋势也解释了1929年之后的联邦证券监管发展（DeJordy，2010）。

1933年，联邦证券法规首次颁布。值得注意的是，1929年有关危机的首次调查并没有发现任何可能导致崩盘的有组织的市场操纵或欺诈行为。与之前的危机（如1907年）相比，1929年的崩盘没有直接和明显的原因，也不能轻易地归咎于市场操纵或欺诈。1932年，政府开始调查，当时的参议院银行和货币委员会（Senate Banking and Currency Committee）举行了听证会，最终发现股票市场上存在大量的欺诈、操纵和投机活动；然而，将1900年之前和之后的报道联系起来，许多形式的操纵被定义为促进投机的行为，并隶属于投机（Pecora，1939）。某种意义上来看，当操纵行为刺激了投机（例如，虚假销售），投机的定义被扩展到包括各种以前被认为是操纵的行为。因此，市场危机发生的直接原因是过度投机，而非引发投机的操纵行为。事实证明，这种联系是具有弹性的。例如，经济学家肯尼斯·加尔布雷斯（Kenneth Galbraith）在1972年提出了一个著名的观点：萧条是由市场崩盘造成的，而1929年的市场崩盘则是由过度投机造成的。然而，其他学者也有不同的观点，他们认为崩溃和萧条有相似的潜在原因（如美联储的紧缩货币政策），这些原因与过度投机不同。

然而很明显的是，与早期的恐慌或崩盘（如1907年）相比，1929年的崩盘并没有直接明显的原因，同时也不能轻易或立即将之归因于市场操纵或欺诈行为。考虑到委员会报告中对过度投机的强调，我们有理由认为，联邦立法的主要目的是防止过度交易，其次才是解决操纵和欺诈问题。尽管如此，联邦证券法规实际上主要针对的是操纵和欺诈，其次才是投机。例如，1933年的《证券法案》的重点是信息披露——发行新证券的公司必须向联邦贸易委员会登记，并提供详细的财务数据（Khademian，1992）。信息披露意味着更高的透明度，这会阻碍欺诈行为。该法案中也有明确的反欺诈条款［例如，第17（a）条］，旨在打击市场操纵和证券欺诈（Ratner，1998）。条款中对过量交易的规定较少，但1934年《证券交易法案》吸引了一些关注，其第七部分和第八部分，通过授权美联储限制信贷数额以及监管信贷人和交易商的借款情况来监管整体市场的运行（Ratner，1998）。然而，其主要目的是将信息披露要求扩展到所有在市场上交易的证券，而不仅仅是新发行的证券，并建立了证券交易委员会来执行这些要求。

尽管从参议院1929年至1932年对股市下跌的调查所提出的问题来看，这些监管似乎“不合逻辑”，这次调查由以首席法律顾问费迪南德·皮科拉（Ferdinand Pecora）命名的“皮科拉委员会”进行，但从制度逻辑上考虑的话，这些监管还是会更容易被理解的。第一，正如我们已经注意到的，从1900年到1929年，关于股票市场问题的流行文化集中在操纵和欺诈上，这一直持续到30年代，如图15-3所示。第二，在1913年至1929年期间，华尔街协同一致努力推广将股市投机和操纵合法化的叙事，把投机和操纵宣扬为经济必需品。尽管将这些行为合法化的叙事与人们对投机行为日益普遍的接纳是相吻合的，或许这样的方式也有助于人们接受投机行为，但人们对股市操纵和欺诈行为的日益弃绝，使这种叙事变得更具挑战性了。此外，使操纵合法化的关键论点是，股市精英逆市而动，最终稳定了股价；但是皮科拉的调查公开表明，相反的情况发生了——在市场暴跌时，精英们跟随（或领导）大众，转而看跌和做空，加剧了崩盘的步伐，而不是稳定了价格（Cowing，1965）。

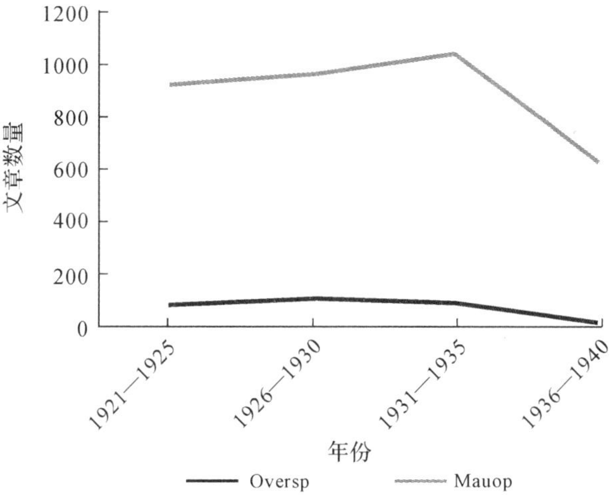

图 15-3　主流出版媒体中提及股票市场问题的文章

然而，将概率和风险评估这样的科学语言作为制度逻辑的适当组成部分，连同华尔街将投机行为合法化结合起来的尝试（前者也有可能是这种尝试的结果），使得人们对投机行为的文化接受程度有了提高，其所产生的效果已证明是相当成功的。通过对1789年至1935年美国股市历史进行分析，我们辨识出了以下用来遏制过度投机的解决方案，包括了提议的或颁布的方案：（1）禁止卖空；（2）限制卖空的期限（如投机者的卖空时间不超过3天）；（3）对卖空交易征税；（4）对股票转让征税；（5）要求在每笔交易后向票据清算所进行实物交割；（6）规定保证金；（7）禁止再抵押证券；（8）禁止借贷证券；（9）规定股票不得转售的固定持股期限。在以上所有这些可能的措施中，1934年的《证券交易法案》只实施了一项——确立保证金要求。这表明，在文化上对投机行为的日渐接受，对证券监管的重点产生了直接影响。

然而，重要的是，任何旨在遏制投机或操纵和欺诈的证券法案的颁布，都表明政府不再把股市的私人俱乐部逻辑视为理所当然的。罗斯福总统和皮科拉委员会都突出了联邦政府为了实现共同利益而在州际贸易和国家经济保护中扮演的角色，以此作为联邦对证券交易所行使管辖权的理由。

最后，必须指出，政府在20世纪30年代的立法行动中遵循了其早期的模式。如前所述，联邦政府在1914年和1922年颁布了期货交易禁令，并效仿了之前各州的立法。联邦监管法规通常只有在各州几乎完全采用类似法规的情况下才会颁布。同样，到了20世纪30年代，各州的反欺诈立法已相对完善，在联邦层面也为类似的立法奠定了基础。相比之下，反对股票市场过度投机的州立法相对较不完善，因为大多数州的立法关注的是大宗商品交易，而不是股票市场，而且大多数涉及证券交易中的过度投机的相关法案（如1792年的《纽约法》）已被废除。考虑到文化叙事和模仿的力量，我们对20世纪30年代的联邦的证券监管是效仿各州近期纷纷出台的《蓝天法案》而感到奇怪（Cowing，1965）。

讨论

我们的实证研究有助于完善本文的理论框架。在一些研究的基础上，例如弗里格斯坦（Fligstein，2001），我们将股票市场概念化为一个制度领域，这个领域由相互作用的社会参与者组成，这些参与者通过权力和控制的模式连接在一起，并共享了文化框架。与其他领域一样，股票市场被赋予了制度逻辑，这种逻辑给参与者及其在股票市场中的行为赋予了意义和合法性（Meyer，Boli & Thomas，1987）。最后，我们假设股票市场逻辑是通过各种社会行为者之间社会互动的历史性偶然过程而被社会建构和重构的。

本文的重点不仅在于美国股票市场逻辑建构的历史过程，而且特别关注了美国和各州政府在这一过程中所扮演的角色及其嵌入其中的形式。本文的观点与新制度主义文献中的一些观点不同，新制度主义的观点将政府法规视为这个领域的外生力量（例如，Baron et al.，1986；Dobbin et al.，1993；Sutton & Dobbin，1996）。而我们认为，政府本身是嵌入在股票市场领域中，并被包裹在主流领域逻辑中的一个行动者。换句话说，我们认为在政府行动和股票市场之间存在二元论。一方面，政府对股票市场行为做出回应，如新的立法，可能会导致股票市场领域的流行逻辑发生变化。另一方面，政府对股市行为（例如过度投机、欺诈或危机事件）做出的另一种回应，虽然并不完全是理性的，但也反映了政府对主流的社会建构的领域逻辑的默许。综上所述，我们的理论模型研究了政府对股票市场行为的反应，以及美国股票市场的社会建构过程如何影响了政府做出的这些反应。

政府对股票市场行为的反应

在本文的实证部分，我们考虑了美国、州和联邦政府对18世纪70年代至19世纪30年代股票市场行为所作出的反应。总体而言，我们认为州层面证券或联邦层面的证券监管法规不仅仅如理性选择模型认为的那样只是针对失败的股票市场做出的理性回应（Carosso，1970；Galbraith，1972；Seligman，1983）。这些监管法规也不能完全用各种利益集团的游说（Macey & Miller，1991）、国家的扩张主义倾向（Burk，1985），或国家官僚机构的惯例（Khademian，1992）来解释。相反，我们提出了一种制度模式，在这种模式中，政府的立法行动尽管是由股市行为和危机事件触发的，但它既依赖于路径，也依赖于环境，既反映了历史上可用的政策解决方案，也融入了图15-4所示的主流的领域逻辑。

例如，在1770年至1900年期间，政府有关股票市场的立法主要是为了防止过度投机。然而，由于股票市场的规模很小——与1922年的1440万股东相比（Smith，2001），1900年只有大约400万公司股东（Fraser，2005），无论是对国民经济的影响还是对为数不多的投资者的影响，当时的过度投机行为造成的威胁非常有限，但小市场也可以说会更容易受到操纵和欺诈的影响。因此，理性选择理论并不能解释为什么政府行为集中在过度投机而不是操纵或欺诈上。同样，强调官僚程序和扩大结构的理论可能解释了各州“互相效仿”立法的原因，但该理论无法解释，为什么在1770年至1900年期间，专门针对过度投机的立法获得了合法性，并很容易传播开来。对政府施加政治压力的理论部分解释了这一时期政府的行为。例如1873年后，民粹主义运动作为一股有影响力的力量出现并影响了政府的行动；然而虽然政治压力和政治力量发生了变化，但这些压力仍然不能解释为什么从1770年到1900年，人们一直强调过度投机。我们认为有关制度的解释可以填补这一空白。

如图15-4所示，我们认为股票市场的制度嵌入在更大的文化背景中。正如狄马乔和鲍威尔（DiMaggio & Powell，1983）所概述的以及斯科特（Scott，1995）所阐述的那样，我们考虑了若干体制力量影响这一领域。具体来说，我们考察了被嵌入制度中的监管力量，主要通过政府行为、社会层面的文化力量，以及来自专业人士的规范性行为压力来展示。我们关注这些力量之间的相互作用，特别是，如图14-4中连接文化背景和政府立法行动的箭头所示，文化和规范的力量如何帮助塑造政府所采取的监管行动。不管政府是否被纳入研究领域，大多数有关组织的论述只设想了政府对该领域的影响，而没有设想该领域对监管机构和管理机构的影响，除了那些以公开的或强制性的形式施加的影响，例如游说。然而，我们已经表明，在1770—1900年期间，美国文化中强调新教中所说的工作伦

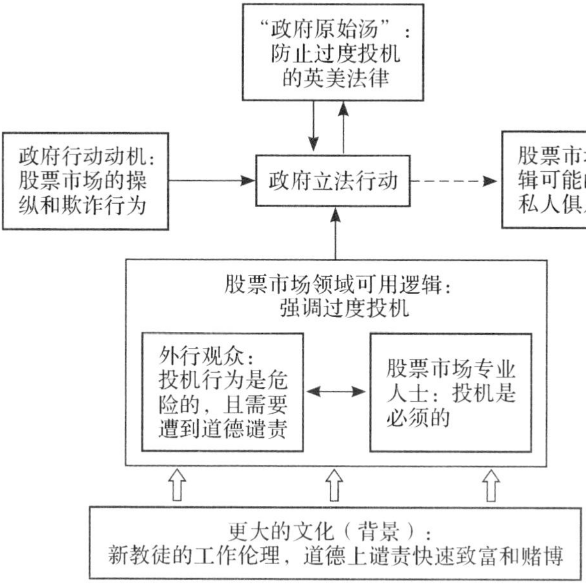

图 15-4　应用于 1770—1900 年的理论分析模型

理，并对赌博和快速致富进行道德谴责。这种文化语境对证券市场逻辑的社会建构产生了影响。在股票市场领域，新教伦理的道德要求转化为对抑制过度投机的关注，过度投机被认为是一种道德上应受到谴责的赌博形式。我们还认为，根据不同的立场和利益，该领域的不同参与者对过度投机有不同的解释。因此，媒体和"外行观众"将过度投机解读为危险的行为，但市场专业人士从经济发展的必要性角度出发，煞费苦心地重新定义了投机行为。

出于同样的原因，在1770年至1900年期间，美国州的州/联邦政府被灌输了同一领域逻辑对过度投机的重视。我们可以将1770年至1900年期间的美国州/联邦立法解释为出于文化考虑，而非出于经济理性。同样的解释也适用于我们考虑的1900—1930年这第二个时期。我们认为，虽然股票市场行为的特点是伴随着美国股票市场的大幅增长而出现的过度投机，但美国的州/联邦立法针对的是股票市场操纵和欺诈行为，遵循的是股票市场领域的新逻辑。我们也注意到，政府的立法行动可能会改变股市领域的逻辑。因此，在1770—1900年期间，禁止公开拍卖的纽约州法律促进了股票市场“私人俱乐部”逻辑的发展。我们展示出，政府作为一个嵌入在该领域的行动者，是如何影响制度领域（政府就在其中运作）的文化/认知与规范性和强制性方面，并受到它们影响的。

证券市场领域的社会建设

本文理论模型的第二部分是关于股票市场领域更庞大的社会建设过程。美国政府是影响股票市场领域逻辑的产生和变化的重要的但非唯一的社会行动者。我们认为，多个事件，比如股市危机或公共丑闻，与股票市场中的过度投机、操纵，或欺诈行为相联结，可以作为触发主流领域逻辑变化的导火索（见图15-5）。根据本文理论模型，这些带来变化的触发器引发了这个领域内行为者的对话和意义构建。在构建意义的过程中，该领域的参与者共享相似的文化或逻辑，但拥有不同的立场和利益，这在一定程度上为股票市场中的问题提供了不同的解释和解决方案。在这场对话中，获胜的解释出现了，并成为该领域新的逻辑。哪一种解释胜出取决于

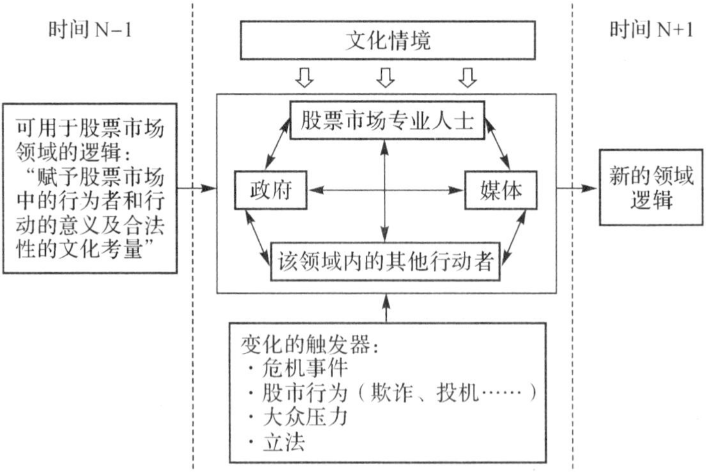

图 15-5　领域逻辑的进化

相关权力和特定的历史环境（Berger & Luckmann，1967）。最后，领域逻辑并没有完全改变，而是保留了过去的元素和更广阔的文化背景；这些变化可能是革命性的，也可能是日积月累的。

类似的理论解释也适用于1929年的危机。正如我们所说，尽管政府调查发现，如果有谁要担责的话，那就是过度投机，但不同的社会角色会通过操纵/欺诈等文化现象来解释危机。同样，这些解释也因参与者的立场和兴趣而异。股市专业人士试图将操纵定义为经济发展的必需品，而媒体和普通观众则认为操纵和欺诈是导致股市危机的原因。政府在总结调查结果时虽然援引了之前的文化叙事谴责了过度投机，但还是在1933年颁布了旨在防止操纵和欺诈的联邦证券法规。这一立法的革命性后果是股票市场“私人俱乐部”逻辑的终结。

结论

本文研究表明，一个领域内不同的社会行动者对特定危机事件的反应是不同的。媒体和其他（在股票交易领域并不专业的）外行观众对证券交易提出疑问，并引起政府对证券市场的关注。政府通过制定政策来回应，并设计相关政策来解决股票市场问题。然而，对于刚出现的股票市场问题，政府的回应并非简单的理性且有效的解决方案，也不是简单的对合作或游说的回应。相反，决策过程也受到股票市场领域的主导场域逻辑（如股票市场的功能和目的）和对更早历史时期股票市场的问题的政策解决方案的影响，形成了“政策原始汤”（Kingdon，1984）。尽管事实上政府决策者面临同样的制度性逻辑、存在的问题和解决的方案，但模式的易变性、模式的转变性（例如，当决策者将他/她在大宗商品市场的经验应用到股票市场）（Sewell，1992）、模式的重组（Powell，1991），以及恢复或重组之前中止的组织形式（Schneiberg，2007）还是为革命性的决策带来了可能性（Clemens & Cook，1999）。

最后，股票市场专业人士努力通过对当前在文化叙事中受到威胁的行为进行合法化叙述来影响制度逻辑，如捍卫某些类型的市场操纵（DeJordy，2010）。有趣的是，在对抗政府的过程中，股市专业人士利用了类似的文化资源，但基于其不同的立场和利益，得出了一些不同的结论（Creed，DeJordy & Lok，出版中）。结果就是，该领域的变化以折中的、有时模棱两可的形式被引入，这些形式能容纳由于不同方之间的对话而产生的大量文化叙事。虽然这些变化在效果上可能是革命性的，但它们并没有完全消除该领域以前的逻辑，因为对话各方都利用了现有的文化模式来产生新的文化模式。最后，本文研究表明，旧领域中一些不相连接的不同元素（股票市场问题和解决方案、价值理论和股票市场功能）被保留在股票市场文化工具包中，并在历史中不断重现。

政策影响

从本文分析中可以看到文化、专业的合法化叙事和政府行动之间的相互作用在最近金融危机的各个行动者的表现中复活了。尽管没有明确的有关危机的主导性文化叙事，但大众媒体的一些主要主题与之前的叙事相呼应。一方面，不负责任的消费者承担了他们无法承担的抵押贷款。这种主题这与新教的勤奋工作和量入为出的伦理相呼应，似乎与道德上对赌博的谴责相类似。另一方面，对华尔街的贪婪和难以捉摸的金融工具的批判，让人回想起对市场操纵和欺诈行为的抨击。从这个意义上说，19世纪和20世纪流行的文化叙事在21世纪都是显而易见的。

我们希望通过更好地理解政府颁布监管法规背后的机制，最终可以找到将我们对市场问题的理解从在制度环境中发生作用的文化和专业的神话中解脱出来的方法，从而在未来能让参与者在所有领域都可以更清晰地评估、理解、消解和防止市场危机及其潜在原因。为此，我们的研究建议如下：**政府必须认识到并履行其在股票市场领域的监管职能。**

如上述分析所示，仅在发生了急转直下的市场事件的1933年，联邦政府拒绝了股票市场中的“私人俱乐部”逻辑，并断言其在保护国家大宗商品经济和公民在股票交易中的利益中拥有监管权力。1933年通过的《证券法》（通常被称为《披露真相法》）、1934年的《证券交易法》（建立了美国证券交易委员会）和1933年的《银行法》（更广为人知的名称是《格拉斯－斯蒂格尔法案》）等联邦法规都明确了政府在股票市场中的这一角色。这些法案的通过，与理性选择、政治游说或制度神话的作用无关，它们为政府监管金融市场奠定了基础。

然而，在导致当下危机的过程中，金融市场已经系统性地回归到自我监管的私人俱乐部逻辑中。这一种回归是政府行为引发的直接结果，包括明确放松管制的金融市场（例如，废除《格拉斯－斯蒂格尔法案》），以及政府明确放弃监督管理机构在各种资产支持证券交易中的权利（例如2000年的《大宗商品期货现代化法案》），这两者都导致了当前的危机。这与任何具体监管措施的适当性无关，我们就是不能放弃联邦政府监管金融市场所发挥的作用，即保护投资者，确保经济的稳定，并造福大众。

注释

[1] 在非常宽泛的意义上，操纵和欺诈的术语主要指旨在歪曲或滥用信息阻碍市场功能的行为（例如，使用内幕信息或通过错误信息破坏市场定价功能），投机行为指那些关注短期盈利而不是投资的期货或短线交易。正如我们后来讨论的那样，由于我们的分析跨越了150年，这些术语的定义在这段时期内在不断演变，这种演变的基础是之后将要讨论的流行文化叙事。

[2] 投机商号成为股票经纪人用客户的钱进行赌博的场所。休斯委员会的调查将“投机商号”定义为“表面上”的代理公司，但在那里，大宗商品和证券既不是按照客户的订单买入，也不是按照客户的订单卖出，而是按照报价确定的盈亏来完成交易。投机商号以各种形式的欺诈而臭名昭著：例如，证券经纪人故意操纵或延迟报价的现象非常普遍，许多商号甚至没有一条用来报告真实证券的实际价格的线路，而是由那些假装作为经纪人，且与任何股票或商品交易所无关系的人来运营（Fraser，2005），这样的现象对商号老板来说是很常见的，其目的就是卷走客户的钱（Geisst，2004）。

参考文献

Abolafia, M. Y., & Kilduff, M. (1988). Enacting market crisis: The social construction of a speculative bubble. *Administrative Science Quarterly*, 33, 177–193.

Banner, S. (1998). *Anglo-American securities regulation: Cultural and political roots, 1690–1860*. Cambridge: Cambridge University Press.

Barley, S. R., & Tolbert, P. S. (1997). Institutionalization and structuration: Studying the links between action and institution. *Organization Studies*, 18, 93–117.

Baron, J. N., Dobbin, F. R., & Jennings, P. D. (1986). War and peace: The evolution of modern personnel administration in U.S. industry. *American Journal of Sociology*, 92, 350–383.

Baum, J. A. C., & Oliver, C. (1991). Institutional linkages and organizational mortality. *Administrative Science Quarterly*, 36, 187–218.

Berger, P. M., & Luckmann, T. (1967). *The social construction of reality: A treatise in the sociology of knowledge*. Harmondsworth: Penguin.

Brint, S., & Karabel, J. (1991). Institutional origins and transformations: The case of American community colleges. In: W. W. Powell & P. J. DiMaggio (Eds), *The new institutionalism in organizational analysis* (pp.337–360). Chicago: The University of Chicago Press.

Burk, J. (1985). The origins of federal securities regulation. *Social Forces*, 63, 1010–1029.

Burrows, E. G., & Wallace, M. (1999). *Gotham: A history of New York city to 1898*. Oxford: Oxford University Press.

Carosso, V. P. (1970). *Investment banking in America*. Cambridge, MA: Harvard University Press.

Clark, E., Bernheim, A. L., Dewhurst, F. J., & Schneider, M. G. (1934). *Stock market control: A summary of the research findings and recommendations of the security market survey staff of the twentieth century fund, Inc*. New York: D. Appleton-Century Company.

Clemens, E. S., & Cook, J. M. (1999). Politics and institutionalism: Explaining durability and change. *Annual Review of Sociology*, 25, 441–466.

Clews, H. (1900). *The Wall Street point of view*. New York: Silver, Burdett and Company.

Committee on Banking and Currency. (1891). *Silver pool investigation*. February 25, 1891 Report. G.P.O., Washington.

Committee on Banking and Currency. (1913). *Report of the committee appointed pursuant to House resolutions 429 and 504 to investigate the concentration of control of money and credit*. February 28, 1913. U.S. G.P.O, Washington.

Committee on Public Relations. (1936). *New York Stock Exchange: Its functions and operations*. New York: New York Stock Exchange.

Committee on Publicity. (1929). *The New York Stock Exchange: History, organization, operation, service*. New York: New York Stock Exchange.

Committee on Publicity. (1934). *The New York Stock Exchange: History, organization, operation, service*. New York: New York Stock Exchange.

Committee on Speculation in Securities and Commodities. (1909). *Report of governor Hughes' committee on speculation in securities and commodities*. June 7, 1909. New York.

Cook, W. W. (1898). *A treatise on the law of corporations having a capital stock*. Chicago: Callaghan.

Cowing, C. B. (1965). *Populists, plungers, and progressives: A social history of stock and commodity speculation, 1890–1936*. Princeton, NJ: Princeton University Press.

Creed, W.E., DeJordy, D., & Lok, J. (in press). Being the change: Resolving institutional contradictions through identity Work. *Academy of Management Journal*.

Davis, G. F. (2009). *Managed by the markets: How finance reshaped America*. New York: Oxford University Press.

DeJordy, R. (2010). *Fighting for the status quo: The role of institutional guardianship in the persistence and conformity of social systems*. Unpublished Dissertation. Boston College, Boston, MA.

DiMaggio, P. J. (1991). Constructing an organizational field as a professional project: U.S. art museums, 1920–1940. In: W. W. Powell & P. J. DiMaggio (Eds), *The new institutionalism in organizational analysis* (pp.267–292). Chicago: The University of Chicago Press.

DiMaggio, P. J., & Powell, W. W. (1983). The iron cage revisited: Institutional isomorphism and collective rationality in organizational fields. *American Sociological Review*, 48, 147–160.

Dobbin, F., Sutton, J., Meyer, J. W., & Scott, R. W. (1993). Equal opportunity law and the construction of internal labor markets. *American Journal of Sociology*, 99, 396–427.

Dobbin, F., & Sutton, J. R. (1998). The strength of the weak state: The employment rights revolution and the rise of human resource management divisions. *American Journal of Sociology*, 104, 441–476.

Dos Passos, J. R. (1882). *A treatise on the law of stock-brokers and stock-exchanges*. New York: Harper.

Dowd, T. J., & Dobbin, F. (2001). Origins of the myth of neo-liberalism: Regulation in the first century of US railroading. In: L. Magnusson & J. Ottoson (Eds), *The state, regulation, and the economy: An historical perspective* (pp.61–88). Cheltenham: Edward Elgar.

Evans, P. B., Rueschemeyer, D., & Skocpol, T. (1985). *Bringing the state back in*. Cambridge, NY: Cambridge University Press.

Farjoun, M. (2002). The dialectics of institutional development in emerging and turbulent fields: The history of pricing conventions in the on-line database industry. *Academy of Management Review*, 45, 848–874.

Fligstein, N. (2001). *The architecture of markets: An economic sociology of twenty-first-century capitalist societies*. Princeton, NJ: Princeton University Press.

Fraser, S. (2005). *Every man a speculator: A history of Wall Street in American life*. New York: HarperCollins.

Friedland, R., & Alford, R. R. (1991). Brining society back in: Symbols, practices, and institutional contradictions. In: W. W. Powell & P. J. DiMaggio (Eds), *The new institutionalism in organization analysis* (pp.232–263). Chicago: University of Chicago Press.

Galaskiewicz, J. (1991). Making corporate actors accountable: Institution-building in Minneapolis-St. Paul. In: W. W. Powell & P. J. DiMaggio (Eds), *The new institutionalism in organizational analysis* (pp.293–310). Chicago: The University of Chicago Press.

Galbraith, J. K. (1972). *The great crash*, 1929. Boston: Houghton Mifflin.

Garfield, J. A. (1870). *Investigation into the causes of the gold panic report of the majority of the committee on banking and currency, March 1, 1870*. Washington: G.P.O.

Geisst, C. R. (2004). *Wall Street: A history from its beginnings to the fall of Enron*. Oxford: Oxford University Press.

Greenwood, R., & Suddaby, R. (2006). Institutional entrepreneurship in mature fields: The big five accounting firms. *Academy of Management Journal*, 49, 27–48.

Greve, H., Pozner, J.-E., & Rao, H. (2006). Vox populi: Resource partitioning, organizational proliferation and the cultural impact of the insurgent micro-radio movement. *American Journal of Sociology*, 112(3), 802–837.

Haveman, H. A., & Rao, H. (1997). Structuring a theory of moral sentiments: Institutional and organizational coevolution in the early thrift industry. *American Journal of Sociology*, 102, 1606–1651.

Helliwell, A. L. (1903). *A treatise on stock and stockholders covering watered stock, trusts, consolidations and holding companies*. St Paul, MN: Keefe-Davidson Co.

Hoffman, A. J. (1999). Institutional evolution and change: Environmentalism and the U.S. chemical industry. *Academy of Management Journal*, 42, 351–371.

Jones, C. (2001). Co-evolution of entrepreneurial careers, institutional rules and competitive dynamics in American film, 1895–1920. *Organization Studies*, 22, 911–944.

Khademian, A. M. (1992). *The SEC and capital market regulation: The politics of expertise*. Pittsburgh, PA: University of Pittsburgh Press.

Kindleberger, C. P. (1989). *Manias, panics, and crashes: A history of financial crises*. New York: Basic Books, Inc., Publishers.

Kingdon, J. (1984). *Agendas, alternatives, and public policies*. Boston: Little, Brown.

Leblebici, H., Solancik, G. R., Copay, A., & King, T. (1991). Institutional change and the transformation of interorganizational fields: An organizational history of the U.S. broadcasting industry. *Administrative Science Quarterly*, 36, 333–363.

Lewis, F. A. (1881). *Law relating on stocks, bonds, and other securities, in the United States*. Philadelphia: Rees Welsh & Co.

Lounsbury, M. (2007). A tale of two cities: Competing logics and practice variation in the professionalizing of mutual funds. *Academy of Management Journal*, 50, 289–307.

Macey, J., & Miller, G. (1991). Origin of the blue sky laws. *Texas Law Review, 347*.

Mahoney, P. (2001). The origins of the blue sky laws: A test of competing hypotheses. In: *Law and economic workshop* (Vol. Paper 5). Berkeley, CA: University of California.

Marquis, C., & Lounsbury, M. (2007). Vive la resistance: Competing logics in the consolidation of community banking. *Academy of Management Journal*, 50(4), 799–820.

Martin, H. S. (1913). *The New York Stock Exchange and the "money trust"; a review of the report to the house of representatives by the Pujo committee*. New York: F.E. Fitch.

Martin, H. S. (1919). *The New York Stock Exchange*. New York: Francis Emory Fitch, Inc.

Meyer, J. W., Boli, J., & Thomas, G. M. (1987). Ontology and rationalization in the Western cultural account. In: G. M. Thomas, J. W. Meyer, F. O. Ramirez & J. Boli (Eds), *Institutional structure: Constituting state, society, and the individual* (pp.12–37). Beverly Hills, CA: Sage.

Mezias, S. J. (1990). An institutional model of organizational practice: Financial reporting at the Fortune 200. *Administrative Science Quarterly*, 35, 431–457.

Meeker, E. J. (1922). *The work of the stock exchange*. New York: The Ronald Press Company.

Milburn, J. G., & Taylor, W. F. (1913). *Money trust investigation: Brief on behalf of the New York Stock Exchange*. New York: C.G. Burgoyne.

Miles, M. B., & Huberman, M. A. (1984). *Qualitative data analysis: A sourcebook of new methods*. Beverly Hills, CA: Sage.

Ott, J. (2004). The "free and open" "people's market": Public relations at the New York Stock Exchange, 1913–1929. *Business and Economic History On-Line*, 2, 1–43.

Parker, C. (1911). Governmental regulation of speculation. *Annals of the American Academy of Political and Social Science*, 38(2), 126–154.

Pecora, F. (1939). *Wall Street under oath: The story of our modern money changers*. New York: Simon and Schuster.

Powell, W. W. (1991). Expanding the scope of institutional analysis. In: W. W. Powell & P. J. DiMaggio (Eds), *The new institutionalism in organizational analysis* (pp.183–203). Chicago: The University of Chicago Press.

Prechel, H. (2000). *Big business and the state: Historical transitions and corporate transformation, 1880s–1990s*. Albany, NY: State University of New York Press.

Pujo, A. P. (1912). *Money trust investigation: Investigation of financial and monetary conditions in the United States under house resolutions nos. 429 and 504*. Washington: G.P.O.

Pujo, A. P. (1913). *Report of the committee appointed pursuant to House resolutions 429 and 504 to investigate the concentration of control of money and credit*. February 28, 1913. Washington: G.P.O.

Ratner, D. L. (1998). *Securities regulation in a nutshell*. St Paul, MN: West Group.

Schneiberg, M. (2007). What's on the path? Path dependence, organizational diversity and the problem of institutional change in the U.S. economy, 1900–1950. *Socio-Economic Review*, 5, 47–80.

Scott, R. W. (1995). *Institutions and organizations*. Thousand Oaks, CA: Sage.

Seligman, J. (1983). The historical need for a mandatory corporate disclosure system. *Journal of Corporate Law*, 9.

Seligman, J. (1995). *The transformation of Wall Street: A history of the securities and exchange commission and modern corporate finance*. Boston: Northeastern University Press.

Selznick, P. (1966). *TVA and the grass roots* (original edition, 1949). New York: Harper Torchbooks.

Seo, M.-G., & Creed, W. E. D. (2002). Institutional contradictions, praxis, and institutional change: A dialectical perspective. *Academy of Management Review*, 27, 222–247.

Sewell, W. H., Jr. (1992). A theory of structure: Duality, agency, and transformation. *The American Journal of Sociology*, 98, 1–29.

Smith, B. M. (2001). *Toward rational exuberance: The evolution of the modern stock market*. New York: Farrar Straus and Giroux.

Strauss, A. L., & Corbin, J. (1998). *Basics of qualitative research: Techniques and procedures for developing grounded theory*. Thousand Oaks, CA: Sage Publications.

Suddaby, R., & Greenwood, R. (2005). Rhetorical strategies of legitimacy. *Administrative Science Quarterly*, 50, 35–57.

Sutton, J. R., & Dobbin, F. (1996). The two faces of governance: Responses to legal uncertainty in U.S. Firms: 1955–1985. *American Sociological Review*, 61, 794–811.

Swidler, A. (1986). Culture in action: Symbols and strategies. *American Sociological Review*, 51, 273–286.

Thornton, P. H., & Ocasio, W. (1999). Institutional logics and the historical contingency of power in organizations: Executive succession in the higher education publishing industry, 1958–1990. *American Journal of Sociology*, 105, 801–843.

Van Antwerp, W. C. (1914). *The stock exchange from within*. New York: Doubleday, Page & Company.

Vaughn, D. (1992). Theory elaboration: The heuristics of case elaboration. In: C. Ragin & H. Becker (Eds), *What is a case? Exploring the foundations of social inquiry*. New York: Cambridge University Press.

Zajac, E. J., & Westphal, J. D. (2004). The social construction of market value: Institutionalization and learning perspectives on stock market reactions. *American Sociological Review*, 69(3), 433–457.

Zuckerman, E. W. (2000). Focusing the corporate product: Securities analysts and de-diversification. *Administrative Science Quarterly*, 45, 591–619.

第十六章　中观经济学：商业建筑市场中的商业周期、企业家精神和经济危机

托马斯·D. 比米什（Thomas D. Beamish）和
尼克·伍尔西·比加特（Nicole Woolsey Biggart）

摘要

新古典主义和凯恩斯主义经济学家都普遍喜欢用均衡模型来理解经济活动，但假设的均衡并没有帮助我们很好地理解剧烈的变化时期，例如当前的全球经济下行。经济学家约瑟夫·熊彼特（Joseph Schumpeter）试图通过论证企业家创业在创造微观经济变革中的作用和商业周期中所体现的长期宏观经济变革，为经济模型注入动力机制和非均衡机制。没有经济学家（包括熊彼特），曾经把这两种研究变化的方法联系在一起，而且这些方法通常不会被用来作为研究转型的替代和补充方式。我们认为这些理论可以在一个植根于经济社会学的"中观经济"的制度分析中被联系起来；我们通过研究美国商业建筑行业来证明这种联系。在过去的两个世纪里，这个行业在我们所说的市场秩序（即有时会持续几十年甚至更长时间的经济秩序）方面发生了显著的质的变化。在每一个市场秩序中，不同类型的企业家都能够蓬勃发展，并推动导致长期经济转变的制度变革。信贷

和金融一直是每个市场秩序的关键影响因素，这一点支持了熊彼特对创业行动和投机的观点，但目前并未得到广泛讨论。我们把最近金融市场的混乱看作一个破坏现行市场秩序的信号。

引言

新古典主义经济学是到目前为止用来理解近几十年来我们经济的主流理论导向，它压倒了制度主义经济学和一系列鲜为人知的思想流派，如进化经济学。新古典主义经济学建立在一般均衡模型基础上，这种模型集合了众多不同的被假设为理性人的活动，并在接近假设条件的时候被证明是有用的。然而，变化时期是很难通过这些在静态条件下被推导出的模型以及一种关于市场永远是在一个自我修正过程的信念来被理解的。发生在2008年至2009年的金融灾难暴露了解释市场危机的均衡模型的局限性。

因此，针对古典主义经济学家无法预见这场灾难和提出计划来缓解金融崩溃的广泛批评开始浮现。一个值得注意的批评是来自美联储前主席艾伦·格林斯潘，他承认他预期市场个体的行为会按照新古典主义的理论原则，[1]而这并不是他们的实际表现。诺贝尔奖得主保罗·克鲁格曼最近的认错书（mea culpa）是最近众多声明中的其中之一，但经济学的自我批判可以追溯几十年，并反映了在克鲁格曼自己的新凯恩斯主义论点与芝加哥学派更传统的新古典主义观点之间持续的冲突（Krugman，2009）。

凯恩斯主义不同于新古典主义经济学之处在于其假设理性的私营部门的个体和公司的行为会导致市场失灵，而市场因此不能被假设为可以自我修正的。凯恩斯主义者倡导政府积极的财政政策是危机时刺激总需求的关键。[2]凯恩斯相信政府可以通过刺激作为一个整体的宏观经济来消解经济衰退。

除了两者之间的宏观经济学差异，新古典主义和凯恩斯主义理论拥有相似的微观经济学假设。两种理论视角都假设经济行动者是理性和独立的，寻求利润最大化，并平等享有全面的和相关的信息。而且两个视角都忽略了经济中的性质变化，例如政治、制度，或者技术变化，而只是聚焦在适合定量描述的经济变量，例如供给、需求和价格。

一个重要的经济学家约瑟夫·熊彼特曾批评均衡模型固有的静态假设。熊彼特将资本主义市场视为在微观和宏观经济学分析层面上都是动态的系统，并努力寻找其应对方案。在宏观经济学层面，熊彼特认为应该关注企业家在创造变化中的角色。他将创业视为一种个人和企业都可以追求的经济行为，而更重要的是，他将创业视为资本主义区分于以往经济秩序的行为方式。在资本主义中的创新能力允许企业家打破已有经济管理和安排，可以潜移默化地导致一种经济秩序的根本性转变，他称之为“创造性破坏”（creative destruction）的过程。

熊彼特还通过观察形成连续波形（waveform）的商业周期研究了宏观经济变化（Schumpeter，1934；Schumpeter，1939）。[3]熊彼特对商业周期的关注反映了他对瓦尔拉斯一般均衡经济学的批评。尽管他是瓦尔拉斯的追随者，但熊彼特相信优雅但静态的均衡模型无法解释资本主义的标志性特点：随时间的渐变（Ingham，2003，p.298）。

尽管熊彼特在今天并不是一个核心人物，但熊彼特是唯一一个持续在结构和行为层面进行理论化以解释经济变化的知名经济学者。然而，熊彼特从没有明确地将他的微观经济学和宏观经济学理论关联起来。事实上，没有一个当代的经济学理论将微观经济学和宏观经济学的理解关联起来，即没有“中观经济学”。

然而，我们相信微观经济学和宏观经济学可以被一个由经济社会学所启发的中间层次的制度分析关联起来。建立于经济社会学之上的中观经济学和制度社会科学的其他形式可以解释稳定、变化和经济危机背后的因素。社会学家、政治科学家、经济人类学家，以及相关学者运用的一些方法，使他们能在组织经济过程中捕捉到暂时的、性质的变化，而不是简单地随时间起伏的波形经济（Block，1977；Zelizer，1983；Biggart，

1989；Fligstein，1996；Dobbin & Dowd，1997）。我们这篇文章的主旨就是要提出这样一种路径，通过它，经济社会学可以有效地填补微观经济学和宏观经济学之间的鸿沟，从而为理解经济秩序变化提供洞察力。

我们把一个稳定的微观、中观和宏观经济连续性的总和看作一种性质上不同的经济类型，我们称之为市场秩序。市场秩序是一种持久的制度安排和实践的集合，覆盖个人层面甚至超越国家的层面，包括正式的法律法规、政府组织、公司和投资者，以及传统实践。市场秩序制度共享了一种充分整合的逻辑，使行动没有常规的冲突或误解。制度逻辑包括物质文化因素和具体的社会实践（Alford & Friedland，1985）。尽管各种逻辑会相互竞争，有的势力较弱，有的正处在转型过程中，但市场秩序制度对于什么是“正常”和“适当”的共识允许它们的常规互动（相关评论请参见Thornton & Ocasio，2008）。

之前的市场组织形式的巨大变化，包括当前金融危机之前的那些变化，代表着向新的市场秩序的转变。我们认为，社会政治因素是宏观和微观经济解释之间的重要桥梁。我们并没有提出一个理论，而是通过研究近期商业建筑市场的融资崩溃，来说明对中层因素的关注如何能够加强我们对微观和宏观经济市场变化的理解。

商业建筑市场

我们研究了过去200年的美国商业建筑市场，这个国家最大的经济部门之一，来展示中层制度因素如何帮助解释宏观经济周期（即繁荣与萧条）和由创业行为引发的微观转变。我们记录了美国商业房地产业三种不同的中观经济的市场秩序。我们把他们命名为效用、投机和对冲的市场秩序，并详细描述造成它们起伏的条件。尽管建筑业的其他领域与商业地产和建造共存并交叠，特别是民用建筑、私人业主驱动的建筑和机构建筑（如学校、政府建筑、大学和医院），但我们检视的这些市场秩序是大规模的、有经济影响力的，并清楚地区分于其他领域。[4]与一些产业不同，建筑施工通常在地理上局限于一些区域性公司，它们大部分都缺乏全国性业务。而在像制造业，甚至是文化产业等产业中所见到的全球影响力通常不会延伸到商业建筑业（Zeitlin & Herrigel，2000）。[5]从一个时期到另一个时期的变化代表了反映新兴宏观经济趋势的不同的创业机遇。参与到实际建筑施工中的公司和个体都更可能重新定位自己来应对新的机遇，而不是重新发展出全新的关系［参见（McDermott，2003）中在另一情境中重新定位的例子］。然而，随着建筑物的商品化，例如商业抵押贷款支持证券（CMBS）等新的金融产品也进入市场。但是中层因素对创造新的机会和关闭其他机会至关重要。中观层面的因素包括物质和技术的变化、新的技能和新的专业知识、不断变化的生产网络、新的城市发展模式、房地产税，以及投资的新来源和新条件。单独来看，每个因素的变革性影响都不大，但它们共同为企业家的创业创造了机会，极大地改变了商业建筑市场的性质。

我们认为商业建筑业始于2010年并可能持续到2011年以后的崩塌最适合被解读为制度和技术因素的后果——反映了宏观经济、政治和社会因素的中观经济中的企业家机会结构。中层或“中观经济”的影响对于理解市场秩序的起伏至关重要。广为接受的经典经济因素显然发挥了重要作用，但这个动态过程比计量模型所能展现的更加复杂。

在下文中，我们论述了商业建筑行业中不同市场秩序的诞生和毁灭。强势的传统做法、创业热情和动态的商业周期都是这个行业的特征（Eccles，1981a；1981b；Stinchcombe，1959）。通过对商业建筑业的历史研究，我们阐明了我们的一个更宏大的观点：经济变化反映了宏观结构趋势和处于中间制度环境中的微观动因的结合。稳定的微观、中观和宏观经济安排代表了一种市场秩序。我们的分析还提供了另一种方式来看待那些在“毁灭”之后“创造”出来的经济时刻：那些当创业活动颠覆了既有平衡以及发生戏剧性变化的时刻，甚至是金融危机。

市场秩序：商业建筑的200年

商业建筑市场是美国最大的市场之一。2007年，以商业、民用和工业建设为代表的整个美国建筑业占美国10万亿美元GDP的14%（McGraw-Hill Construction Research & Analytics，2006）。1995年，商业建筑占美国国内生产总值的9.5%，达到6420亿美元（Gause，1998）。2007年，全国商业建筑领域的股票价值超过3万亿美元，超过美国私人财富的十分之一（Meeks，2008）。自1960年以来，该行业已在其总库存量110亿平方英尺（约10亿平方米）的基础上新增了超过92.2亿平方英尺（约9亿平方米）的建筑面积（这大约是人均44平方英尺或每位白领雇员200平方英尺；参见Goettsch，1993，pp.22-23）。不止如此，商业房地产还成了银行业中的一个重要的盈利点。2008年，商业房地产贷款占银行业账目的24%，约1.7万亿美元，这与目前陷入困境的住宅类房地产贷款相当，后者在同一时期占银行业账目的28%（Meeks，2008）。但这一比例在贷款机构间并不是平均分配的。规模较小的地区性银行将其40%的贷款都投在了商业地产项目上，面临极高的风险，而大型内资银行的这一比例则降至17%（更多的讨论请参见Downs，2009；Meeks，2008）。

这种风险敞口的水平以及最近经济衰退（起源于商业建筑市场内部和外部）的严重程度使我们预期，随着经济增长在未来某个时候启动，届时会出现一种新的市场秩序。截至2009年9月，商业建筑市场表现低迷；全国范围内，商业建筑平均损失了危机前价值的近30%（DallasNews.Com，2009年9月30日）。直到2005年，商业建筑通常都是由我们所说的“对冲”市场秩序建设的，这反映出建筑在机构投资者投资组合中作为对冲投资的角色。20世纪80年代，随着二战后经济的增长，对冲市场秩序取代了20世纪40年代末出现的“投机市场秩序”。在此之前，追溯到美国最早的商业建设，那时是由“效用”市场秩序组织的。这三种市场秩序虽然相互重叠，但却是截然不同的制度体系。

作为实用基础设施的建筑

最早的市场秩序强调建筑的效用，即把建筑当作一个容纳工人和货物的地方。红砖工厂和磨坊是19世纪工业快速发展时期商业建筑的典型代表。建筑行业当时正在从一个地方性手工生产的、前市场的封建系统转向一个以所在地为中心的新兴市场和一个日益技术化、专业化的分工劳动。不断变化的建筑实践与社会变化共同演变，这些社会变化包括快速的人口增长和城市化、资本的迅速集中、专业类别的扩大和劳动力的分化，以及技术知识的增长。当一个稳定的建筑市场开始出现时，建造建筑的获利也随之提高。获利机会促进了当地企业家的出现，他们利用建筑和技术方面的新进步打造出对工业企业和大公司更有吸引力的建筑结构，而这些企业越来越希望建筑可以象征着他们新获得的经济力量（Davis，1999）。

从古代到18世纪早期，一个监工[6]被雇来设计建筑，并监督一小群工匠从头到尾建造整个建筑。然而，到了18世纪50年代，相互交叉的各种趋势改变了建筑行业、建筑本身，以及建造它们的理由。第一，随着欧洲和美国城市的发展，这一时期首先见证了对建筑需求的加剧。建筑学知识逐渐形成体系，使受过教育的专业人员——建筑师和具有专业技术设计和工程知识的监工——越来越多地参与了建造过程。随着这些建筑知识的应用，大部分建筑结构变得更大、更复杂。这就增加了这类项目的资本密集度。反过来，高资本密集度为监工带来了更高的利润，并导致资本在建造商企业家手中得到同等水平的积累。第二，市政当局在监督和要求建筑达到一般标准方面发挥着越来越重要的作用，这也推动了建造商朝着标准化建筑的方向发展（Davis，1999）（见表16-1）。

到19世纪中叶，这些趋势已经把建筑和建造过程朝相对正式化和技术化的方向推进，并带来了更多的分工和专业化（Bourdon & Levitt，1980；Eccles，1981a）。这些趋势，无论多么不成熟，都将这一时期与更早时期区分开来，因为它发展了那些使商业建筑的真正市场开始形成的要素。尽管有这些变化，这个行业及其建造过程仍然存在大量的手工业行

表16-1　效用市场秩序

宏观经济发展	中观经济的市场秩序	微观经济的企业家动态
	银行业和金融的变化	
资本的快速聚集	行业几乎都是地区的/区域性的	更高的资本密集度意味着更高的利润率
早期资本主义遵循繁荣－萧条的商业周期	土地价格和技术创新增加了建筑的资本密集度，迫使它们垂直发展	地区性创业活动开始
资本主要在地区/区域内循环，伴有一些国内和极少的国际投资	市场开始出现	后期：投资性建筑商出现，并以合伙制来汇集当地资本
	人口和劳动力市场的变化	
快速城市化和中央商务区密度的增加	对行政及生产用途的实用性建筑的大量需求	早期：监工的出现
人口快速膨胀	在繁荣－萧条的环境中，更大的建筑公司出现了，但是整个行业仍保留了手工－网络结构	本地监工和后来的投资性建筑商涌入这个行业中寻找盈利的机会
劳动力的迅速扩大和专业化	行会扩张并形成“建筑业”的网络 建造过程的准正式化 vs. 专业的网络化角色结构	小规模的投机性建筑出现在著名的城市中心（纽约，伦敦，巴黎，芝加哥）
	技术和基础设施的变化	
快速的工业增长；能源消耗加剧；运输及通信科技	建筑和工程设计越来越专业化和法典化	后期：不断增加的资本成本促使创业者们采用合伙制和财团来建造建筑
冶金、机械、蒸汽动力、电力、电力照明等领域快速的技术创新	在使用I形钢梁、通风系统、隔离异味的厕所，以及电梯方面的创新使建筑物的高度超过10层	
	治理和监管的变化	
中后期：大城市开始执行基本的建造标准；在此期间还出现了基本的卫生和安全措施	中后期：行业将建筑、健康和安全标准纳入技术和设计考虑之中；结合其他技术和基础设施的变化，这增加了建筑物的资本密集度	中后期：不断增加的资本成本促使创业者们采用合伙制和财团来建造建筑

会系统的特点，这自文艺复兴以来就没有改变过（Finkel，1997）。

建筑市场的出现

1850年至1930年间大规模的城市扩张反映并推动了欧洲和美国的地方和区域经济的增长。这些反过来又进一步推动了人口、资本积累和消费需求的增长，从而促进了真正具有商业性质的建设项目。当建筑行业进一步发展出更加专业和更加技术化的细分市场时，更大的建筑公司出现了（Chandler，1977；Miles & Snow，1994）。对于一些在最大工业城市中的建造商企业家来说，这些发展也为投机性建设和售楼获利开辟了道路。

当然，更多的经济活动增加了对商业楼盘的需求，企业家们也开始利用这个机会。然而，中观经济的发展是至关重要的：城市扩张和工业对建筑的需求，有利于企业家活动的生产性组织，以及使建筑形式标准化并推动新的建筑形式和建筑高度的技术创新。

城市扩张

到了19世纪晚期，对办公楼、仓库和生产厂房的需求发展到了令人难以置信的地步。以水和煤为动力的能源生产、大规模生产的技术和铁路运输的兴起为制造业和市场规模的成长创造了机会。通信和运输技术推动了经济在主要城市集聚，特别是那些作为货物和服务中转站的城市（Storper & Walker，1989）。这些城市的大规模扩张进一步促进了人口、工作和资本的大量流入（Chandler，1977；Heilbrun，1963）。不断增加的城市密度减少了工业资本主义的神经中枢——中央商务区（CBD）——的可用空间。这就大大增加了对房地产的需求和这些地区相应的土地价值。商业企业在城市中心的日益聚集迫使那些负担不起的人离开，并为那些有能力支付溢价以建造越来越大、技术复杂的高层建筑的人提供了动力（Shlaes & Weiss，1993）。

一个真正的建筑市场反映了经济周期和发展趋势，包括城市扩张、资本积累、广泛的工业化和相应的企业整合（Perrow，2002；Roy，1997）。这一时期的经济扩张产生了要求楼宇要成为其白领和蓝领工人住房的大公司和庞大国家官僚机构（MacCormac，1992）。[7]19世纪30年代出现了第一批真正的办公楼，它们反映了人们对工作实用性和生产空间的需求，按照今天的标准，这些三到五层的建筑结构微不足道，但在当时令人印象深刻。这种规模的建筑继续成为商业办公楼发展的核心（Willis，1995）。当时占据主导地位的市场秩序反映了建筑的实用主义目的：建筑的融资和建造主要是为了其作为住房的功能性效用，而不是以建筑自身作为目的，建造本身也不是盈利手段（Willis，1995）。

在这个早期阶段，公司总部的象征意义的重要性发展起来，在伦敦、纽约和芝加哥等工业中心出现了一个新兴的办公楼投机市场。与官方大厦体现出的市民社会传统一样，企业总部是其所有者的象征（MacCormac，1992）。集中体现于摩天大楼——40层以上的办公用建筑（Gause，1998），如帝国大厦（1930年）和克莱斯勒大厦（1929年）——反映了公司的“自我彰显”（Mattill，1986），巨大的、极其昂贵的结构标志着一个公司的财富和权力。然而，即使是“标志性建筑”也是因为其实用功能和作为资本主义标志的象征性力量而被建造的（Feagin & Parker，1990；Landau & Condit，1996；Lehman，1974；Shales & Weiss，1993；Shultz & Simmons，1959）。

虽然具有重要的象征意义，但摩天大楼过去是，现在也仍然是一种非主流形态。例如在匹兹堡，一个鲜以其商业中心而闻名的城市，有400多座商业办公楼在19世纪80年代的最后几年里建成。直到二战后，这座城市才有了一座摩天大楼（Shultz & Simmons，1959）。直到1960年，美国只有5个城市拥有多于两座超过25层的建筑：纽约、芝加哥、底特律、费城和匹兹堡。即使摩天大楼代表了该行业的技术成就和一个公司或国家的资本实力，它对一个大型行业的生产能力而言，仍然是相对不太重要的指标。

当时的趋势是建筑开发中投机性投资的增长（Harvey，1985；Lefebvre，1970，1996）。在19世纪中期，投机性建筑或当时的“单位建筑”反映了在纽约和芝加哥中央商务区建设的爆炸性，以及迅速增长的房地产价格。例如，在19世纪末，具有企业家精神的布鲁克斯兄弟是最早利用这一趋势的人之一，他们开发了一种新型的商业办公空间，并在芝加哥和其他地区的中央商务区出租这种空间（Gause，1998）。他们的商业办公空间成为纽约、伦敦和欧洲大陆其他企业家效仿的建筑类型和模式（MacCormac，1992）。

网络化生产

因为建筑的商业周期是循环的，福特式生产在商业建筑中被证明是不经济的：产量和产品类型随时间和经济强度的变化而变化，项目的地理分布广泛（Eccles，1981a，1981b；Stinchcombe，1959；1965），对熟练和专业工人的依赖都限制了它的集中化、垂直整合。因此，不像在过去基于手艺的其他经济部门，如玻璃制造、纺织和锻造，建筑行业的组织没有形成正式的分工、整合和集中管理（Tushman & Anderson，1997；Utterback，1994）。

因此，建筑生产保持了一个独立的以行会为基础的特点。即使在今天，行业专家也会在项目出现的时候根据需求将项目分包出去。此外，1850年以前存在的网络化生产关系在许多方面继续组织着建筑活动。“监工”系统的残余是比较常见的，体现在如弗兰克·劳埃德·赖特（Frank Lloyd Wright）这样的著名建筑师和他的学徒工作室上，也反映在基于手艺的类别、规范和网络配置之中（Levine，1996；Pogrebin，2004；Sanvio & Konchar，1999）。这个行业依赖于实践和手艺人及行业专家的网络来建造建筑（Bensman & Lilienfeld，1991；Biggart & Beamish，2003；Granovetter，1973；Van Maanen & Barley，1984）。[8]通过大大小小的公司之间的非正式的、准市场生产网络组织起来的这个行业，使其与其他集中化组织的行业区别出来。[9]

新技术

通风、照明和结构完整性长期以来都是面对新材料和新技术挑战的建筑师、工程师和熟练技工所面临的挑战（Finkel，1997；Sanvio & Konchar，1999；Shales & Weiss，1993）。技术与其他考量保持着对话关系——它们共同推动和拉动了字面上和喻义上的市场形态，以及激励人们参与其中的因素（Bijker & Law，1997；Hargadon & Douglas，2001；Hughes，1983；Hughes，Pinch & Bijker，1987；Latour & Woolgar，1986）。

从1830年到1920年，建筑技术和材料的变化使这个行业市场化了。1830年左右被用于建筑低层的铸铁柱的发展，以及随后在1870年左右“I”形钢铁梁的发展提高了承重能力，超过了砖石地基和铸铁技术支撑四层到五层的限制。在19世纪80年代，水泥和钢筋混凝土的改进也增加了商业建筑的潜在规模和复杂性，使更标准化的建筑流程和风格更统一的建筑成为可能，从而提高了它们的市场潜力。升降机（大约在1850年）和蒸汽驱动的奥的斯电梯（大约在1890年）让10层以上的建筑变得很普遍。1875年发明的隔离异味的厕所、1880年前后的电力，以及通风和环境控制都改变了建筑物的形式和内容，使它们在更宽泛的条件下都适宜居住。

每一项新技术都增加了建筑物的商业潜力，并支持了该行业向投资者驱动的市场秩序的转变。也就是说，虽然这些改进极大地提高了建筑物作为实物的可出租、可租赁和可销售的属性，但同时也极大地提高了建筑物的资本密集度并使其标准化，使其成为更具吸引力的可交易商品。

市场出现和市场危机

20世纪20年代CBD经济扩张的持续，加上建筑技术的显著进步，以及建筑师、工程师和建筑商专业技能的提高，使得办公建设激增。然而，随着1929年股市崩盘，市中心的发展又停滞了20年。[10]虽然第一次和第二次世界大战之后的几年本应是“大规模房地产开发”的黄金时代（Feagin & Parker，1990；Gause，1998；Shales & Weiss，1993），但在那之前，尽管技术进步了，但商业建筑市场仍然主要是地方性和区域性的。

此时，交换由嵌入在市场环境中的生产网络所管辖，但大多数活动仍然是相对本地化的，由致力于小型建筑项目而成为“投资建筑商”的个体开发商企业家进行（Gause，1998）。投资建筑商建造自己的地产时，通常都希望无限期持有这些地产。大部分商业建筑的融资都是通过相对简单的方案，如涉及资金区域来源的合伙人制（Davis，1999）。在那些需要巨额资本支出和财务约定的特别雄心勃勃的项目中，知名且主要是当地的企业家会聚集投资者和集中资源，或者更罕见的是，与保险公司达成长期抵押贷款的安排［被称为“邀请贷款约定”（takeout commitment）］。这些项目和融资计划在当时是不寻常的，只发生在少数精英城市中心，市场秩序仍然牢固地扎根于建筑物的实用概念上。早期的投机者出现了，外部资金来源偶尔被利用到，定制的公司总部和摩天大楼偶尔被启用。然而，更典型的情况是，投资建筑商要么建造建筑用于居住和生产，要么希望作为自己建造的商业地产的业主获利。

一种以新型企业家为特征的市场秩序直到二战后才出现，这些企业家建造建筑以快速将其“转手”获取利润，他们在直接合作伙伴之外筹集资本，并且将商业建筑视为“战略资产”。当时，一个新的房地产企业家出现，会加速向新的市场秩序的变化。这些企业家被称为商业开发商。

投机市场秩序

随着二战的结束，美国开始了前所未有的经济扩张（Gans，1967；Logan & Molotch，1987；Molotch，1976；Molotch，1993；Rome，2001）。然而，与早期关注于CBD的商业趋势不同，到20世纪50年代末，地产开发正沿着不断扩张的联邦和州高速公路系统流出城市中心。得益于1944年联邦高速公路法的资助，新的道路和高速公路推动了远离城市地区的开发，为大规模地向郊区迁移创造了条件（Romc，2001）。这种扩张使办公楼和其他商业建筑的建设活跃起来。

熊彼特的观点，企业家是经济变化背后的动力（Swedberg，2002，2006），在一种新型商人——“商业开发商”——的创业努力中得到了证明。房地产开发商将建筑市场从以实用为基础的市场秩序转变为投机市场秩序（Feagin & Parker，1990；Gause，998；Shales & Weiss，1993）。其结果是，商业建筑市场迅速从地方性、区域性市场扩展为一个将建筑作为商品交易的国家性和国际性的市场。商业开发商创业成功的一个关键是更多的获得信贷和资本的渠道。美国税法也有力地刺激了行业以外的人投资商业地产。保险公司和养老基金等机构投资者、国内和国际的大型贷款机构，以及有钱人，越来越多地将目光投向商业建筑，尤其是办公建设，以寻求其利润潜力和税收优惠。

建筑成了金融资产，其次才是实用产品。设计和建造的全部要求是功能充足就够了。一个促使以战略金融资产形式打造建筑的市场秩序成为主导的组织逻辑，一直持续到20世纪80年代中期（White & Adler，1993）。通过生产可以从房地产快速增值中体现的商业结构，商业开发商试图从这种发展趋势中获利（Feagin & Parker，1990；Rome，2001；Squires，2002）。[11]虽然这种市场秩序遵循低买高卖的经济原则，但真正改变的是其中投资利益的日益非地方化。商业开发公司通常是地理上的外来者，他们将国家和国际资本投入他们未来的项目中（Feagin & Parker，1990；Pygman & Kateley，1985）。[12]商业开发商，这个反映了熊彼特对信贷作为资本主义活力一个基本方面的关注（Ingham，2003；Schumpeter，1936，pp.70-72），在通过货币市场出现的更广泛的资本流通和尚未完全实现的建筑市场之间提供了一个关键链接（Harvey，1985）。

利用战后的经济繁荣和城市郊区的迅速发展，到了20世纪60年代，开发商发现在建设之前获得贷款，并以投机者的身份迅速建造和出售房屋是有利可图的。反过来，投资者在购买这些房产时往往会考虑转售，因为需求如此之大，每一笔交易都能获利。到70年代中期，投机性建设成为常态：一个开发商既没有准备购买的客户，也没有准备租赁的租户。这与以前的市场秩序相反，也与今天的房地产市场形成了鲜明的对比。与之前在实用市场秩序中的建筑商不同，投机开发商假定有市场需求。到80年代初，大批投资者进入这个市场希望从中获利，随之而来的是一种从众效应：银行和其他机构竞相入股项目，将信用度和开发商个人持股的严格性和标准推至历史低点。在巅峰时期，贷款机构只需要开发商最少10%的个人股权，这实际上是把资本交给了投机泡沫（Abolafia & Kilduff, 1988）。[13]

实际上，正是在这段时期，开发商学会了通过贷款和高杠杆股权安排而不是通过出售房屋来获利。杠杆化涉及借款或获取在一个既定项目的成本中占很高比例的股权约定，在这一阶段，这比项目的实际现金支出成本高出20%至30%。开发商低持股比例和在这一时期主导着房地产开发的高升值率造成的一个后果是，开发商向投资者大量索取资金，但自己却不用承担项目的风险。

宏观经济结构和微观创业活动的动态也对正在构思、设计和建造的这类商业项目产生影响。开发商和其他短期投资者在寻求更快地将建筑交付市场的方式和更便宜的建筑方式以巩固他们的利润。这推动了建筑设计和过程的标准化。预制的趋势和对钢筋和混凝土等廉价材料的依赖反映了在投机市场秩序下建筑的重新概念化。由于开发商对这些房产没有长期的兴趣，对细节的关注和产品的质量都下降了。由预制混凝土板打造的“提拔”（Tilt-up）建筑体现了新的市场秩序的逻辑，反映了二战后发展起来的变化的经济策略和美学（见表16-2）。[14]

新资本的大量涌入产生了一种“淘金热”心态，而这种心态反过来又在很短的时间内明显扩大了市场的容量和规模。在70年代和80年代，储蓄和贷款协会、大型养老基金和保险公司增加了它们的债权和股权投资，并开始直接购买房产。对投资资本激增尤其重要的是来自刚刚去管制的银行业的资金。银行与储蓄和贷款协会能够为储户提供有竞争力的利率和联邦支持的存款保险，以及投资非住宅不动产的新能力。这些变化促进了1980年至1991年间的办公建设热潮。

房地产企业家还开发了新的股权和债权来源，以利用该时期经济快

表16-2　投机市场秩序

宏观经济发展	中观经济的市场秩序	微观经济的企业家动态
	银行业和金融的变化	
资本循环扩大到包括国内和国际投资者	国内以及最终国际投资者的目标都是商业地产	国内/国际投资集团和商业开发商联手开发大型资本密集型项目
二战后大规模的经济扩张	对办公室、仓库和工业设施的新需求	后期：商业开发商使用“杠杆”实现利润最大化
后期：美国工业的金融化开始于这一时期的后半期，因为国内和国际资本循环寻求投资以解决其流动性问题。特别是机构投资者加大其对工业/商业企业的投资	后期：建筑行业的金融化开始。非本地投资和投资竞争导致低息贷款，从而改变了市场秩序，强调建筑是“金融工具”	
高速增长和令人兴奋的经济时代	投机伴随着高需求和（几乎）免费的贷款而出现	后期：企业家打造假想的需求；市场最终崩溃
	人口和劳动力市场的变化	
		早期：新行业企业家的出现；大肆挥霍房地产机会的商业开发商
	技术和基础设施的变化	
联邦和州高速公路的建设和城市郊区基础设施的发展	城市郊区交通走廊的建立刺激了对建筑的巨大需求	
行业快速的技术创新	建筑生产过程变形以配合投机性快速转手的信条——这体现在标准化的建筑设计、预制、廉价的材料和倾斜的结构上	
	治理和监管的变化	
税收和投资法律的放开	新税法激励商业开发	创造性地将建筑物作为金融资产使用（增值、折旧和税务注销）
		需求和美国的税法激励着人们快速地在建筑物上投资、转手或亏钱

速扩张所带来的资本大量流入。房地产辛迪加（Syndicate）和房地产投资信托基金（REITs）的成立是为了汇集并利用尚未用于商业开发的小额投资者资金（McCoy，1988）。[15]20世纪70年代发明的这类金融工具也很受投资者欢迎，因为税法和被放开的房地产投资规定使这些工具成为一个非常有吸引力的避税所。只要将其应纳税收入的90%返还给股东，REITs就可以提供所得税减免。

该行业的金融化也在这一时期开始（Feagin & Parker，1990；Krippner，2005）。养老基金投资者可以通过投资REITs来核销联邦税，这极大地增加了用于开发目的的可用资本。同样，20世纪70年代和80年代自由的房地产税法也鼓励富裕人士投资房地产抵押贷款投资渠道信托（REMIC），以使其收入免税（Roulac，1993）。

基于这些变化而出现的市场参与者的动机和相互关系的扩大，反映并促进了一种在70年代后期几乎完全是投机性质的市场秩序的兴起，它反映在工业投资决策和实践中。高速增长和高投资回报率已成为一种预期，尤其是在商用办公楼和商用空间的市场。[16]事实上，从1979年到1989年，该行业经历了美国历史上最大规模的建筑热潮。美国曾经建造的办公和商业空间有一半是在这10年间建造的（Gause，1998）。

投资者并不把建筑物当作长期投资，在某些情况下，甚至也不把它们当作逐利投资。讽刺的是，亏损可能是商业开发投资背后的灵感，因为它有显著的税收优惠。“有这么多钱可用，一些开发商就忽视了项目的经济可行性问题……”（Feagin & Parker，1990）；更大的损失意味着更大的税务核销。简言之，建造建筑不是出于通常被归因于建筑商的原因：创业资本如此充足，声誉良好的开发商和之前的开发成功使他们不受风险影响，以至于他们可以自己贷款来赚钱而不用担心损失，因为对预期项目的分析很不严格而且往往执行不力（Gause，1998）。其他人只是想通过亏钱来核销税款，以保护他们的收入。

然而，最终，告别投机市场秩序的转变反映了与其相关联的投机泡沫的破灭。大量外部投资者的资金涌入房地产市场，使得房地产开发商的可用资本大幅增加，从而引发了一场与需求脱节的建设狂潮。这导致了过度建设的CBD和城市郊区，即使是飙升的需求也无法消化惊人的爆炸式供应。然而，由于推动投资和建设的金融计划使这些开发商免受影响，并奖励了其他失败的开发商，这种繁荣远远超出了当地市场吸收新的办公和商业空间面积的能力（Roulac，1985，1993）。投机市场秩序更少强调商业建筑作为提供物理空间的物理制品，而更多强调其是被建造出来以“转手”获取利润的战略金融资产。

20世纪80年代末的房地产泡沫反映了投机市场秩序的组织性和规范性力量，它们使这个新兴市场的现实蒙上了阴影。起初，这种市场秩序涉及相对不受风险影响的主要靠信贷来建设和盈利的开发商和企业家。尽管过度建设的城市和城镇景观可能会让投资资金变得一文不值，但贷款机构和投资者仍继续向开发商提供资金，帮助他们建造新的商业地产。因此，这个风行一时的市场秩序催生了“投机泡沫”（Abolafia，1996；Abolafia & Kilduff，1988），导致了该行业的金融危机。投资者似乎很少关注由空置率、被建造出来的面积，以及其他“需求”指标代表的“市场的客观状态”，因为他们依靠开发商来评估市场，并且与他们的投资道德保持一致，即强调建筑物是低风险、流动速度快、收益高的现金来源和/或有利可图的避税所。在这种情况下，未出租和空置的建筑物本应向潜在投资者发出的信号却没有得到重视。投机市场秩序的重点是迅速获得资金进出，假设任何建筑一旦进入市场就会被出售。

然而，到1987年，繁荣结束了，投机市场秩序也随之结束。首先，联邦税法的变化——对1986年《税制改革法案》（Tax Revision Act）的修订[17]——通过使房地产业的财务损失优势失去吸引力，严重削弱了房地产作为避税所的吸引力（Bettner，1990）。其次，当新的《税制改革法案》全面生效时，无法使房产中住满租户，或无法出售建成后的房产，最终打击了投资者的投资动机。最终，经济衰退和过度建设的CBD以及城郊走廊让投资者两手空空，留下了许多空置的房产。即便是为了利用不同来源资金而创建的辛迪加和REITs也从引人注目变成平淡无奇，在某些情况下甚至资不抵债。

作为保守对冲投资的建筑

制度研究者已经观察到，在一系列的环境中，被注入了象征意义的战略和实践可以远远超出其“技术价值”而持续存在，这是出于合法性、减少不确定性、可靠性和责任感（DiMaggio & Powell，1991；Hannan & Freeman，1984；Meyer & Rowan，1977；Selznick，1957；1966）。就商业建设而言，创业投机者继续追求一种在其鼎盛时期几乎完全脱离了建筑生产、租赁和销售，以及入驻等“实体经济”的经济轨迹。结果就是市场崩溃。虽然兴衰周期并非商业建设的特征，但20世纪80年代后期的经济萧条和衰退却具有变革性，改变了该行业的根本投资动机，以及伴随他们的“商业建筑是可投资产品”的概念。到了90年代，商业建筑行业已经从“快速致富”的投机市场秩序，转变为与之几乎相反的市场秩序，即将建筑重新定义为长期保守投资，可以在有更多波动性较大的资产组合（例如股票等）中充当对冲工具。建筑物不再因其迅速增值而受到重视，而是因为它们能够在十年或更长的时间内产生可预测的租金收入（见表16-3）。

80年代房地产市场的崩溃是商业周期的一个主要低谷。大量的商业开发商违约，因为他们不能在一个供过于求的市场上出售或租赁房屋（Miller，1999）。市场崩溃收紧了各种商业建筑项目的可用投资资本：债权、股权和风险投资。幸存下来的企业家开发商不得不制定新的策略来筹集资本，因为他们通常的投资者基本上已经消失了。一种新的投资者－企业家在围绕着使用新的财务绩效标准的新模型在重新调整市场方面发挥了重要作用。

到90年代中期，养老基金、银行渠道或信托、共同基金和REITs成为商业建筑开发领域最大的投资资本来源。他们的突出作用是“金融化”了房地产行业，巧妙地也不那么巧妙地重新调整了占统治地位的市场秩

表16–3　对冲市场秩序

宏观经济发展	中观经济的市场秩序	微观经济的企业家动态
	银行业和金融的变化	
资本流动的全球化	产业投资的全球化	创业利益的全球化
动荡的资本市场，新的金融证券形式，持续的流动性问题	实体建筑是安全存放资金资产的地方；当其他市场失败时，需求会飙升	房地产被用来对冲投资组合中波动较大的股票和债券
华尔街的金融化	当养老基金、保险和REITs成为主导时，金融化得以持续	基本选址、设计和融资选择的变化反映了保守的"对冲"风格
资本寻求安全着陆	机构投资者强调保守的对冲行为规则；其他投资者也纷纷效仿	
	技术和基础设施的变化	
过度建设的CBD和城市郊区环境	需求持续飙升	大规模创业投资将市场推向悬崖；泡沫破裂，市值损失三分之一
	治理和监管的变化	
1986年美国《税制改革法案》；1999年《金融服务现代化法案》	投机性发展受到抑制	通过避税失去收入保障

序。[18]随着机构投资者成为衰退的房地产市场中最重要的资本来源，他们的偏好重新调整了市场秩序（McCoy，1988）。机构投资基金认识到房地产与其他资产通常是反周期的，而且房地产的回报率与股票、债券和其他固定投资差不多，而市场价值不会出现每日波动。房地产被重新解读为可以在长期内保证更多稳定性的有形资产。

90年代中期，随着高科技的蓬勃发展，商业地产的吸引力增加了，因为它有望填补过度建设的城市和郊区房产，并产生对新建筑的需求。这使得商业办公楼和房地产对通常青睐中长期投资，现在它们也能对从传统的房地产繁荣三重奏中受益的机构投资者产生吸引力：快速升值；避税折旧；如果涉及物业租赁，则会增加收入来源。

作为资本匮乏行业中为数不多的可用资金来源之一，房地产不断金融化的趋势在此期间加速发展（Collier & Halperin，2002；Feagin & Parker，1990；Muldavin，1999）。到2000年，全部商业建设贷款中有89.9%来自机构贷款人（Collier et al.，2002）。[19]这产生了将房地产市场与华尔街和全球资本流动更紧密联系在一起的关联效果（Roulac，1993）。反过来，他们愿意承担的风险类型，他们寻求获得的利益，以及商业建筑对他们的意义，也扩大了这些投资者在商业建筑市场上的影响力（Black，1994）。

机构投资者乐于在这种新的市场秩序中投资；与大多数金融资产相比，建筑因具有“实体”价值而备受赞誉。另一方面，商业建筑不仅仅是物理制品，它们被视为多样化投资组合中的战略对冲。作为战略对冲，商业建筑被理解为稳定的产品，在5年、10年或20年内获得可预期的收入流，保护投资组合免受通货膨胀的影响，并可以抵消股票、债券和其他证券的短期波动（Miller，1999）。

对冲市场秩序本质上是一种保守的观点，在各个层面上塑造了行业决策，包括选址、设计和融资，以及对参与建筑物实际建造的承包商的选择。的确，基于对冲的市场秩序影响了办公建筑的材料形态，解释了该行业对他们所称的“功能和灵活性”的强调（Beamish & Biggart，2010）。这个市场秩序的建筑是典型的无特征的矩形结构，三到五层的高度，中等大小（50000 ～100000平方英尺的楼层面积），以及可以容纳尽可能多的未来租户的开放式平面（Gause，1998）。它们也通常是由开发商、建筑师和具有可靠资质的施工经理设计和建造的，因为这些建筑通常不会被“转手”，但必须在短期建筑贷款到期后进行再融资（Coverdale，1993）。考虑到这种市场秩序，由新手建造的建筑，或纯粹是为了它们的象征价值的建筑，以及完全是为了投机的建筑，都是市场的反常现象。而常规是有一个经过验证的开发商和一种可以在一个建筑的生命周期内容纳各种各样租户的常规设计（Miller，1999；Steele & Barry，1988）。

20世纪90年代和2000年初，对冲市场秩序反映了投资者、设计师和建筑商对建筑作为投资组合中的金融对冲的共同假设和期望。不符合对冲市场秩序的建筑，例如，展示特点和非典型设计的“获奖建筑”，都被带着怀疑态度看待。“特殊”建筑通常是由希望利用建筑（例如“绿色”建筑）能使人们识别其业务的业主私人出资建造的。[20]

2000年至今：从对冲到“金融化”危机

到2000年，以高科技股为首的股票市场已经崩溃，但商业建设承包合同也下降了近18%，使这个市场既为投资做好了准备，又加强了保守的投资行为准则（Meeks，2008）。为了避免经济衰退，世界各国央行纷纷降息，向经济注入大量流动性。对能够超越通胀、避免在华尔街所经历的下跌的投资的寻觅，使房地产投资变得非常有吸引力。当投资其他经济领域的收益使投资者追求“实物”房地产的稳定性以稳定他们的投资组合时，资本开始大量涌入美国和其他发达国家的商业建筑市场。资本流入造成了美国房地产市场的投资失衡：对理想的投资性房产的需求远远大于供给。投资者和贷款机构之间为了获得或给房产提供贷款的激烈竞争导致贷款机构的警惕性下降和房地产价格的大幅上涨。

除了大量涌入来自2000年互联网泡沫破裂后逃离股市的投资者的金

融资本外，90年代银行业的去管制化还从根本上重组了商业银行和许多保险公司所使用的房地产贷款流程，并进一步导致了大量资本流入美国房地产市场（Downs，2009）。90年代中期，被摩根大通等投资银行聘用的金融创新人士，通常是麻省理工学院等顶尖大学的数学系毕业生，为银行设计了降低贷款风险的新方法，并最终使银行业推动了去管制化。其中一项创新是信用违约掉期（CDS），这是使用最广泛的新型金融衍生品之一。CDS可以被理解为一种针对贷款违约的第三方保险。作为银行定期付款的掉期，美国国际集团（AIG）等保险公司承担借款人违约的风险（Philips，2008）。

这些新的保险计划使贷款人能够推动去管制化，如1999年颁布的《金融服务现代化法案》。这项法律允许创建银行控股公司，这些公司可以建立新的几乎不受监管的附属机构。与银行不同，这些新机构可以用不动产作抵押发放贷款，在贷款到期或被偿还之前，无须为这些贷款持有大量准备金。这些不受监管的新部门办理房地产相关贷款业务，以类似于债券的证券形式将很多这样的贷款打包在一起，将这些证券出售给投资者，然后将出售证券产生的资金用于提供新一轮的房地产贷款，整个过程反复多次（Downs，2009）。

同样几乎完全不受政府监管的CDS被大量出售，据说是为了抵消诸如CMBS等复杂和不透明证券的相关风险。未偿付的CDS证券的名义总值只能以相对意义来掌握。2008年，未偿付CDS证券的名义总值超过了62万亿美元。这是美国所有交易所的所有股票总价值（21万亿美元）的3倍，是美国年度GDP（14万亿美元）的4.4倍。在全球范围内，这62万亿美元超过了全球债券总价值的61万亿美元，以及2008年5月世界所有股票市场上所有股票总价值的57.5万亿美元（Downs，2009）。

到去年被美国纳税人纾困时，美国最大的保险公司AIG持有4400亿美元的CDS，并且其中有价值140亿美元的证券发生了违约（Philips，2008）。防止贷款违约的保险与其他形式的保险不同：如果一个保险缴纳人发生了交通事故，并不一定会增加另一个被保险人发生事故的风险。但当一个债券持有人违约时，可能会导致连锁反应，因为许多金融机构都是通过交易联系在一起的。最终，这些金融机构购买的“保险”变得毫无意义，因为没有一家保险公司能够对普遍的、不计后果的借款行为持有足够的准备金。沃伦·巴菲特称CDS为“大规模杀伤性金融武器”。在有关贷款准备金的规定被废除不到10年后，美国政府正通过纾困金融机构来提供准备金。

上升的空置率、下跌的房价，以及CMBS市场的崩溃，预计将加剧当前的经济危机。位于纽约的商业房地产研究公司Reis的数据显示，2009年第二季度美国办公楼空置率升至15.9%，为四年来的最高水平。2009年上半年，租户在全国范围内撤出了4520万平方英尺的办公空间，反映出与经济衰退相关的大量裁员和商业倒闭。由于空置率不断上升，越来越多的商业地产无法产生足够的现金来支付本金和利息。大多数美国商业地产的价值自首次获得融资以来出现了下降。得克萨斯农工大学房地产中心首席经济学家马克·多佐（Mark Dotzour）表示，“美国的每座商业房地产建筑都损失了其价值的30%”（DallasNews.Com，September 30，2009）。2009年9月中旬，位于纽约市的Real Estate Econometrics预测，银行持有的商业抵押贷款的违约率将从第二季度的2.8%增加到第四季度的4.2%，直到2011年才会达到峰值。自2008年底以来，违约、丧失抵押品赎回权或破产的美国商业房产增加了一倍以上。大多数将贷款捆绑到CMBS中的业主（占未偿还商业抵押贷款的20%）无法再融资（Wei & Grant，2009）。

人们普遍预期商业房地产将成为当前经济崩溃中“下一只掉下的鞋子”。但具有讽刺意味的是，最近商业房地产投资的动机在本质上是保守的，它们是一种保护投资者免受股市剧烈和短期波动影响的手段。

讨论和结论

在我们对商业房地产行业的社会历史描述中，我们已经表明在过去的200年里，内生变化和外生力量导致了市场秩序的转变。我们试图证明应该从多个分析层级上去理解这些内容：宏观、中观和微观。商业房地产是一个以有宏观经济繁荣和萧条商业周期而闻名的行业。商业周期反映了各种各样的原因，如国家的举措，像1944年的《高速公路法案》（Highways Act）和1986年的《税收改革法案》，以及源自华尔街的投资趋势，如20世纪80年代开始的包括房地产在内的许多行业的金融化（Krippner，2005；Useem，1996）。商业房地产还是一个以推动并促成市场转型的企业家为特征的行业。各种各样的创业努力由监工、业主、地区商业精英、商业开发商、投机者，以及最近的养老基金高管来主导。在这方面，熊彼特将商业周期和企业家行为都认定为反映、表达和激发资本主义活力的观点是正确的。

但是，他和其他人忽略的是外生和内生的因素和力量的联系产生了中观经济环境，其主导经济逻辑和形态在塑造经济行为中起着不可磨灭的作用，而这种作用不能被简化为宏观或微观层面的分析。因此，包括技术和材料的标准、可用的知识和技能、行业的社会组织、国家举措，以及不同的投资动机在内的各种要素揭示了随着时间的推移，中观经济问题在这个市场的重组中所产生的影响。就像围绕着住宅和商业房地产的2007年金融危机所证明的那样，这些要素还揭示出中观经济状况具有更广泛的影响，因此也对理解更大的经济趋势和破裂有着更广泛的影响（见表16-4）。

表16–4　中观经济的市场要素

中观经济要素	在秩序和变化中的角色	例子
1. 技术和材料标准	技术和材料元素的稳定性/创新	结构和机械材料，规定和惯例
2. 知识和技能	社会启发、实践社群、资质认证促进了秩序；新技能、新想法挑战了现状	工程、建筑和财务规范；职业传统和轨迹
3. 社会组织	分工和权限；专业知识的分布；相互依存和网络的形式	（纯）市场，正式等级制度，生产网络
4. 国家结构	政府要求和激励措施	健康和安全法规、分区和建筑法律、税收政策和治理要求
5. 投资动机	定性和定量的投资者偏好的定义了产业对产品的通常理解并组织了参与者	在CC中，需求特征来自投资者，例如“投资以拥有”“投资以转手”和“投资以对冲”

当前金融危机之前的最后一个中观经济市场秩序强调房地产是一种对冲投资，其金融保守性不同于以往的市场秩序（见表16-3）。更早的市场秩序是以用来安置工人和生产过程的实用物品的商业建筑为基础（见表16-1），然后在第二次世界大战之后成了提供相对快速的投资者回报或为财富提供避税的投机性创业活动（见表16-2）。每一次制度变革都反映了外生环境因素和由企业利益驱动的内生机会的复杂混合。简而言之，中观经济市场秩序是宏观和微观条件的制度联系，它提供了一个共同的出发点使市场参与者以此来规划、协商和复制作为（无论在观念上主要是物质的还是金融的）产品的建筑物。因此，在任何给定的中观经济市场秩序下的经济行为，最好被认为是嵌入制度的行为——它受到环境影响，被网络结构起来、被社会性整合起来，并在物质上呈现出来。作为活跃的社会和物质建构物，市场秩序将被界定为具有合法性的手段和目的组织起来，并有可能获得成功。市场秩序为正在进行的经济交易带来了社会稳定，但随着新的动机、知识、有针对性的税法或技术等中间条件的转变，市场秩序最终可能崩溃。

在2007年金融危机之前的商业建筑的建设中，情况确实如此，尽管在房地产崩盘前，主流行为规则表面上还是保守的，投资者经常将商业地产作为对冲投资。的确，2001年以后这个市场的迅速金融化和随后的繁荣反映了它所处的地位，即作为一个保护从这个行业和从其他经济活动和经济部门中获得的利润的地方。这部分反映了外生宏观经济条件。2000年初，为了防止经济衰退，各国央行向市场提供了充足的资本。许多人通过投资美国商业地产来寻求资金的安全着陆。寻求能够超过通胀速度、避免华尔街波动的投资，也使商业房地产对国内投资者非常有吸引力，包括养老基金、保险、银行渠道、共同基金和REITs。

解释了资本快速流入商业房地产市场原因的另一个关键性发展是过去40年对银行业和投资的去管制化，这在《格拉斯－斯蒂格尔法案》被废除进而在1999年通过《金融服务现代化法案》时达到了顶峰。这给银行和投资机构提供的相对激进的投资扩张反映了一种新发现的将储蓄存款投资到盈利工具的自由，再加上联邦存款保险公司（FDIC）提供的存款保护，这鼓励了银行接受以前无法获得的风险水平，从而释放了大量的资本投资。这在诸如CMBS之类的新投资工具中迅速成形，这类工具在2000年初期在住宅和商业房地产领域泛滥，并进一步放大了流入这些领域的大量投资。例如，与住房抵押贷款支持证券一样，CMBS在美国商业房地产市场的价值从1995年的不到50亿美元增加到2005年的超过2000亿美元（Meeks，2008）。

基于激烈竞争、高回报率，以及对作为一种“稳定对冲投资”的商业房地产的越来越具体化、去物质化和金融化的理解，对商业房地产的需求远远超过了“真正”实体建筑的供应。这导致了企业家活动的加剧，投资者之间的竞争也随之加剧，从而推动了日益神秘的试图利用大量投资资金的投资工具的进一步发明，以及随后的泛滥。

同样反映出激烈投资竞争的一个必然趋势是放贷人警惕性的陡然下降和房地产价格急剧而持续的上涨。加上伴随市场去管制化而来的松懈的政府监管，中观经济的灾难即将来临；随之而来的是商业房地产业的“对冲泡沫”在2007年与经济的其他部分一起开始瓦解，但直到现在，当商业房地产租赁违约出现堆积而空置物业数量增加时，这一过程才开始被感知到（大约在2009年至2013年）。这是因为商业房地产的商业周期往往比整体经济落后18个月至2年，这反映了租赁条款以及衰退（和增长）对那些通常居住商业建筑物中的人的滞后经济影响。

要理解上述相关情况中“内部”和“外部”以及市场的宏观和微观方面相互联系的本质，人们需要注意在那些描绘出经济计划是在哪里制定和执行的中观经济市场秩序中普遍存在的逻辑。市场秩序最好被理解为中观经济建构，它反映了在经济停滞和变化两个时刻都存在的中间的和主体间的组成部分，是新古典主义、凯恩斯主义或熊彼特主义的经济场景模型难以捕捉的因素。即使是熊彼特对企业家行为的英雄式的概念化也没有做到这一点。尽管熊彼特承认韦伯所说的“资本主义精神”，并将其体现在他对企业家精神的概念化中，但他从未对经济和经济变化形成一个完整的社会学概念。熊彼特对企业家精神的理解保留了一套方法论上的个人主义假设：企业家的努力本质上是反社会的，无非反映了抵抗集体经济现状的巨大努力。尽管我们认同，企业家活动以及这些活动的经济创造力和破坏力确实可以为资本主义提供其动力本质，但我们不认为企业家精神是个人的心理取向。相反，它反映了经济行动所处的社会和制度环境。企业家行动只能通过成功地理解、概念化，以及利用我们称之为中观经济市场秩序的中间制度安排来实现。

通过观察像商业建筑和住宅建筑这样的行业的市场秩序的长期变化，人们可以看到企业家行动固有的嵌入制度的创造力，以及它在产生构成经济危机的失控条件中的作用。也就是说，在解释创造性破坏的过程时，破坏必定要先于创造。忽略破坏过程和当“企业家精神”变成“投机性赌博”时发生的危机，至少错过了任何给定变化过程的一半（Biggart，1977），而且通过不加批判地采纳关于“进步”由什么构成的预设会进一步歪曲分析（Scott，1998）。在利用新的机会寻求利润时，企业家从定义上说就在打破现状关系的稳定，即破坏，从根本上改变了获利的本质以及市场秩序的已知基础。事实上，正如我们最近从2007年金融危机中了解到的那样，基于当前经济体系的相互连接性，当事情出现问题时，“企业家投机”看起来更像是“鲁莽的赌博”——这不是一种那么英雄的行为，因为它不仅会伤害孤立的企业家，还会损害整个经济体系的生命力。

注释

[1] 2008年10月23日，格林斯潘在众议员亨利·韦克斯曼（Henry Waxman）的委员会上作证时说：“我们中间那些曾指望放贷机构能够出于自我利益的考虑而保护股东权益的人，包括我本人在内，都处于一种惊疑的状态。”这句话被广泛引用。

[2] 凯恩斯主义者认为这将增加总体经济活动以及保持低失业率，从而进一步扩大货币供应和遏制通缩周期的威胁。

[3] 这些是，Kondratiev（54年），Kuznets（18年），Juglar（9年）和Kitchin（4年）波形。

[4] 房地产行业按建筑物类型及每个类型中的子类型将商业建造大致分为三个部门。这些部门是：（1）机构的（即政府/非营利组织），（2）私人的（即所有者自住房），以及（3）商业的。商业房地产通常进一步被分为：（i）办公室/零售，（ii）工业/仓库和（iii）多户住宅。在这些类别中还有进一步区别，例如建筑物的等级（A，B和C）它们反映得更多的是地区和区域的区别［Energy Information Administration，（EIA），2004；Collier et al.，2002］。我们在本文中论述的大部分内容也适用于工业设施和仓库建设。

[5] 虽然有像Bechtel和CH2MHill这样的全球建筑公司，但它们主要是工程公司，建造大坝和管道等大型项目。建筑一般来说是他们的副业。

[6] 实际上，直到18世纪，“建筑师”一词并不像今天那样指的是“设计师”，而是指对建筑项目负有全部责任的总工匠，即设计和对现场工匠监督（Shelby，1970，p.22）。

[7] 例如，在1887年至1904年之间，商业兼并合并了该国15%的商业资产，创建了70家大型公司。1925年至1930年的第二波兼并浪潮涉及该国1/10的商业资产和12000家公司（Feagin & Parker，1990）。

[8] 商业建筑市场的结构大致符合学术界对新经济“无边界组织”特征的描述——高科技、金融服务，以及其他专业驱动的外包工作领域（Barley & Kunda, 2001; Powell, 1990）——但最佳的描绘是它是一个“生产网络”（Podolny, 1994; Podolny & Page, 1998; Powell, 1990, 1998; Powell, White, Koput & Owen-Smith, 2005; Smith-Doerr &Powell, 2005; Whitford & Shrank, 2009）。

[9] 这对市场秩序产生了两个重要影响。首先，对非正式生产网络的严重依赖助长了从业人员的保守伦理，他们依靠声誉和经验法则来做出判断，并在许多方面使该市场在社会上与外界隔绝，并抵制变革。其次，矛盾的是，尽管商业建筑作为一个行业倾向于关注内部，但它的网络化状况和缺乏根深蒂固的寡头垄断使得大大小小的企业家随着时间的推移都得以蓬勃发展，并推动该行业走向新的方向，有时甚至非常戏剧性（Davis，1999）。

[10] 第二次世界大战期间，政府禁止使用战争所需物资。

[11] 例如，随着城市更新运动，特拉梅尔·克罗（Trammell Crow）于20世纪70年代初至中期崭露头角，成为美国最大的开发公司之一。到1986年，它是美国最大的商业开发商，价值75亿美元（Ewald, 2005; Forbes, 1986; Kolman, 1986）。

[12] 例如，二战后不久，加拿大开发商（如Reichman Brothers of Olympia，York Development Inc.，以及the Campeau Corporation）成为美国最大的开发商之一。

[13] 当代市场标准要求开发商投资额达到其自有股权的20%至40%——这取决于一系列因素——否则大多数信誉良好的银行将不会冒险放贷（Beamish & Biggart，2002）。

[14] 提拔式混凝土建筑始于20世纪50年代后期的加利福尼亚州南部。它代表了建造办公室和仓库混凝土墙的一种快速和经济的方式。如今，提拔式建筑无处不在，是一个价值数十亿美元的行业，每年有超过一万多座的新建筑。

[15] 例如，到20世纪70年代，仅房地产辛迪加就占到了大型华尔街公司新发行证券的十分之一份额，而REITs占到了200亿美元或土地开发和建设贷款的五分之一份额。REITs作为投资工具变得如此受欢迎，以至于诸如寿险公司和大型银行等传统房地产市场投资者开始剥离自己的信托，以利用开发资金。

[16] 从1973年到1975年，房地产市场出现了短暂的萎缩，但这对市场的整体扩张趋势的影响很小。

[17] 走向辛迪加的变化以及将房地产作为“快速现金”和/或“避税所”的渴望伴随着1981年《经济复苏税法》的通过达到了顶峰。5年后，随着1986年《税收改革法案》的通过和1987年的股市崩盘，该行业的宽松货币情况戛然而止（Roulac，1993）。即使在20世纪90年代中期经济开始回暖时，税收结构的变化也特别具有破坏性，因为它通过（1）延长物业的折旧期限，（2）将税级从55%修改至36.9%，以及（3）建立以前未得到认可的收入差异（即将收入划分为收入，利息/投资和被动收入类别）来抑制某一类房地产投资。

[18] 机构投资者在商业房地产领域的崛起是一个在各个投资领域都可以观察到的趋势（Krippner，2005；Useem，1996）。自第二次世界大战以来，机构投资者——养老基金、银行渠道或信托、共同基金，以及在房地产领域里的REITs——的交易活动显著增加。到1986年，机构投资者占纽约证券交易所总交易量的90%，而在1976年占总交易量30%的个人投资者（Lowry，1984）在该年所占比例不到10%（McCoy，1988）。

[19] 例如，对房地产的公共证券投资（所有形式）从1990年的270亿美元跃升至1999年的3600亿美元（Muldavin，1999），并且在2000年第一季度，机构放贷人的贷款占全部商业建设贷款的89.9%（Collier et al.，2002）。按贷方类型和金额划分，细分如下：商业抵押贷款支持的证券或渠道（其中，一家机构，例如银行，制造了数百个单独的房地产贷款，将它们打包并在华尔街作为债券出售）3248282000（29%）；人寿保险公司2833969000（25.3%）；房利美、房地美、联邦住房管理局（FHA）2455805000（21.9%）；商业银行1193108000（10.6%）；养老基金187614000（1.7%）；信贷公司156942000（1.4%）；其他1132315000（10.1%）；总计11208035000（100%）（Collier et al.，2002）。

[20] 除了人们越来越普遍地认为摩天大楼、公司总部和其他“标志性建筑”不那么灵活且不太可能转售之外，建造新建筑的所有步骤——从设计到价值评估——都变得更加复杂和昂贵，需要大量的时间和精力，更多的沟通、谈判和妥协，因此增加了成本和风险。在这种市场秩序下，使得商业建筑的销售、租赁和定价变得越来越困难（Willis，1995）。

参考文献

Abolafia, M. (1996). *Making markets: Opportunism and restraint on Wall Street*. Cambridge, MA: Harvard University Press.

Abolafia, M., & Kilduff, M. (1988). Enacting market crisis: The social construction of a speculative bubble. *Administrative Science Quarterly*, 33, 177–193.

Alford, R. R., & Friedland, R. (1985). *Powers of theory: Capitalism, the state, and democracy*. Cambridge, Cambridgeshire; New York: Cambridge University Press.

Barley, S. R., & Kunda, G. (2001). Bringing work back in. *Organization Science*, 12, 76–95.

Beamish, T. D., & Biggart, N. W. (2002). The economy as instituted process: Interpretation, product paradigms, and building markets. In: *The next great transformation? Karl Polanyi and the critique of globalization*. Davis, CA: University of California.

Beamish, T. D., & Biggart, N. W. (2010). *Social heuristics: Decision making and innovation in a networked production market*. Davis, CA: Department of Sociology, University of California.

Bensman, J., & Lilienfeld, R. (1991). *Craft and consciousness: Occupational technique and the development of world images*. New York: Aldine de Gruyter.

Bettner, J. (1990). Real estate (A Special Report): Hard times – Overexposed: A lot of people who became limited partners in real-estate syndications are finding their losses aren't so limited. *Wall Street Journal* (Eastern Edition), New York, August 10.

Biggart, N. W. (1977). The creative-destructive process of organizational change: The case of the post office. *Administrative Science Quarterly*, 22, 410.

Biggart, N. W. (1989). *Charismatic capitalism: Direct selling organizations in America*. Chicago: University of Chicago Press.

Biggart, N. W., & Beamish, T. (2003). The economic sociology of conventions: Habit, custom, practice and routine in market order. *Annual Review of Sociology*, 29, 443–464.

Bijker, W. E., & Law, J. (Eds). (1997). *Shaping technology building society:*

Studies in the sociotechnical change. London: MIT Press.

Black, T. J. (1994). The restructuring of commercial real estate finance. In: U.L.I. *market profiles, North America*. Washington, DC: Urban Land Institute.

Block, F. L. (1977). *The origins of international economic disorder: A study of United States international monetary policy from World War II to the present*. Berkeley, CA: University of California Press.

Bourdon, C. C., & Levitt, R. E. (1980). *Union and open-shop construction*. Lexington, MA: Lexington Books.

Chandler, A. D. (1977). *The visible hand: The managerial revolution in American business*. Cambridge, MA: Belknap Press.

Collier, N. S., Collier, C. A., & Halperin, D. A. (2002). *Construction funding: The process of real estate development, appraisal, and finance*. New York: Wiley.

Coverdale, G. E. (1993). Office mortgage financing from the lender's viewpoint. In: J. R. White (Ed.), *The office building: From concept to investment reality*. Chicago: The Appraisal Institute.

Davis, H. (1999). *The culture of building*. New York: Oxford University Press.

DiMaggio, P. J., & Powell, W. W. (1991). Introduction. In: P. J. DiMaggio & W. W. Powell (Eds), *The new institutionalism in organizational analysis* (pp.1–38). Chicago: University of Chicago Publication.

Dobbin, F., & Dowd, T. J. (1997). How policy shapes competition: Early railroad foundings in Massachusetts. *Administrative Science Quarterly*, 42, 501–529.

Downs, A. (2009). *Real estate and the financial crisis*. Washington, DC: Urban Land Institute.

Eccles, R. G. (1981a). Bureaucratic versus craft administration: The relationship of market structure to construction firm. *Administration Science Quarterly*, 26, 449–469.

Eccles, R. G. (1981b). The quasifirm in the construction industry. *Journal of Economic Behavior and Organization*, 2, 335–357.

Energy Information Administration (EIA). (2004). *Official energy statistics from the U.S. government*. Washington, DC: Department of Energy.

Ewald, W. B., Jr. (2005). How Trammell Crow hit the real estate jackpot. In: B.

Minnick (Ed.), *Special section: Real estate marketplace northwest. The Daily Journal of Commerce and The Seattle Journal of Commerce*, December 15. Available at http://www.djc.com/news/ re/11174327.html. Retrieved on May 10, 2010.

Feagin, J. R., & Parker, R. (1990). *Building American cities: The urban real estate game*. Englewood Cliffs, NJ: Prentice Hall.

Finkel, G. (1997). *The economics of the construction industry*. Armonk, NY: M.E. Sharpe.

Fligstein, N. (1996). Markets as politics: A political-cultural approach to market institutions. *American Sociological Review*, 61, 656–673.

Forbes. (1986). As the crow flies. *Forbes*, 137(5), 10.

Gans, H. J. (1967). *The Levittowners: Ways of life and politics in a new suburban community*. New York: Pantheon Books.

Gause, J. A. (1998). *Office development handbook*. Washington, DC: Urban Land Institute.

Goettsch, J. (1993). The characteristics of today's office building. In: J. R. White & E. L. Romano (Eds), *The office building from concept to investment reality*. Chicago, IL: The Counselors of Real Estate, Appraisal Institute, and REALTORS Education Fund.

Granovetter, M. (1973). The strength of weak ties. *American Journal of Sociology*, 78, 1360– 1380.

Hannan, M., & Freeman, J. (1984). Structural inertia and organizational change. *American Sociological Review*, 49, 149–164.

Hargadon, A. B., & Douglas, Y. (2001). When innovations meet institutions: Edison and the design of the electric light. *Administrative Science Quarterly*, 46, 476–501.

Harvey, D. (1985). *The urbanization of capital*. Baltimore, MD: Johns Hopkins University Press.

Heilbrun, J. (1963). *Urban economics and public policy*. New York: St Martins Press.

Hughes, T. P. (1983). *Networks of power: The electrification of western society*. Baltimore, MD: Johns Hopkins University Press.

Hughes, T. P., Pinch, T. J., & Bijker, W. E. (1987). *The social construction of technological systems: New directions in the sociology and history of technology*. Cambridge, MA: MIT Press.

Ingham, G. (2003). Schumpeter and Weber on the institutions of capitalism: Solving Swedberg's puzzle. *Journal of Classical Sociology*, 3, 297–309.

Kolman, J. (1986). A tighter ship at Trammell Crow. *Institutional Investor*, 29, 129.

Krippner, G. R. (2005). The financialization of the American economy. *Socio-Economic Review*, 3(2), 173–2083, 173–208.

Krugman, P. (2009). How did economists get it so wrong? In: *The New York Times Magazine*. New York: New York Times.

Landau, S. B., & Condit, C. W. (1996). *Rise of the New York skyscraper, 1865–1913*. New Haven, CT: Yale University Press.

Latour, B., & Woolgar, S. (1986). *Laboratory life: The construction of scientific facts*. Princeton, NJ: Princeton University Press.

Lefebvre, H. (1970). *La Revolution Urbaine*. Paris: Gallimard.

Lefebvre, H. (1996). *Writings on cities*. Oxford, UK: Blackwell.

Lehman, A. (1974). *The New York skyscraper: A history of its development, 1870–1939* (p.2v). New Haven, CT: Yale University.

Levine, N. (1996). *The architecture of Frank Lloyd Wright*. Princeton, NJ: Princeton University Press.

Logan, J. R., & Molotch, H. L. (1987). *Urban fortunes: The political economy of place*. Berkeley, CA: University of California Press.

Lowry, R. P. (1984). Structural changes in the market: The rise of professional investing. In: P. A. Adler & P. Adler (Eds), *The social dynamics of financial markets*. Greenwich, CT: JAI Press.

MacCormac, R. (1992). The dignity of office. *Architectural Review*, 190, 76–82.

Mattill, J. (1986). Tall-building centennial: The rise of "Egonomics". *Technology Review*, 89, 10–11.

McCoy, B. H. (1988). The new financial markets and securitized commercial real estate financing: Real estate securitization relates real estate more closely to money and capital markets. In: G. Sternlieb & J. W. Hughes (Eds), *America's new market geography: Nation, region, and metropolis*. New Brunswick, NJ: Rutgers – the State University of New Jersey Center for Urban Policy Research.

McDermott, G. A. (2003). *Embedded politics: Industrial networks and institutional change in postcommunism*. Ann Arbor, MI: University of Michigan Press.

McGraw-Hill Construction Research & Analytics. (2006). *Green building smartmarket report* (p.44). New York: McGraw-Hill.

Meeks, R. (2008). Financial crisis casts shadows over commercial real estate. In: *Economic letter – Insights from the federal reserve banks of Dallas* (Vol. 3, No. 12). Dallas, TX: Federal Reserve Bank of Dallas.

Meyer, J., & Rowan, B. (1977). Institutionalized organizations: Formal structure as myth and ceremony. *American Journal of Sociology*, 83, 340–363.

Miles, R. E., & Snow, C. C. (1994). *Fit, failure, and the hall of fame. How companies succeed and fail*. New York: Free Press.

Miller, J. D. (1999). Bricks and mortar. In: *Emerging trends in real estate 2000*. Chicago: Real Estate Research Corp (RERC).

Molotch, H. (1976). The city as a growth machine: Toward a political economy of place. *American Journal of Sociology*, 82, 309–332.

Molotch, H. L. (1993). The political economy of growth machines. *Journal of Urban Affairs*, 15, 29–53.

Muldavin, S. R. (1999). The real estate industry paradox. *Real Estate Issues (Summer)*, 24(2), 66–68.

Perrow, C. (2002). *Organizing America: Wealth, power, and the origins of corporate capitalism*. Princeton, NJ: Princeton University Press.

Philips, M. (2008). The monster that ate wall street: How 'credit default swaps' – an insurance against bad loans – turned from a smart bet into a killer. *Newsweek*, September 27.

Podolny, J. M. (1994). Market uncertainty and the social character of economic exchange. *Administrative Science Quarterly*, 39, 458.

Podolny, J. M., & Page, K. L. (1998). Network forms of organization. *Annual Review of Sociology*, 24, 57–76.

Pogrebin, R. (2004). The incredible shrinking Daniel Libeskind. In: *Section: Arts and leisure; Architecture. New York Times*, June 20, late edition.

Powell, W. (1990). Neither market nor hierarchy: Network forms of organization. *Research in Organizational Behavior*, 12, 295–336.

Powell, W., White, D., Koput, K., & Owen-Smith, J. (2005). Network dynamics and field evolution: The growth of interorganizational collaboration in the life sciences. *American Journal of Sociology*, 110, 1132–1205.

Powell, W. W. (1998). Learning from collaboration: Knowledge and networks in the biotechnology and pharmaceutical industries. *California Management Review*, *40*, 228–240. Special Issue on Knowledge and the Firm.

Pygman, J. W., & Kateley, R. (1985). *Tall office buildings in the United States*. Washington, DC: Urban Land Institute.

Rome, A. (2001). *The bulldozer in the countryside: Suburban sprawl and the rise of American environmentalism*. Cambridge, UK: Cambridge University Press.

Roulac, S. E. (1985). Syndication emerges to transform the real estate capital market. *Real Estate Finance* (Winter), 18–27.

Roulac, S. E. (1993). Capital access: That was then, this is now. *Journal of Real Estate Finance* (Winter), 5–7.

Roy, W. G. (1997). *Socializing capital: The rise of the large industrial corporation in America*. Princeton, NJ: Princeton University Press.

Sanvio, V., & Konchar, M. (1999). *Selecting project delivery systems*. State College, PA: Project Delivery Institute.

Schumpeter, J. (1934). *The theory of economic development*. Cambridge, MA: Harvard University Press.

Schumpeter, J. (1936). *The theory of economic development: An inquiry into profits, capital, credit, interest, and the business cycle*. Cambridge, MA: Harvard University Press.

Schumpeter, J. A. (1939). *Business cycles; a theoretical, historical, and statistical analysis of the capitalist process*. New York: McGraw-Hill.

Scott, J. C. (1998). *Seeing like a state how certain schemes to improve the human condition have failed*. New Haven: Yale University Press.

Selznick, P. (1957). *Leadership in administration: A sociological interpretation*. New York: Harper and Row.

Selznick, P. (1966). *TVA and the grassroots*. New York: Harper.

Shales, J., & Weiss, M. A. (1993). Evolution of the office building. In: J. R. White & E. L. Romano (Eds), *The office building: From concept to investment reality*. Chicago, IL: The Counselors of Real Estate, Appraisal Institute, and REALTORS Education Fund.

Shelby, L. R. (1970). The education of mediaeval English master masons. *Mediaeval Studies*, 32, 1–26.

Shlaes, J., & Weiss, M. A. (1993). Evolution of the office building. In: J. R. White (Ed.), *The office building: From concept to investment reality*. Chicago: The Appraisal Institute. Shultz, E., & Simmons, W. (1959). *Offices in the sky*. Indianapolis, IA: Bobbs-Merrill.

Smith-Doerr, L., & Powell, W. (2005). Networks and economic life. In: N. Smelser & R. Swedberg (Eds), *The handbook of economic sociology* (2nd ed.). Princeton, NJ: Princeton University Press.

Squires, G. D. (2002). *Urban sprawl: Causes, consequences, & policy responses*. Washington, DC: Urban Institute Press.

Steele, R. A., & Barry, K. H. (1988). The financial structuring of office investments: Debt and equity. In: G. Sternlieb & J. W. Hughes (Eds), *America's new market geography: Nation, region, and metropolis* (pp.xvii, 371). New Brunswick, NJ: Rutgers–the State University of New Jersey Center for Urban Policy Research.

Stinchcombe, A. (1959). Bureaucratic and craft administration of production: A comparative study. *Administrative Science Quarterly*, 4, 168–187.

Stinchcombe, A. (1965). Social structure and organizations. In: J. G. March (Ed.), *Handbook of organizations*. Chicago: Rand McNally.

Storper, M., & Walker, R. (1989). The capitalist imperative: Territory, technology, and industrial growth. Oxford, UK; New York, NY: Basil Blackwell.

Swedberg, R. (2002). The economic sociology of capitalism. *Journal of Classical Sociology*, 2, 227–255.

Swedberg, R. (2006). The cultural entrepreneur and the creative industries: Beginning in Vienna. *Journal of Cultural Economics*, 30, 243–261.

Thornton, P. H., & Ocasio, W. (2008). Institutional logics. In: C. O. R. Greenwood, S. K. Andersen & R. Suddaby (Eds), *Handbook of organizational institutionalism*. Thousand Oaks; London: Sage.

Tushman, M. L., & Anderson, P. (1997). *Innovation over time and in historical context: Managing strategic innovation and change*. New York: Oxford University Press.

Useem, M. (1996). *Investor capitalism: How money managers are changing the face of corporate America*. New York: Basic Books.

Utterback, J. M. (1994). *Mastering the dynamics of innovation: How companies can seize opportunities in the face of technological change*. Boston, MA: Harvard Business School Press.

Van Maanen, J. V., & Barley, S. R. (1984). Occupational communities: Culture and control in organizations. *Research in Organizational Behavior*, 6, 287–365.

Wei, L., & Grant, P. (2009). Commercial real estate lurks as next potential mortgage crisis. *Wall Street Journal*, August 31.

White, J. R., & Adler, T. W. (1993). Office building sales marketing practices. In: J. R. White & E. L. Romano (Eds), *The office building: From concept to investment reality*. Chicago, IL: The Counselors of Real Estate, Member Appraisal Institute, and REALTORS Education Fund.

Whitford, J., & Shrank, A. (2009). *The production of innovation: Industrial policy, network governance, and political decentralization*. Unpublished manuscript. Columbia University, New York (pp.1–25).

Willis, C. (1995). *Form follows finance: Skyscrapers and skylines in New York and Chicago*. Princeton, NJ: Princeton Architectural Press.

Zeitlin, J., & Herrigel, G. (2000). *Americanization and its limits: Reworking US technology and management in post-war Europe and Japan*. Oxford, UK; New York:

Oxford University Press.

Zelizer, V. A. R. (1983). *Morals and markets: The development of life insurance in the United States*. New Brunswick, NJ: Transaction Books.

第五部分

比较制度动力学

第十七章　史无前例的优先：金融危机的比较制度主义观点

杰拉德·A. 麦克德莫特（Gerald A. McDermott）

摘要

本文从社会政治学角度，对当前美国和其他工业化发达国家的金融危机进行了研究。这种方法在经济社会学和历史制度主义之间架起了一座桥梁，可以帮助研究人员确定相关的公共和私人行动者寻求解决库存和流动性问题的制度机制的方式，并考虑了其他的监管形式。特别的是，我还将对如何基于政治斗争的比较分析和思考来改进我们有关嵌入的概念，并对进行调整的近似方法和长期途径作出评估。

当前的全球金融和经济危机（尤其是美国金融市场危机）引发了一场关于危机根源、可能的解决方案和用来分析危机的理论方法是否充分的争论。在这些辩论中，最初的抨击主要集中在两种习以为常的回应上。第一种指出要以市场为中心。该观点认为，多年来政府干预市场，扭曲了银行、企业和家庭投资的激励机制，例如以低利率形式提供的廉价资金，以及政府支持的小企业融资和抵押贷款。这种观点提醒我们要对政府的行动保持警惕，要让市场有效地自行解决问题，就像“看不见的手”在银行、企业和房主破产后进行清理一样。第二种观点是以政府为中心，该观点体现了对凯恩斯主义的怀念。它认为自由放任的市场在20世纪80年代被重新点燃，对平民百姓造成了严重损失，而政府则串通一气，为金融参与者提供了太多的资源和场所，让他们不断挑战数学的极限。这一观点强调，监管必须重新生效，现在政府必须作为许多部门的代理融资者。

虽然这两种观点的某些部分听起来确属正确，但人们可能已经注意到，本书中的文章提供了另一种分析方向，一种植根于社会政治机构和组织的方向。这种差异不能被低估，因为这有可能避免学者和从业者重蹈覆辙。也就是说，尽管上述观点存在差异，但它们对市场的出现及其动态问题的理解上存在许多共同的误解。

第一，他们低估了现代资本主义的制度和组织基础，而这反过来又可能导致技术官僚式的解决方案。这种方法有双重危险，即不仅不能集中注意于市场活动的体制结构，还会错过导致危机的社会政治根源，以及社会可能走上的其他道路。相比之下，关于过去危机的文献相当丰富，它们揭示了依赖标准经济模型的局限性。例如，麦克拉肯（McCracken）的报告（Keohane，1978）证明，在20世纪70年代美国经济衰退期间，一个关键的两难境地是受技术官僚影响的宏观经济解决方案。在这样做的过程中，政策制定者忽视了美国工业和社会福利机构的僵化，以及其他国家提供的可能的调整模式，无论是替代形式的产业组织、劳工代表还是从上至下的政策制定（Berger，1981；Lowi，1979；Piore & Sabel，1984）。最近的一个案例是转向市场民主化的拉丁美洲和后共产主义欧洲。在这些案例中，关于国家失败和通过市场手段创造市场的假设（Stark & Bruszt，1998）不仅导致了近期的政治－经济波动问题，而且还对社会科学造成了长期的破坏，未经检验的非历史经济模型盖过了有根据的政治和制度分析，十年过去了，多边主义突然发现了治理和监管的重要性（World Bank，1999，2002；Kogut & Spicer，2004）。

本文并不是试图为当前的问题提供一剂灵丹妙药，而是试图以已有的制度和组织方向研究为基础，提出一些调查途径并加以比较，在考虑由当前危机引发的两个关键时，历史制度主义观点可能会给予支持：（1）研究当前危机的近因和解决方案；（2）重新思考学者（和他们的研究生）对调整长期政治经济轮廓的分析方式。首先，我要对市场，尤其是金融市场，做一些基本的假设。信息不对称、经济社会学和历史制度主义的交叉研究将现代市场框定为实验性的监管资本主义。我们将使用这个框架来评价前面提到的议题。

制度和正常的事故：市场是政治的产物

从波兰尼到诺思，越来越多的学者开始接受这样一种观点，即市场根植于各种制度之中，这些制度稳定、监管并且合法化了相关的经济活动。关于制度是如何做到这一点的，以及它们是从哪里来的，有着更富争议性的辩论，这些辩论涉及不同的范式，从侧重于正式规则所产生的激励的经济学观点到本书中非常突出的（强调程序和惯例如何来协调理性受限的个人）组织观点，再到强调权力和集团利益之间的冲突会如何决定公共制度，以及如何通过制度整合的锁定效应得到重塑的历史制度主义的观点（Immergut，1998；Thelen，1999）。后一种观点与其他观点不同，这主要是由于该观点强调建立和维持经济治理制度的过程，充斥着争夺资源和意识形态的政治斗争。

公平地说，每一种观点都在一定程度上包含了国家和政治在塑造市场机制方面的作用。但在考虑金融危机的起因和解决方案时，“政治很重要”意味着什么呢？首先考虑国家创造市场的观点（Bruszt，2002）。最近关于美国金融机构演变的研究建立在不完全市场理论的基础上，表明风险必须经常社会化，才能使私人投资可持续发生（Immergluck，2009；Moss，2002）。从《破产法》第十一章到现代抵押贷款市场，我们发现市场交易本身不足以解决一系列与公司重组、小企业和家庭融资相关的问题。反过来，国家必须经常进入市场来吸收一些风险，并创造一些手段来监控从这些服务中受益的私人市场参与者。

这种对金融市场的看法引发了两个关键问题。首先，它突显了市场的脆弱性。也就是说，由于新的机会和风险经常出现，国家必须相当警惕地吸收或遏制市场失灵。这一观点与佩罗（Perrow，1984）所阐述的，并与本书的几篇文章中应用的“正常事故”概念相一致。当一个组织系统既复杂又高度耦合时，正常事故被认为是极有可能发生的。人们可以据此认为事故是很少发生的。但请注意，如果国家是市场扩张的固有部分，而我们假设制度和组织调整是缓慢的，那么“意外”就是金融市场和经济治理的组成部分。事故对系统稳定的威胁程度取决于监管机构的调整能力，而国家的政治治理性质又会促进或阻碍这种调整。

第二个问题是，考虑国家和更广泛的社会如何试图分担风险，同时试图限制道德风险和逆向选择的问题，即在限制滥用和自我交易的同时，仍然促进不同行为者的投资和创新。对于一个历史制度主义者来说，制度出现的地方就是正式的国家和社会之间的“灰色地带”。社会和经济团体的立场是要求国家采取行动和立法，并会在资源分配、权利赋予、规则界定和执行方式上持不同意见。虽然学者们可能会争论这样一个过程是由一个中立论坛上的多种利益的冲突来定义的，还是由一个国家集思广益来实施一个解决方案，但这里的关键点是，市场的创造和演变与国家的精心设计和制度维护是并行不悖的。

因此，现代资本主义经济的特点并不是“市场维系国家”——它只是执行最低限度的产权规则（Weingast，1995），而是通过“实验性监管国家”，即公共和私人行动者实验政策和尝试联合，并形成现代监管资本主义典型的复杂机构（Bruszt，2002；Jordana & Levi-Faur，2004）。国家和私人团体（如协会）积极建立吸收风险、协调信息和资源流动，以及监督彼此行动的能力，这是一种监管。从某种意义上说，相关行为者不一定事先知道哪种类型的机构是最有效的，但必须在新的“事故”发生时定期升级其“实验性”角色。

如果说实验性的监管资本主义为现代金融市场提供了基础，那么我们对当前危机的分析在两个重要方面发生了改变。第一，正如波兰尼（Polanyi，1944）很久以前指出的那样，金融和经济不稳定的广泛出现，表明了基于规则改变或依赖自我调节激励的技术官僚解决方案的局限性。相反，解决问题需要对现有的制度架构进行更全面和更深入的修订。鉴于这些制度本身的政治基础，如果不重新评估支持和监督监管过程的治理结构，就无法想象一种可持续的改革。第二，关于危机的起因和解决办法具有内在相对性。也就是说，随着时间的推移，现代资本主义经济在创造和调整制度的方式上发生了巨大的变化（Hall & Soskice，2001；Campbell，2004）。通过相对性的棱镜，至少我们可以考虑政治上可供选择的重组路径，以及社会和政治力量塑造这些路径之演化的程度（Sabel & Zeitlin，1997）。

优先考虑近因和解决方案

几乎每一周都会有一篇评论性文章或工作论文讨论出了什么问题，该做什么。目前的主要问题是解决坏账重组、恢复贷款，以及在必要时调整现有监管体系。在这些公开辩论中，缺乏制度主义的观点，这在某种程度上揭示了其所采取的立场是相当疯狂的。一方面，2008年秋季的市场崩溃带来的巨大冲击引发了一场末日之声，从许多方面反映了人们突然意识到（或对某些人感到失望）国家和监管在维护金融体系稳定方面的作用。另一方面，我们被提醒到，当前的危机并不是前所未有的，而是周期性发生的银行危机，不仅在现代，在过去的700年间也曾发生过（Reinhart & Rogoff，2009）。但如果“这次并没有太大不同”，那么过去的经历能让我们从这场危机中学到什么呢？

来自金融学和经济学的直接答案似乎是凯恩斯主义的一个抽象应用。乍一看，提起凯恩斯这个名字，可能会让读者对被提议的补救措施热情高涨。然而，正如其他学者所指出的，由凯恩斯甚至熊彼特提出的看似非常规的经济学方法忽视了市场和危机的制度层面（Hall，1989；North，1990；Beamish & Biggart，2010）。在本文中，我只想强调一下这种监督的含义，并建议通过这场辩论，关注制度架构如何提供另一种“优先”的指导。

正如莱因哈特与罗格夫（Reinhart & Rogoff，2009）充分证明的那样，当前金融危机下，我们面临的共同挑战是解决现有坏账存量和未来信贷流动（即对企业的信贷流动，而在当前美国背景下，也包括房主的信贷流动）问题。理想情况下，股票问题可以通过一次性的公共援助（核销和资本重组）来解决，这也限制了对进一步救助的预期。流量问题是一个长期问题，而且是制度变迁的潜在功能，起到了银行治理、债权、审慎监管等作用。当前危机的关键问题是，解决流量问题是否需要制度变迁。

凯恩斯主义的抽象应用是这样一种概念：当出现系统性危机时，政府必须向市场注入资金，以提供流动性，并恢复银行和投资者的信心。这在很大程度上是没有争议的，从1994年墨西哥的龙舌兰酒效应（Tequila Effect），到布什和奥巴马政府目前对金融机构的紧急救助和进行刺激的回应行动中，都可以看出这一点。在一定程度上，这种方法与解决上述存量问题的方法是一致的。然而，解决流量问题的争议更大。传统的趋势是将存量和流量问题分开，让市场来解决后者。这种办法在很大程度上假定现有的结构改革和投资机制是充分和有效的，因此国家没有理由进一步干预。

2009年政府对通用汽车和克莱斯勒的纾困，是一个很好的有关上述假设及其局限性的例子。一方面，政府认识到，在目前的情况下，让这两家公司破产并进入正常破产程序，会在制造业和金融业引发进一步的系统性危机。这时政府需要介入协调这一进程，来限制恐慌。另一方面，一旦恐慌消退，政府愿意退一步，让“看不见的手”来解决细节问题。但是正如汽车行业专家苏珊·赫尔珀（Susan Helper）和约翰·保罗·麦克达菲（John Paul MacDuffie）指出的那样，这种观点认为生产成本是美国汽车工业面临的主要挑战（Helper & MacDuffie，2008）。他们指出，其实是行业的长期问题导致了目前的危机，更多的问题不是降低成本，而是关乎生产质量的持续改进，例如生产过程和产品创新。由于一辆汽车超过75%的价值是在组装厂之外，沿着价值链产生的，这种改进要求重新配置供应商和客户之间的关系，以及支持培训和研发的公私机构之间的关系。在目前的不确定性下，这一点几乎不可能实现。正如大量有关该行业的比较文献所述，政府必须经常参与进来，以促进一种新型的协调和风险分担机制。事实上，对中西部制造业的研究表明，现有的一些公私合营的技术中心有助于促进知识扩散和加速公司之间建立创新的合作关系（McEvily & Zaheer，2004；Whitford，2005）。当前的危机是一次机会，可以将金融重组与扩大整个行业的此类战略结合起来。

另一个明显的案例出自金融领域本身。正如本书的几篇文章所表明的，依赖于现有的体制机制来促进公司和房主的债务重组，导致了资不抵债和违约率上升到信贷市场已经被冻结的水平，尤其是对中小企业和个人。向金融体系注资使一些银行得以改善资本基础和风险准备金，但似乎不足以打破僵局。迄今为止，除了FDIC和TARP提供的规模相对较小的项目外，联邦政府一直不愿修改重组的体系。基于来自美国和国外其他银行危机的经验，这一趋势表明，银行的健康状况已与问题债务人紧密交织在一起，以至于人们认为剧烈的重组对银行业的稳定来说风险太大。迄今为止，银行将现金投资于政府债券和股票的风险较小。

不愿更直接地干预债务重组以解决流动问题的部分原因是一种观念：公平的经济激励措施将有效地引导市场行为体。只要产权设置正确，这种观念就会支持市场自我调节的模式。如上所述，另一种观点认为，由于信息不对称，市场是不完整的。这一观点与经济社会学和历史制度主义的观点不谋而合，并被进一步放大（Dobbin，1994；Piore & Sabel，1984；Woodruff，1999）。可以通过重组社会关系来减少这种不对称，改善相关的公共和私人行动者之间的信息交换，而这些行动者又可以建立新的组织来相互学习和监督（Sabel，1994）。在某种程度上，这就是赫尔珀和麦克达菲对汽车行业提出的建议。在瑞典和波兰等相对成功的银行危机解决方案的比较研究中也可以发现这一点。在这些情况下，政府通过建立特殊的资产管理工具来促进重组，以直接管理一些最大的坏账，类似于为美国储蓄贷款危机创建的清债信托公司（Resolution Trust Corporation，RTC），通过建立新的机制，迫使银行和债务公司重组资产及其关系（Engund，1999；Ingves & Lind，1997；McDermott，2007）。

相应地，当前这场史无前例危机要解决的当务之急可以借鉴来自其他国家和其他历史时期的教训，这些教训不仅揭示了泡沫问题，以及基于透明度和市场裁判所具有的更大自主权的过度反应或快速修复，而且还揭示了政府为促进市场参与者自身的学习和监督而可以采取的替代性制度战略。此外，这些经验表明，为了确保对银行实行新的约束，以减少危机再次发生的可能性，通过改变制度以促进资金流动与修改现有的监管系统密切相关。

最初，在改革监管系统的同时解决存量和流量问题，似乎等同于政府对金融体系的强力接管。在某种程度上，这是对政治制度的一种挑战。实际上，反对政府进一步干预的一个论据仅仅是：如果政府无法避免当前的危机，它如何才能发挥更强大的作用？但比较现有记录可以发现，将整个问题抛给一个更大的国家也是错误的。相反，比较制度主义的视角有助于揭示替代性战略如何聚焦于以公共和私人参与者重新配置其关系和实验新角色和新能力的方式。

波兰的例子在这方面很有启发意义。由于后共产主义国家在尝试快速进行市场自由化和私有化时，很快发现违约和破产数量开始迅速而强劲地增加，因此，政策选择通常被界定为更加自由化或回归中央集权制两方面。波兰人拒绝了这两个选项，他们认为银行和司法系统没有能力处理如此大规模的操作，同时国家也缺乏直接掌控整个重组过程的能力（Kawalec，Sikora & Rymaszewski，1995）。相反，波兰侧重于建立机制，以推进重组，并提高国家和银行的操作者相互学习和相互监督的能力。这里有两个关键机制。第一，政府做资本重组的决策既取决于对银行资产的全面审计，也取决于在给定的严格期限内银行解决坏账的方式（清算、出售等）。最常用的途径是“调解”，类似于美国《破产法》第十一章的程序，但由相关省政府、中央政府、央行进行审慎监管机构和国家审计署的人员组成跨部门团队进行监督。第二，九家陷入困境的商业银行代表与工作组每两周举行一次会议，交流信息、解决问题，并比较进展情况。这个过程持续了大约一年。

尽管波兰当时的情况与美国当前的形势相比要更缓和更简单，但关键的教训是，波兰找到了一个有效的方法来解决重组问题，并在多个层面上促进了制度变革（McDermott，2007）。虽然这一进程促进了银行和债务公司之间的去中心化和谈判，但政府正在学习如何有效监控这一进程并更有效地发挥国家援助作用。与此同时，银行本身也获得了喘息的空间和信息交换机制，学习了如何获得新的能力，以便对问题公司进行重组，以及更有效地为投资提供资金。实际上，银行内部的许多重组部门开发了适应当地环境的新风险管理系统，并将繁荣的私人股本公司剥离出去。

因此，来自国外的案例告诉我们，各国政府可以启动债务重组进程，促进创新学习和监督形式。这种方法并不完全依靠市场激励或中央集权制，而是寻求从制度和组织上解决许多信息不对称问题，这些问题是将风险管理与促进投资结合起来时所面临的关键挑战。此外，瑞典和波兰案例的前提不是必须改变现有的制度结构，而是无法事先知道重组和未来管理规则的解决方案，以及它们所起的作用。政府的作用，应该是创建可以实现优质治理的制度，并生成一个可以随着时间的推移来创建解决方案和能力的过程。在某种程度上，比较研究证明了巴特利和施奈贝格等人在本书中所提出的建议，因为他们强调要对引导相关公共和私人参与者建立新的长期相互监督制度的机制引起重视。

连续性和变化

早些时候，我曾提出，从不完全市场角度看，金融行业打开了一扇连接起使用制度和组织方法的经济学分析与市场演变和危机的门。这一连接步骤的一部分是利用比较制度分析来考虑发生危机的直接原因和解决办法的其他解释，正如上述讨论的那样。这些替代解释可以被视为填补上述国家和社会之间“灰色地带”的“模型”。但是，更深刻的联系来自对塑造了危机，并凸显了摆脱危机的制度路径的长期因素的研究。

将政治学研究与支撑着本书众多文章的组织理论和经济社会学相结合，提供了一个潜在的转向研究金融和危机的范式变迁。也就是说，制度模式不是在社会政治沙漠中成长起来的。对过去危机和变革的研究提出了两种需要避免的分析倾向，以及如何将政治因素纳入组织和制度变革的研究。

其中一种分析倾向是技术官僚方法，这种方法只关注最优模型或设计。最初有关东欧后共产主义改革的相关研究深受这种分析倾向的伤害。在基于自我调节假设的经济模型中，公平激励有效地定义了政府可以做出的决策类型。这些模式通常是没有历史背景的，并假定所有改革中的国家都是一张白纸，并具体规定了宏观经济政策和制度规则的理想类型。在这样做的过程中，模型给出了关于政策的二元选择，并提出政治讨论，即政治家是否有意愿和权利将适当的计划强加于社会。借用施莱费尔及其同事的观点（Boycko，Shleifer & Vishny，1995），理想世界是国家可以而且应该与利益集团相隔离的地方，利益集团只会扭曲理想设计，我将除了理想世界之外的其他地方称为（McDermott，2002，2007）“纷纷扰扰”的制度变迁方式。许多有关改革的政治社会学文献都以这一观点和相关的模型作为分析塑造了制度变迁的政治斗争的研究出发点[1]。大卫·伍德鲁夫（David Woodruff，1999）称之为“收银机政治”，在这种政治中，关键不是制度的建设而是租金的分配。如果一个无私的、亲市场的先锋队能够击败老派的寻租势力，可行的制度将会自动建立起来。今天，我们在西蒙·约翰逊的博客和专栏文章中看到了这种说法的一个版本（Johnson，2009）。他将政治简化为国家俘获问题。因为我们面临着一场危机，我们假定危机的根源在于一些连贯的“寡头政治”通过购买政客来控制政策杠杆的能力。如果寡头政治没有被打破，那么我们将看到一切如常。

另一个分析趋势是所谓的深层结构方法。这种方法最常见于对法西斯主义在欧洲的崛起的研究和20世纪60年代和70年代的发展文献，其目的是查明那些阻止或促进经济繁荣或制度路径崛起的深刻的社会文化特征。从分析日本企业的崛起（Dore，1973），到分析意大利的失败（Putnam，Leonardi & Nanetti，1993），到分析拉丁美洲地区反复出现的危机（Haber，2002），制度变迁的存在与否，都取决于一个来自深厚历史的事件或信仰体系，该体系为几十年来（如果不是几个世纪的话）群体的观点和权力提供了框架。即使在危机中，改变也几乎是不可能的。政治和政策选择就是这些潜在趋势的表现。

这两种观点都有其优点，特别是前者强调了在制高点发生变化的可能性，尽管这种可能性很小；而后者强调了在更微观的层次上保持连续性的力量。然而，尽管它们之间存在明显的差异，但它们对替代性制度配置和制度自我建设的过程的忽视极为相似。前一种观点认为，可行的解决方案取决于“正确”的政治家是否将“正确”的制度设计强加于社会，而后一种观点则试图确定社会是否具有“正确”的社会结构。正如斯塔克和尼伊（Stark & Nee，1989）所说，这些方法减少了对制度演变的比较分析，即一个国家在何种程度上更接近制度或社会结构的理想化模型。

当然，我不能声称我有一个伟大且全面的理论和方法，可以解释连续性和变化，而且尝试这样做很可能是徒劳的。有影响力的比较主义学者提出了利用构型方法来解释连续性和变化的中层理论形式（Katznelson，

1997；Padgett & Ansell，1993；Ragin，1987）。对于眼下的问题，可以结合社会建构主义的方法来与市场和制度结合起来开始分析，这种方法贯穿了本书，它还对组织利益、组织权力和组织思想做了考虑（Berger，1981；Mahoney & Reuschemeyer，2003；Polanyi，1944）。社会建构主义不仅认为经济活动是嵌入在社会关系和制度中的，而且认为社会包含着各种不同的制度形式，可以在不同的历史条件下加以利用（Piore & Sabel，1984）。别的不说，社会建构主义至少揭示了不同层次的制度和组织之间的联系，一些休眠形式的觉醒，以及当一种主导形式衰退时杂交形式的出现。它是通过强调重组现有形式、资源和思想的过程来实现的（Stark & Bruszt，1998；Campbell，2004）。这就是历史制度主义与经济社会学研究相交的地方。虽然这类研究也强调制度重组，但它往往更关注政治联盟的类型以及巩固这些类型的政府行动（Thelen，2003）。通过确定可行的、定义了可能的制度路径的各种选择的政治轮廓，历史制度主义可以帮助我们研究组织的社会学。

例如，组织理论家可能会强调规范、社会关系和惯例在形成导致危机的监管适应停滞期方面的作用，而历史制度主义者可能会试图展示政治权力是如何支撑这些因素的。某些群体，无论是官僚还是市场参与者，都拥有政治权力，因为资源分配、立法或政党身份在之前的制度创建时期就得到了巩固。在危机期间，组织理论家强调可行的制度配置，而政治学研究者强调团体的意识形态和将权力链接到不同战略的议程设置。在市场参与者竞争时，组织理论家，帮助揭示出人意料的混合形式的监管、贷款或风险管理；而政治学者则揭示了新政治联盟的轮廓，这些新政治联盟赋予混合形式权力，并通过立法使其正式化。

简而言之，在制度变迁的研究中，贯穿社会学和政治学的一个共同主题是对过程和互动层面的双重关注。当公共和私人参与者尝试不同的制度配置时，他们试图重新组合现有的形式，同时组建政治联盟以为他们的战略赋权。

结束语

我认为，当前的危机为相关分析人士和政策制定者提供了一个独特的机会，来考虑什么是社会政治学的研究方法（Locke，1995），从而了解可能的制度解决方案和政治权力是如何塑造改革的道路的。从这种观点看来，金融制度的出现是为了帮助国家将部分市场风险社会化，并限制当前和未来的逆向选择和道德风险问题。无论是在功能上还是政治上，国家不太可能靠自己做到这一点。现代资本主义的特征是公共部门和私人的参与者实验新的规则和角色，以便重组现有的制度形式，并建立政治联盟来维持它们。

历史制度主义是组织理论的天然盟友，因为这两个学派都是公开的建构主义者，并认同进化理论的研究方法。后者的优势在于可以识别出制约组织适应的社会学，以及在特定环境下可能出现的各种配置，前者则提供了一个更广泛的比较视角，并为利益集团和意识形态之间为争夺国家给新的制度配置赋予的权力而出现的政治斗争过程奠定了基础。

随着有关当前危机的辩论向前推进，学者们面临的一个关键挑战将是，如何确定能够帮助我们做出决定和进行分析的政治和制度先例。但是，社会政治学方法没有依赖以自我调节激励的抽象模型为基础的参考点，而是迫使我们考虑国家如何赋予新的制度配置以相关权力，以及什么样的政治治理将塑造这一过程。

注释

[1] Przeworski（1991）和Haggard & Kaufman（1995）写了两本关于制度改革的颇具影响力的政治学作品，他们总是用既定的标准经济政策来框定政治斗争。

参考文献

Beamish, T. D., & Biggart, N. W. (2010). Mesoeconomics: Business cycles, entrepreneurship, and economic crisis in commercial building market. In: M. Lounsbury & P. M. Hirsch (Eds), *Markets on trial: The economic sociology of the U.S. financial crisis*. Research in the Sociology of Organizations. Bingley, UK: Emerald.

Berger, S. (Ed.) (1981). *Organizing interests in Western Europe: Pluralism, corporatism, and the transformation of politics*. New York: Cambridge University Press.

Boycko, M., Shleifer, A., & Vishny, R. (1995). *Privatizing Russia*. Cambridge, MA: MIT Press. Bruszt, L. (2002). Market making as state making: Constitutions and economic development in post-communist Eastern Europe. *Constitutional Political Economy*, 13, 53–72.

Campbell, J. L. (2004). *Institutional change and globalization*. Princeton, NJ: Princeton University Press.

Dobbin, F. (1994). *Forging industrial policy: The United States, Britain, and France in the Railway Age*. Cambridge, UK: Cambridge University Press.

Dore, R. P. (1973). *British factory–Japanese factory: The origins of national diversity in industrial relations*. London: Allen & Unwin.

Englund, P. (1999). The Swedish banking crisis: Roots and consequences. *Oxford Review of Economic Policy*, 15(3), 80–97.

Haber, S. H. (2002). *Crony capitalism and economic growth in Latin America: Theory and evidence*. Stanford, CA: Hoover Institution Press.

Haggard, S., & Kaufman, R. (1995). *The political economy of democratic transitions*. Princeton, NJ: Princeton University Press.

Hall, P. (Ed.) (1989). *The political power of economic ideas: Keynesianism across nations*. Princeton, NJ: Princeton University Press.

Hall, P. A., & Soskice, D. (Eds). (2001). *Varieties of capitalism, the institutional foundations of comparative advantage*. Oxford: Oxford University Press.

Helper, S., & MacDuffie, J. P. (2008). The bankruptcy-free plan for saving the auto industry. *The New Republic*, December 3. Available at http://www.tnr.com/blog/theplank/todaytnr-december-3-2008.

Immergluck, D. (2009). *Foreclosed: High-risk lending, deregulation, and the undermining of America's mortgage market*. Ithaca, NY: Cornell University Press.

Immergut, E. (1998). The theoretical core of the new institutionalism. *Politics and Society*, 26(1), 5–34.

Ingves, S., & Lind, G. (1997). Loan loss recoveries and debt resolution agencies: The Swedish experience. In: C. Enoch & J. Green (Eds), *Banking soundness and monetary policy* (pp.421–449). Washington, DC: IMF.

Johnson, S. (2009). The quiet coup. *The Atlantic Magazine*, May.

Jordana, J., & Levi-Faur, D. (Eds). (2004). *The politics of regulation*. Northamptom, MA: Edward Elgar.

Katznelson, I. (1997). Structure and configuration in comparative politics. In: M. Lichbach & A. Zuckerman (Eds), *Comparative politics* (pp.3–16). Cambridge: Cambridge University Press.

Kawalec, S., Sikora, S., & Rymaszewski, P. (1995). Polish program of bank and enterprise restructuring: Design and implementation, 1991–1994. In: M. Simoneti & S. Kawalec (Eds), *Bank rehabilitation and enterprise restructuring* (pp.43–50). Ljubljana, Slovenia: Central and Eastern European Privatization Network.

Keohane, R. (1978). Economics, inflation, and the role of the state: Political implications of the McCracken report. *World Politics*, 5(October), 108–128.

Kogut, B., & Spicer, A. (2004). *Critical and alternative perspectives on international assistance to post-communist countries: A review and analysis*. The World Bank, Operations Evaluation Department Background Paper. Available at: http://www.worldbank.org/ ieg/transitioneconomies/docs/literature_review.pdf.

Locke, R. M. (1995). *Remaking the Italian economy*. Ithaca, NY: Cornell University Press.

Lowi, T. J. (1979). *The end of liberalism: The second republic of the United States*. New York: Norton.

Mahoney, J., & Reuschemeyer, D. (Eds). (2003). *Comparative historical analysis in the social sciences*. Cambridge: Cambridge University Press.

McDermott, G. A. (2002). *Embedded politics: Industrial networks and institutional change in postcommunism*. Ann Arbor, MI: The University of Michigan Press.

McDermott, G. A. (2007). Politics, power, and institution building: Bank crises and supervision in East Central Europe. *Review of International Political Economy*, 14(2), 220–250.

McEvily, B., & Zaheer, A. (2004). Architects of trust: The role of network facilitators in geographical clusters. In: R. Kramer & K. Cook (Eds), *Trust and distrust in organizations* (pp.189–213). New York: Russell Sage.

Moss, D. A. (2002). *When all else fails: Government as the ultimate risk manager*. Cambridge, MA: Harvard University Press.

North, D. C. (1990). *Institutions, institutional change and economic performance*. Cambridge: Cambridge University Press.

Padgett, J. F., & Ansell, C. K. (1993). Robust action and the rise of the Medici, 1400–1434. *American Journal of Sociology*, 98(6), 1259–1320.

Perrow, C. (1984). *Normal accidents: Living with high risk technologies*. Princeton, NJ: Princeton University Press.

Piore, M., & Sabel, C. (1984). *The second industrial divide: Possibilities for prosperity*. New York: Basic Books.

Polanyi, K. (1944). *The great transformation*. New York: Farrar & Rinehart.

Przeworski, A. (1991). *Democracy and the market*. Cambridge: Cambridge University Press.

Putnam, R. D., Leonardi, R., & Nanetti, R. (1993). *Making democracy work*. Princeton, NJ: Princeton University Press.

Ragin, C. C. (1987). *The comparative method: Moving beyond qualitative and quantitative strategies*. Berkeley, CA: University of California Press.

Reinhart, C., & Rogoff, K. (2009). T*his time is different*. Princeton, NJ: Princeton University Press.

Sabel, C. (1994). Learning by monitoring: The institutions of economic development. In: N. J. Smelser & R. Swedberg (Eds), *The handbook of economic sociology* (pp.137–165). Princeton, NJ: Princeton University Press.

Sabel, C., & Zeitlin, J. (Eds). (1997). *World of possibilities: Flexibility and mass production in Western industrialization*. Cambridge: Cambridge University Press.

Stark, D., & Bruszt, L. (1998). *Post-socialist pathways: Transforming politics and property in Eastern Europe*. New York: Cambridge University Press.

Stark, D., & Nee, V. (1989). Toward an institutional analysis of state socialism. In: Stark & Nee (Eds), *Remaking the economic institutions of socialism: China and Eastern Europe* (pp.1–31). Stanford, CA: Stanford University Press.

Thelen, K. (1999). Historical institutionalism in comparative politics. *Annual Review of Political Science*, 2, 369–404.

Thelen, K. (2003). How institutions evolve: Insights from comparative historical analysis. In: J. Mahoney & D. Rueschemeyer (Eds), *Comparative historical analysis in the social sciences*. New York: Cambridge University Press.

Weingast, B. (1995). The economic role of political institutions: Market preserving federalism and economic development. *The Journal of Law, Economics and Organization*, 11(1), 1–31.

Whitford, J. (2005). *The new old economy*. Oxford: Oxford University Press.

Woodruff, D. S. (1999). *Money unmade: Barter and the fate of Russian capitalism*. Ithaca, NY: Cornell University Press.

World Bank. (1999). *Czech republic: Capital market review*. Washington, DC: World Bank.

World Bank. (2002). *World development report: Building institutions for markets*. Washington, DC: World Bank.

第六部分

一个未来社会与经济

第十八章　后所有权社会：另一个世界是可能的

杰拉德·F. 戴维斯（Gerald F. Davis）

摘要

起始于2008年的金融危机意味着美国社会组织方式中两种实验的终结：以企业为中心的社会，在其中，企业雇主是主要的医疗和退休保障的提供者；以及“所有权社会”，它旨在将个人经济保障直接交付给金融市场来管理。第一个实验占据了20世纪的大部分时间，而第二个实验在崩溃前几乎没有顺利实施。结果是，在美国，经济和健康保障以及社会流动已经变得越来越不稳定。组织社会学家可以通过促进、记录和传播后企业时代社会组织方式的本地化实验来贡献一个有建设性的解决方法。

起始于2008年的经济下行正在完成由对股东价值的狂热开启的一项工作，即将企业削减到其最小化的核心规模。一个行业接一个行业中的公司消失了，而那些存活下来的公司中的大部分也削减了对其成员的长期承诺。投资银行业损失了五大公司中的3家，很多商业银行也已经失败或被迫被合并。无数的零售商进入清算程序，而国防和医疗板块也站在了重组的边缘。三大美国汽车厂商中的2个宣布破产，连带着把很多它们的主要供应商也拖下了水。那些参照这些汽车厂商来制定自己健康保险和退休保障政策的公司发现他们对于“慷慨汽车”（Generous Motors）模式的笃信出现了偏差。

美国经济的突然重构意味着两种美式社会组织方式的实验的终结：以企业为中心的社会以及“所有权社会”。以企业为中心的社会占据了20世纪的大部分时间，因为大型企业雇主承担了核心社会福利的功能——医疗保险、稳定工资、退休金，这些原本是大多数工业化社会里国家所应承担的责任。这个系统中的内在张力在工业心脏地带变成了衰败或萧条的工业区，以及那些退休员工无法负担账单这一情况变得愈发明显。所有权社会是乔治·布什短命的蓝图，旨在以一个围绕金融市场而组建的社会福利系统来取代瘫痪的企业支持的社会福利系统。通过投资在股市里的个人退休账户和健康储蓄账户，以及由抵押贷款证券化所推动的更普及的房屋所有权，所有权社会意在将个人经济保障交付给金融市场来管理。市场将取代企业和国家成为社会保障的来源。也许，给这场未完成的实验贴上失败的标签并非草率。

我们现在处在一个充满机会的拐点。以企业为中心的社会将一去不复返，而在美国历史上股市表现最糟糕的十年后，也极少有人愿意将家庭命运绑定在金融市场。在这个节点上，组织和经济社会学或许会有所助益。在这篇文章中，我会描述以企业为中心的社会的衰落以及它对美国经济保障和流动性的影响。之后我会分析所有权社会的起源和发展。最后我会讨论组织社会学能起到积极作用的几种可能的未来路径。

组织社会的终结

组织理论家长期以来被这样一个想法所吸引，即我们生活在一个“组织社会”中，重要的社会进程——教育和医疗；社会分层、流动和阶层的形成；政治权力的巩固和使用；社会隔离和融合；经济发展和衰退——主要发生在组织中，以及通过组织发生。彼得·德鲁克通过他对阿尔弗雷德·斯隆（Alfred Sloan）时期通用汽车公司的研究受到启发，在1949年提出："大型企业是我们社会秩序的真正符号……从工业企业的组织结构上可以看到我们社会的基础。"通用公司是工业社会的一个以小见大的案例。40年后，佩罗提出大型组织已经吞噬了社会："所谓'大型组织吞噬社会'，是指那些曾经由相对自治和通常小型的非正式群体（例如家庭、邻里）以及小型自治组织（小企业、地方政府、本地教堂）进行的活动现在已经被大型科层组织所接管……结果是雇用很多人的组织可以通过很多方式影响被雇用者的生活（其中的大部分方式都十分微妙，很难引人注目），以不同的方式来导致了社区的衰落。"（Perrow，1991，p.726）大型企业是美国特有的经济单位，对其成员有着包裹效应。因此，将企业理解为一个组织是理解美国社会的充分必要条件。

但是大型企业已不再是美国特有的经济单位。这可以很轻易地从就业数据中看到。在1950年，美国最大的10家雇主雇用了5%的非农劳动力。他们是美国电话电报公司（AT&T）、通用汽车公司、美国钢铁公司（US Steel）、福特汽车公司（Ford）、西尔斯百货公司（Sears）、伯利恒钢铁公司（Bethlehem Steel）、克莱斯勒汽车公司（Chrysler）、埃克森石油公司（Exxon）和西屋电气公司（Westinghouse）。在2008年，这10家最大的雇主只雇用了不到2.8%的非农劳动力。对比1950年，当时前10名中的8家都是制造业企业，而今天全部变成了服务业企业，其中7家在零售业。从工资、福利和人员流动率看，大型制造业企业在历史上属于提供最稳定工作、最赚钱、适合为其长期工作的雇主，而零售商属于提供最不稳定工作和低工资的雇主。沃尔玛——美国目前最大的雇主——便是一个在雇佣方面比通用汽车公司提供较少保障的模板：人员流动率平均每年40%，平均每周支付雇员34个小时工资，而中位数工资低于每小时11美元。同时，制造业在新世纪的第一个十年里取消了三分之一的工作岗位。

不仅是雇员，公司本身的流动率目前也在一个很高的水平。道·琼斯工业指数通过追踪在超过一个世纪的时间里最杰出的公司，提供了一个反映经济健康度的稳定指标。1987年指数中的30家公司里，有16家从大萧条开始时便已经在这个指数中了。然而，在“股东价值”至上的20年后，只有3家还继续留在这个指数里（雪佛龙公司、埃克森石油和通用电气）。最近退出这个指数的包括美国国际集团、花旗集团和通用汽车（它们分别是美国最大的保险商、银行和制造企业）——它们目前全部在国家的监管之下。

今天，可灵活重组的供应链统治了制造业和服务业。迈耶和罗文（Meyer & Rowan，1977，p.345）认为，由于普遍的理性化，“组织的构件散落在社会各处；只需要一点力气便可以将它们组装成一个结构”。在他们写作后的30年中，这成为一个更加准确的描述。在80年代，大集团被拆分成一个个成员公司，而在90年代，公司越来越多地将现有业务中的一部分外包，这些业务涵盖了从设计和品牌到生产和分销（Davis，Diekmann & Tinsley，1994）。制造商们意图模仿耐克的模式，将高概念的品牌管理与生产和销售实体商品剥离。与通用电子部件制造商——如旭电（Solectron）和英迈（Ingram Micro）的结合，意味着产品，例如PC和手机，几乎不会由这些产品品牌的厂商来生产，而这个基本观念从制鞋企业、电子企业、宠物食品企业到药厂被广泛采纳。（这被称为“OEM模式”，即原始设备制造商）

随着组织的构件能够轻易从市场上获得，创立一个企业看起来更像组装乐高玩具。当Vizio的创立者，一位来自加州尔湾（Irvine）的中国台湾企业家和零售商开市客（Costco）交涉签订了分销合同，并与他在台湾地区的一位老朋友签订了组装协议，用索尼（Sony）、三星（Samsung）和其他知名品牌使用的相同的通用零部件生产电视机，Vizio成了美国销量第二大的LCD电视品牌。Vizio最初只有6名员工，对实体设备的需求也很小，由于在价格上低于主要品牌，Vizio迅速占据了22%的美国市场份额（参见“美国新贵与电视巨头展开价格战”，http://online.wsj.com/public/

article/SB120820684382013977.html?mod=blog）。支付一定的费用，人们还可以从废弃企业的废品堆积场中挑选一个有知名度的品牌名称，贴到这些产品上。一些熟悉的名字，如西屋电气和美瑞思发（Memorex），它们的精美商品与原始公司已经没有任何关系。同样，当零售商美国电路城公司（Circuit City）和Linens ‘n Things在经济低迷时期被清盘时，它们的名字很快就被拍卖给了竞标者。它们就像寄居蟹一样，创建了在线企业来安放它们废弃的贝壳。甚至CIA的暗杀、外交官的武装安全，以及对敌方囚犯的审讯也交给了承包商（Scahill，2007）。

佩罗和很多人想象的“组织社会”已经在美国几乎不复存在（Davis，2009）。这就像孕育生命的海洋被分解回到原始汤的状态。接下来我将描述这种转变对经济保障和流动所产生的影响。

经济保障的现状

当谈到社会福利系统，美国就像加拉帕戈斯群岛，已经进化成一个区别于其他地方的高度怪异的制度生态系统。一般来说，（在农业社会中的）家庭或者（在工业社会中的）国家会负责管理其成员的健康福利。然而在美国，企业成了社会福利的主要提供者。伯尔勒和米恩斯（Berle & Means，1932）在他们1932年出版的书的开篇提到“企业事实上已经同时成为获得财产权的一种方法和组织经济生活的一种手段。当公司占据了社会的大部分时，可以说它已经演变成一种‘企业系统’——就像曾经的封建系统一样——它吸引了各种特质和权力，并获得了一定程度的突出地位，使它有权作为一种主要的社会制度来处理事务”。在几年之内，这个封建主义的比喻就会变得更加尖锐，企业变成了“现代封建领地”［这是桑迪·雅各比（Sandy Jacoby）的说法（1997）］，为其成员提供全套福利。就像这个组织社会的其他方面，大规模的企业家长式作风可以追溯到通用汽车——特别是通用汽车与全美汽车工人联合会（United Auto

Workers）在1950年签订的一项长期劳动合同，后来被称为《底特律条约》（Treaty of Detroit），为整个行业的人力资源管理实践确立了模式。

《底特律条约》是组织社会的“大宪章”。作为纲领性文件，它赋予企业其他发达工业经济体中一个集权政府的封建权利和责任。在这个条约订立的前几年，全美汽车工人联合会就已经被看作20世纪30年代新政改革自然延伸的全国医保和增强社保的有力倡导者（Lichtenstein，1995）。其他国家最近已经推行全国医保，如英国在1948年创建了国民保健署（National Health Service）。但大型雇主是这种渐渐蔓延的社会主义的顽固反对者，而在沃尔特·鲁瑟（Walter Reuther）领导下的全美汽车工人联合会勉强接受了一个基于产业的解决方案。

《底特律条约》包含了蓝领工人的养老金计划，配合通货膨胀的工资的生活成本调整，以及最终覆盖退休人员的医疗保险计划。随后的协议增加了对下岗工人的失业补助，鼓励那些被解雇的人等待被召回工作，而不是寻找其他工作。简而言之，该条约设定了一个框架，在该框架下，企业雇主将为其员工及其供养人提供稳定工资、医疗保健和退休保障，即使是对企业所需的特定技能投资最少的员工也要为其职业发展提供强有力的激励。这个基本框架通过模板谈判扩展到其他主要汽车制造商，大型钢铁企业也采取了类似的做法，最终使其成为行业内雇主的模板，不管他们是否加入工会（比如汽车和钢铁企业）。（参见Levy & Temin，2007对《底特律条约》及其影响的讨论）

并不是每一个人都对福利资本主义在大型产业里的扩散满意，因为它使家庭严重依赖企业。但风险看起来很小：通用汽车1949年的利润是美国企业之最，而《底特律条约》在订立的早期使汽车产业和供应商的生产力被极大地激发出来。而且，就像利维和特敏描述的，它为促进三个有益趋势奠定了基础：一个不断壮大的中产阶级，大规模的社会向上流动，以及产业变化时的社会安全网。

随着股东价值意识形态的确立，这一体系的核心要素在20世纪80年代开始瓦解。401（k）养老金计划为雇员创建了可移动的退休账户，而不是雇主提供的确定支出。自1982年开始，随着雇主寻求退出固定收益计划，401（k）养老金计划得到了广泛推广（Hacker，2006）。企业界的大规模重组在个人雇佣关系方面得到了呼应。《财富》500强企业中有三分之一在80年代被收购或合并。90年代初，一波裁员潮甚至波及最坚如磐石的雇主，如IBM和AT&T。“苗条”取代了“庞大”，成为最受青睐的公司形容词。公司养老金的背后逻辑——对在某家公司获取终身雇佣的期望——似乎已不合时宜。

直到20世纪80年代，大多数大公司和三分之二的小公司都有退休人员健康计划——这是一个相当明确的长期承诺的信号。但是，这个系统的成本正在迅速增长，难以控制。在通用汽车，“退休人员的医疗成本在1993年低于每名退休人员每年400美元；到2007年，这个数字是每人每年15000美元”（Ghilarducci，2007，p.17）。因此，跟随着其许多同行发起的一场运动，通用汽车在2008年通知其白领退休人员，它将不再为他们或他们的家属提供医疗保险。在过去几年里，组织社会的先锋雇主甚至在经济衰退之前就已经冻结了养老金，抛弃了退休人员的医疗保险，并采取了买断现有员工的措施。毋庸赘言，几乎没有迹象表明沃尔玛将采取行动，为为数不多最终将在沃尔玛度过自己职业生涯的员工提供类似的福利。

社会流动性和不平等的现状

科层组织因其扼杀创造性和导致墨守成规的“组织人”而被20世纪中期的社会批评家所嘲弄。但当大量的劳动力受雇于大型科层组织，这也限制了收入不平等的程度，并为个体流动提供了清晰的路径。

这些说法中的第一个是吊诡的。拥有金字塔形工资结构的大型企业看起来体现了不平等，从底层的工人到顶层的管理层工资分布不一。彼得·德鲁克（Peter Drucker）在1949年写道：“仅仅二十年前，哈佛商学院的优秀毕业生还在盯着纽约证券交易所的工作，现在他已经在寻找钢铁、石油，或者汽车行业的工作了。”德鲁克注意到华尔街已经在经济中逐渐淡出到相对不重要的角色。最大型的企业在很大程度上通过盈余来自筹资金。并且，被1929年市场崩盘伤及的散户已经在20世纪30年代和40年代压缩开支，而到1950年只有十分之一的家庭拥有股票（Kimmel，1952）。相对较少的买家和卖家使得金融服务业的从业者不再比其他行业的人获得更好的收入。美国在这个时间的累进税率高达90%，因此下注在华尔街对于贪婪的投资者的吸引力很小。在一个企业化的经济里，获得一份高收入职业的最好机会便是在一家主要企业里担任管理职务。

但是企业雇主的科层化人事政策限制了企业内绝对收入不平等的水平。当富人和（相对）穷人都在通用汽车工作时，他们的命运差距是有限度的。二战期间联邦工资限制造成的美国整体收入不平等的缓解就这样得以延伸到50年代和60年代，即使明确的工资限制早已经被解除（Levy & Temin，2007）。对于整整一代人而言，美国经历了相对较低水平的收入不平等和高收入的增长，直到1973年所谓的“黄金时代”才结束。

我们近期所见到的令人咋舌的不平等程度部分归咎于雇佣体系被解体为可重新组合的供应链以及金融的兴起。尽管美国CEO的工资看起来已经不受任何谦逊的约束，但收入不平等更极端的原因却在企业范畴之外。在2004年，25位收入最高的对冲基金经理的收入总和超过了标准普尔500家企业（S&P 500）所有CEO的收入加总（Kaplan & Rauh，2007）。美国的收入不平等水平一直高于所有欧洲国家——包括俄罗斯（Davis & Cobb，出版中）。然而要为造成了我们现在玻利维亚级的收入不平等负更多责任的，并不是那些科层组织顶端的人，而是那些在企业等级制度之外的人。

科层组织也提供了一条晋升之路。理查德·桑内特（Richard Sennett）描述了在一个科层组织中的长期职业生涯如何创造了一个稳定环境，从而可以在一个由各种社会关系联结起来的社群里建立一套生活叙事。“个体为有组织的时间支付的价格可以是自由或者个性；‘铁笼’既是监狱也是家。”（Sennett，2006，p.180）。而且，拥有职业路径的金字塔形科层组织为进阶提供了社会指南。各种工作被清晰地组织成阶梯，以期待员工在他们的职业生涯里一直努力向上攀爬。但通过将公司拆解成其可能分布到世界各地的构件，OEM模式让工作阶梯变得异常了。如果邮件收发室（以及人力资源部门、后勤部门、设计部门、信息技术部门，以及生产部门）全部由承包商来运作，你无法从在邮件收发室工作努力攀爬到在CEO办公室工作。在OEM经济里，更多的工作是死胡同，就像一项研究所展现的，成为劳动力但始终是低薪工作的人的比例从70年代早期到90年代早期有明显的增加（Bernhardt, Morris, Handcock & Scott, 1999; Applebaum, Bernhardt & Murnane, 2003）。

我们不再有一张明确的经济地位流动性的地图。谁能想到在一家对冲基金（在90年代中期以前几乎不存在）或互联网公司（在1995年以前无法理解）工作会是致富的捷径，而在一家主要企业担任管理职位却走上了结构性失业的道路？谁能猜到在得来速（drive-through）接单，建造酒店，设计汽车零部件，拍X光片，或者解码人类基因可以被外包（Blinder，2006）？

现在仍然有大型企业雇主，但最大的已经不容易被归入科层组织的范畴。将沃尔玛与通用汽车的职业阶梯进行比较，沃尔玛的6000家门店通常每家雇用300至400名员工，这些门店被置于一个相对扁平并受到位于阿肯色州的总部严格控制的结构中。如果说装配线和规则手册是通用汽车控制的特征形式，那么企业资源规划（ERP）软件就是零售业控制的形式。与通用汽车不同的是，沃尔玛的总部在任何时候都有每家门店的实时数据，通过ERP，它可以控制从单个商店的温度到员工的日程安排等一切事情。那些幸运的少数人被提拔到门店管理部门后，发现自己被一条电子皮带紧紧拴住了。

金融解决方案

对由美国的企业支持的社会福利系统的抵抗可以追溯到19世纪晚期，当时1894年普尔曼大罢工（Pullman Strike）使公司城镇和企业的家长作风的危险变得清晰可见。20世纪90年代大规模裁员的辩护者用80年代的心理学术语更新了企业封建主义的论调。实际上，被解雇是员工摆脱与公司之间不健康的相互依赖关系、成为对自己命运负责的自由行动者的一种方式。但由于没有全国性的医疗保障体系，社会保障体系也面临着自身不确定的未来，新的自由行动者就像17世纪的英国农民，从庄园的相对安全中解放出来，开始了新的流浪生活。

金融在企业封建主义的“斯库拉”和社会主义的“卡律布狄斯”之间提供了一条道路。包括罗伯特·希勒在内的金融狂热者，将许多社会问题简单地描述为市场失灵，认为可以通过适当的金融创新加以克服。此外，先进的信息和通信技术（ICTs）的出现把工具放到了我们手上，而华尔街（希勒认为，这是资本主义最活跃的新思想实验室）正在让它们发挥作用。希勒（Shiller，2003）在《新金融秩序》（*The New Financial Order*）一书中描述了不受约束的金融市场如何解决困扰家庭的问题。房主应该能够为房价的灾难性下跌（不太可能，但有可能）投保。大学生应该能够根据自己未来的收入发行债券，MyRichUncle.com（2009年2月宣布破产）很大程度上实现了这一商业主张。通信技术提供了必要的数据和工具来分析和管理风险，并通过金融工具有效地分散风险：“拥有数百万英里光缆连接的新数字技术，可以把所有这些风险放在一起管理，用里约热内卢的另一个风险来抵消芝加哥的风险，用南非葡萄酒生产商的收入风险来抵消小提琴手收入的风险。”（Shiller，2003，p.7）

金融解决方案符合了更广泛的新自由主义转向。玛格丽特·撒切尔在1987年的著名论述说道：“根本没有社会这个东西。只有个体的男女和家庭。”如果我们能认可没有社会，从而没有国家对社会的责任，那个体和家庭将再度对其自身的命运负责，不再受国家干预，或者自负的企业雇主的羁绊，而华尔街会充当乐于帮助他们的经济向导。

“金融社会”的一大优势是曾经消失的市场权威之声再度占据了主导地位。有效市场假设（EMH）的忠实信徒认为金融市场的价格是对未来的准确预示。克林顿总统的随从包括很多狂热分子，例如罗伯特·鲁宾（Robert Rubin），他劝说克林顿相较民调要更密切关注债券市场对他讲话的反应。《华尔街日报》专栏作家霍尔曼·詹金斯（Holman Jenkins）更进一步认为金融市场可以成为为国家这艘大船导航的北极星。选举是昂贵的，会有误差，且易遭争议，而当选民在投票站投票时，他们几乎没有什么利害关系，因为一张选票几乎不会产生任何影响。但当投资者买卖时，他们面临的是实实在在的资金风险，他们有动机投资于使他们消息灵通的事情上。如果国家像企业一样，简单地向具有预测能力的市场力量低头，减少对反复无常的选民的关注，那么治理将会理性得多。

金融解决方案变成了布什的“所有权社会”

只在几年内，金融解决方案就变成了乔治·W. 布什（哈佛大学1972届MBA毕业生）的政府打造一个良性社会的指导思想，他的这个愿景被称为“所有权社会”，一个能引起共鸣的短语（如“原始设备制造商”），但其意思却与字面意思完全相反。

所有权社会是布什第二个任期的核心国内政策主题。在他的第二次就职演说中，他描述了这个大项目：

> 在美国的自由理想中，公民们发现了经济独立带来的尊严和保障，而不是徘徊在生存边缘的辛苦劳作。这是自由更广泛的定义，它推动了《宅地法案》、《社会保障法案》和《退伍军人权利法案》的制定。现在，我们通过改革总体制度，满足时代需求，来扩

展这一定义。为了使每一个美国人都与我们国家的希望和未来息息相关，我们要以最高标准发展学校教育、建设所有权社会。我们将扩大人们对房屋和企业、退休储蓄和医疗保险的所有权，让我们的人民做好准备，应对自由社会中的生活挑战。通过使每一位公民成为自己命运的主宰者，我们将使美国同胞更加远离短缺和恐惧，使我们的社会更加繁荣、公正、平等。

“改革总体制度来满足时代需求”在实践中就意味着认可福利资本主义的终结，并针对医疗和退休保障体系逐渐消失的问题，提出新的基于金融的解决方案。这也意味着要充分利用证券化担保的工具。如果这一切按计划进行，结果将是共和党在选举中获得永久性多数席位。

布什不是第一个利用股权作为过渡手段来帮助废除福利国家的政治家。20世纪80年代，玛格丽特·撒切尔曾试图在英国实行“股份制民主”，将例如英国石油（British Petroleum）、英国钢铁（British Steel）和劳斯莱斯（Rolls Royce）等部分或全部国有的企业私有化，将部分股份留给小股东，并通过全国性的广告活动向广大公众推销。但在布什执政之前，美国已经朝着拥有大量零售股权的方向迈进了一大步，这可能会使过渡更加顺利。在20世纪80年代和90年代，从企业运作养老金计划到401（k）的转变，再加上从低息银行账户到零售共同基金的对家庭储蓄的广泛重新分配，在21世纪的转折点时这些做法已经把绝大多数美国家庭变成股东，而在20世纪80年代早期这个数字只有20%（Bucks，Kennickell & Moore，2006）。这场运动被一些人贴上了所有权民主化的标签（如Duca，2001），而评论人士热衷于讨论一个股东国家对社会的好处。股东们有动机了解经济的运作，而且有证据表明，参加401（k）计划改变了个人热衷的新闻类型。（当然，到了20世纪90年代末，在美国的公共场所随处可以看到一个提供股市最新消息的有线新闻频道。）从某种意义上说，所有权社会只是认可了已经出现的趋势。但更有趣的是，从一些对此感兴趣的政党的角度来看，股票所有权似乎改变了人们的政治观点，特别是，他们变成了共和党人。《国家评论》的作者认为这是一次选举机会：以股东身份吸引选民的候选人将能够吸引越来越多的共和党选民。2000年，理查德·纳德勒（Richard Nadler）写道："共和党迟迟未能领会到这种资本所有权的教育趋势……该党必须积极招募投资者成员，但在这项任务上却遭惨败。"（具有代表性的引用请参见Davis & Cotton，2007）

这个想法后来被称为投资者阶层理论。因此，布什第二任期的首要议程是将社会保障部分私有化，允许工人通过"个人退休账户"将部分强制性养老金投入股市。实施这一改革的潜在成本，以及让如此多的人口暴露在市场动荡之下的风险，使得推广这一想法变得困难。但它可能会产生巨大的选举利益：根据拉姆士·彭努如（Ramesh Ponnuru）2004年发表在《国家在线评论》上的文章的观点，"社会保障改革是投资者阶级政治的关键目标，因为它将把几乎所有人都纳入到这个阶级"。反税收活动人士格罗弗·诺奎斯特（Grover Norquist）表示，最终，将社会保障私有化将使几乎所有人都成为股东，通过股市实现经济和政治利益的完美结合，从而使共和党成为真正的、永久性的全国多数党。这并不是《华尔街日报》社论家关于建立市场主导的国家政府的梦想的准确应用，但它是朝着正确方向迈出的一步。

所有权社会的蓝图延伸到医疗保健（通过"健康储蓄账户"）和其他昂贵的项目（通过"终身储蓄账户"）。正如总统所深刻揭示的："美国的所有权越多，美国的活力就越大，更多的人与这个国家的未来息息相关。"（了解更多所有权社会"情况说明书"，参见 http://georgewbush-whitehouse.archives.gov/news/releases/2004/08/20040809-9.html.）

所有权社会的最后一个支柱是通过利用抵押贷款行业的创新潜力，使住房所有权更容易获得。用白宫的话来说："总统相信住房所有权是美国充满活力的社区的基石，通过建立稳定和长期的金融安全使个体家庭受益。2002年6月，布什总统向房地产和抵押贷款金融行业发布了《美国住房所有权挑战》一文，鼓励他们努力缩小少数族裔与非少数族裔之间在自住房拥有率方面的差距。总统还宣布，目标是在2010年将少数族裔房主的数量增加至少550万户。”（摘自上文所引“所有权社会情况说明书”）

我们现在知道，许多金融机构采取了一种“逆向歧视”（reverse redlining）的形式接受了总统的挑战。正如富国银行（Wells Fargo）驻巴尔的摩的一位信贷员所说：“公司对少数族裔借款人设置了‘赏金’。我的意思是，信贷员在少数族裔社区积极推销次级贷款可以获得现金奖励。”此外，他们还向使优质借款人获得利息更高的次级贷款的中介机构发放奖金。信贷员开发了许多创新的拓展方法，包括向非洲裔美国人教堂的牧师提供激励，以诱使他们的教友申请次级贷款。［美国有色人种协进会（NAACP）对富国银行和其他十几家银行提起了集体诉讼，指控这些银行将少数族裔作为次级贷款的目标。参见“银行被指控向黑人提供抵押贷款”http://www.nytimes.com/2009/06/07/us/07baltimore.html.］这些策略所针对的社区将在未来数年承受后果。到2009年10月，底特律市已经查封了9000处拖欠税款的房产，空置房产占据了该市139平方英里土地中的40平方英里——其面积足以容纳整个旧金山市。

在布什政府取得的所有成就中，住房所有权的转变可能是最持久的。一代又一代的美国人寻求拥有自己的房子，把它作为一种储蓄手段和一种基本的安全保障。从卡尔文·柯立芝（Calvin Coolidge）（“对国家稳定和理想的实现，最大的贡献莫过于使其成为一个家庭拥有住房的国家”），到富兰克林·罗斯福（“一个由拥有住房者、拥有自己土地的人组成的国家是不可征服的”），再到乔治·W.布什（“就像这样，你不再是社区的游客，而是社区的一部分——与社区利益相关，关心社区的未来”），几乎每一位美国总统都赞扬过拥有住房的社会效益。然而，在很短的一段时间内，随着2009年末溺水抵押贷款（Underwater Mortgage）（“房主”所欠的房款超过房屋价值）激增至四分之一，自有住房变成了一种现代形式的契约劳役。

现在怎么办?

所有权社会作为一种公共政策已经死亡，很难想象在什么情况下会让它复活。布什将社会保障私有化的努力在政策制定者中几乎没有取得什么进展。回想起来，很明显，尽管危机很糟糕，但它本可以更糟。布什宣誓就职当天，一笔投资到标准普尔500指数的1万美元，到他卸任回到克劳福德家那天，价值约为6000美元。在投资股市的一半美国家庭中，2008年末投资组合（包括退休账户）的中位数仅为2.3万美元，正好够支付官方贫困线水平一年的退休费用（Bucks, Kennickell, Mach & Moore, 2009, p.A27）。正如总统2006年的经济报告所设想的那样，那些希望利用房价上涨来为退休后的生活提供资金的人已经陷入了困境。我们仍然面临着如何取代以公司为中心的社会制度的问题。

甚至在危机之前，大公司就对福利资本主义的义务所带来的开支感到痛心。2006年，通用汽车首席执行官指出了公司在养老金和医疗福利方面的遗留成本，“与我们竞争的大多数公司……有不同的福利结构。他们退休（成本）的很大一部分是由国家体系提供资金的。我们现在面临全球竞争。我们在和与有这些成本的对手赛跑，因为他们是由政府资助的”（引自“通用汽车削减养老金的决定加速了企业的广泛转变”，*Wall Street Journal*，August 2，2006）。显然，社会主义孕育了更具竞争力的企业。随着一个又一个公司削减或取消医疗保险和退休保障，经济危机已经结束了旧体制遗留下来的大部分内容。就连商业圆桌会议也开始支持国家医疗改革，其健康倡议负责人（以及伊士曼·柯达公司首席执行官）表示：“现状就是失败的一个处方。”

很明显，我们正处于一个罕见的转折点，学术研究可能会对我们当前的经济转型产生影响。

一代人以来，人们首次普遍认为，股东资本主义已达到极限。正如希勒（2003）在他的金融市场赞歌中所指出的那样，“股市不会让我们所有人都富裕起来，也不会解决我们的经济问题”。许多人不再相信，我们作为股市投资者的经济收益将弥补我们作为雇员和公民在社会保障方面的损失。

还有，国家与企业经济关系的性质在短时间内发生了巨大变化。在撰写本文时，联邦政府在2008年《财富》100强企业中拥有6家企业的大量控股股权：通用汽车（第4名）、花旗集团（第8名）、美国国际集团（第13名）、房利美（第53名）、房地美（第54名）和通用汽车金融服务公司（GMAC）（第78名）。名单上的四家军工承包商的50%到90%的收入来自联邦政府［波音（Boeing）、洛克希德·马丁（Lockheed Martin）、诺斯罗普·格鲁曼（Northrop Grumman）和通用动力（General Dynamics）］。另有6家在医疗保健行业，这是一个正处于国家和企业权力平衡发生重大变化边界的行业，3家是制药企业，3家是医疗保健批发商。（能源、零售和金融占据了剩余榜单的大部分。）其他的股东拥有（并为股东利益而运营）公司的选项不仅是可能的，而且我们已经拥有了它们。

然而，组织社会学家必须克服一些困难才能发出自己的声音。作为一个研究领域，在20世纪初组织社会学家马克斯·韦伯和詹姆斯·汤普森（James Thompson）关注的是大规模科层组织，而在20世纪60年代则诞生了开放系统理论（Open Systems Theory）。理论家试图解释为什么组织会形成他们现有的架构，以及他们对其成员和他们所在的更广泛的社群有什么影响。这种方法非常适合解释一个“组织社会”的动态。此外，它对那些寻求建立和管理组织的人具有实践意义。

然而，在20世纪70年代以后，那些实践组织社会学主流理论方法的人表现出一种近乎故意的厌恶，不愿提出任何有用的东西，尤其是在设计用以完成某项任务的组织的方面。相反，研究者专注于揭露组织生活中的犬儒主义、虚伪和无关紧要的方面。资源依赖理论认为，从根本上说，组织中发生的一切都与权力有关，对组织有效性的关注主要是一种修辞上的掩饰手段。新制度主义者将组织的大部分工作描述为面向外部评估者的精心设计的字谜游戏，与任何有效的活动无关。生态学家声称，组织行为背后的动机基本上是无关紧要的，因为无论管理者做什么，在组织走向不可避免的灭亡之际，都不太可能产生多大影响。与此同时，企业战略学者承担了解释不同配置如何产生创新、新产品和利润的任务。此外，正如本文所描述的，我们今天所拥有的组织类型与主流理论诞生时盛行的传统官僚机构几乎没有什么相似之处，这表明这些理论在任何情况下都可能没有多大用处。

然而，组织社会学家所使用的“典型工具”仍然是有价值的，即使他们的目标已经从维持边界、目标导向的社会制度转变为不断变化的网络。这些工具只需要为现在出现的新经济和社会形态服务。在19、20世纪转折之交出现的大公司及其向主导机构的转变，被证明对从凡勃伦（Veblen）和韦伯到贝尔勒和米恩斯等社会理论家来说，是一个硕果累累的时代（Adler，2009）。同样，我们当前的转变也可以为新理论的提出提供一个富足的环境。20世纪初，社会理论家及其追随者发展出了一系列理论机制来解释大规模协调行动的结构和过程，从如何招募和激励参与者，到如何就目标进行谈判并与权力和薪酬体系保持一致，再到如何根据其他组织的经验采用和调整实践行动，以及成功和失败如何反馈到系统中。即使一个典型的组织看起来更像Vizio而不是通用汽车，这些机制也不太会是无关紧要的。它们可能被认为是理论跳蚤市场上的物品，可以被重新定位新的用途。

在下一节中，我将描述这个论点对未来研究的一些意义并阐述这一论点对公共政策的一些意义。

对未来研究的意义

组织社会学广泛进入商学院的一个结果是，研究人员相对忽视了非企业的组织形式。当然，企业界为新制度主义者对犬儒主义和伪善的研究提供了一个丰富的环境，特别是当股东拥有的公司开始占据研究者的注意力时。但是，在大型档案数据中没有留下现成线索的非企业组织形式，这在研究记录中几乎是不可见的。罗斯柴尔德和惠特（Rothschild & Whitt, 1986）对合作社与其他集体企业进行了比较分析，将其定义为“任何控制权最终且压倒性地掌握在其成员、员工或所有者手中的企业”。正如马克·施奈贝格（Marc Schneiberg）所指出的那样，美国经济中充斥着19世纪末反企业运动的组织痕迹，从像蓝多湖公司（Land o' Lakes）和优鲜沛（Ocean Spray）这样的生产合作社，到像州立农业（State Farm）保险和Vanguard共同基金家族这样的消费者拥有的共同基金，再到在美国注册了8000多万会员的8000个非营利性信用合作社（Schneiberg, King & Smith, 2008）。然而，在罗斯柴尔德和惠特写作后的25年里，发表的有关生物技术的文章肯定比那些关于集体企业的文章多上100倍。

如果组织社会学认真对待这一使命，帮助引导我们当前的经济转型朝着更加人性化的方向发展，它会是什么样子？以这一使命为指导的研究可以采取两种形式。第一种形式是记录为实现协调的行动而出现的替代传统公司形式的新办法。第二种是提供一种方法，将这些组织形式的经验教训输出给经济行动者。

四个新兴趋势尤其值得记录。一是创业的本质发生了转变，因为构建企业所需要的部件很容易被用于新的组合。“乐高式企业家们”将现成的部件组装在一起，形成了像Vizio这样的液晶电视企业。我们习惯于研究那些势必以首次公开发行（IPO）告终的创业。然而，这将很难是新企业创立的典型形式，而且，越来越有可能出现影响力大但“成员”少且不依赖于公开股票市场的企业。以Vizio为例，它的营业额已经超过了20亿美元，而员工的数量却远远少于一家沃尔玛门店。许多消费品行业也存在类似的企业。不仅仅是营利性企业可以借鉴这种乐高模式。MoveOn，一个高度引人注目的社会运动型组织，声称拥有300万名成员，从一个旨在结束比尔·克林顿弹劾听证会的草根电子邮件运动，成长为一股全国性的政治力量，在2003年年中只有4名带薪员工（Chadwick，2007）。2009年开始的“茶党insta运动”几乎是在一夜之间兴起的，这要归功于随时可用的动员工具。企业家将概念迅速发展为大规模协调行动的能力的提高需要组织学者给予更多的注意。

第二个值得组织学者开展更多工作的领域是开源运动。“开源”最初指的是由计算机程序员编写的源代码，然后将其编译成一个可执行的程序；与已经编译成型的商业软件相比，它是开放的，意即用户可以阅读、修改和共享底层代码。但开源意味着一场集体构建的、可以免费使用产品的更为广泛的运动。Linux就是一个经典案例，作为对微软在操作系统领域全球霸主地位的主要挑战者，它对任何想要使用它的人都是免费的，这是由分散在世界各地成千上万的程序员义务劳动汇集而成的。维基百科（Wikipedia）是另一个例子。一个内容极广、质量奇高的世界知识百科全书不知从何而来，却变成了也许是世界上被征询最多的权威。狄德罗（Diderot）的梦想，即以一种任何人都可以通过网络免费访问的形式记录“人类知识的每一个分支”，几乎已经实现了——所有这些都很少依靠正式组织（这些及其他例子请参见Shirky，2008）。组织学者可以做的是记录这些项目如何以及为什么会成功，以及它们何时失败。什么样的过程和结构能够实现如此大规模的协调（和无报偿）行动？希奥班·奥马奥尼和她的合作者分析了开源项目的治理结构和动态过程（例如，O’Mahony & Bechky，2008），在此先导研究基础上的工作将是一种颇受欢迎的补充。

社会运动是需要更多关注的第三个领域。在某种意义上，社会运动和正式组织都只是集体行动的另一种表现形式，因为它们都需要诸如招募、激励和协调等活动。但是，社会运动通常由旨在实现特定目标的不断变化的联盟组成，它们的活动往往面向特定的行动或项目。例如，也许是世界历史上最大规模的抗议发生在2003年2月15日，世界各地数百个城市的数百万活动人士在以美国为首的联军入侵伊拉克前夕举着“世界对战争说不”的横幅游行——所有这些都是在网上被无成本地组织起来的。社会运动值得注意，因为它们经常是使用新技术和创造各种新协调行动工具库的先锋。所谓的“快闪族”（flash mobs），指的是一群人在特定的时间和地点被动员起来，起源于通过手机短信协调起来的菲律宾反政府抗议活动，后来演变成艺术和商业形式（Rheingold，2003）。能够在一个轻平台上产生如此大规模协同行动的方法肯定会找到新的应用。更广泛地说，社会运动是各种集体行动形式的实验室，特别是通信技术所支持的新形式（可比较Chadwick，2007；Shirky，2008）。研究社会运动是如何运作的，对于组织研究者来说是一个合适的课题。

最后，非营利组织、社会企业和混合组织是值得进一步研究的第四个领域。由于融资形式的变化（将在下一节讨论），企业家正在模糊营利性和非营利性形式之间的界限，创建具有明确社会目标的企业。但是，它们在现实世界中的普及程度还没有与它们在组织研究中应有的中心地位相匹配。凯瑟琳·陈（Chen，2009）在她对“燃烧人”（Burning Man）这个活动的组织分析中提供了一个有趣的例子，该活动每年将50000名参与者带到内华达州沙漠中的一个临时村庄。该组织就像一颗彗星，间歇性地往返建造然后拆除一个在荒无人烟地方的一整个小城市，这是一个在灾区城市需要快速重建时值得深思的壮举。

分析和记录这些组织形式是第一步。第二步是帮助传播那些更有用的组织形式。想想克利夫兰。在过去的几年里，克利夫兰已经成为一个活生生的实验室，用来创建一个工人拥有的合作社网络，其部分指导力量来自对这些合作社的成功有着极大兴趣的学者。正在成立的合作社包括Evergreen Cooperative Laundry、Ohio Cooperative Solar（一家太阳能设备安装商）、Green City Growers（一家水培城市农场）和*Neighborhood Voice*（一种当地报纸），Evergreen商务服务公司（Evergreen Business Services）对他们提供共同的后台支持。这些公司将通过工资扣除的形式由工人拥有，种子资金部分来自利用赠款融资的Evergreen合作发展基金。所有这些公司的目标都是成为其所在行业中最环保的公司，并将资金返还给该基金，以为工人拥有的新企业提供种子资金（Alperovitz，Howard & Williamson，2010）。

研究创新的学生（包括我）花了大量时间清点专利和IPO的数量。但毫无疑问的是我们可以跳过接下来几篇有关生物技术IPO的文章，转而把我们的研究精力放在更好地把握克利夫兰的经验上，或许还能帮助播下更多实验的种子。

政策意义

本文论点的一个重要含义是引导以企业为中心的经济的适当政策杠杆可能不再特别有用。这里我特别关注一个领域：创造就业。经济衰退最显著的后果是失业和就业不足的激增。但由于本文所论及的那些原因，强调企业创新在创造就业方面作用的传统政策回应可能是不充分的。

就业的迅速崩溃在很大程度上归咎于先前经济泡沫的性质。在泡沫期间创造的就业岗位中，有四分之一来自房地产相关行业。抵押贷款经纪人有几十万人；房地产经纪人的数量超过了农民；花岗岩台面安装等新兴行业被视为创业活力和就业增长的典范。零售业是另一个增长领域，因为房主们利用房价的快速（而且是虚幻）的上涨来从他们的房屋中抽取权益，为超出他们工资收入的消费提供资金。当个人将房产视为一种相对具有流动性的值得投资的资产类别时，这些力量就会相互作用。2005年售出的房屋中，超过四分之一是作为投资而非主要用来当作住宅被购买的，并且这样的房子往往被极奢华地装修——比如，安装花岗岩台面和不锈钢厨房用具，以增加他们立即转售的价值（Davis，2009）。

当住宅市场泡沫破裂时，房地产相关行业和零售业的就业也随之崩溃，而且几乎没有复苏的迹象。事实上，早期迹象表明商业地产也出现了类似的突然下滑。其结果是失业率和就业不足达到了几代人以来的最高水平，接近了大萧条时期的水平：20%。

政策制定者的标准反应是推动“创新”，将其作为重振就业的一种手段。其理念是，新产品和新业务的产生自然会带动就业增加。例如，《华尔街日报》在2010年1月28日——就在奥巴马总统发表国情咨文的第二天，巧合的是，也在史蒂夫·乔布斯（Steve Jobs）推出新款苹果iPad电脑的第二天——发表了《福布斯》的出版人的一篇专栏文章。标题为“苹果来拯救？为什么奥巴马总统应该思考史蒂夫·乔布斯的职业生涯”。这篇文章认为，苹果公司是美国为了创造“令人兴奋的新工作岗位”而需要培育的创新型公司的典范，并指出许多类似苹果的公司都是在20世纪70年代经济低迷时期成立的。然而第二天，《华尔街日报》发表了一篇题为《分析师预计iPad将提振亚洲供应商》的文章，指出与许多科技品牌一样，苹果的大部分产品实际上并不是自己生产的。它聘请制造业专门企业——主要是在中国大陆拥有广泛业务的中国台湾的公司——来组装基于苹果设计的配件。自2005年《商业周刊》开展此项调查以来，苹果公司每年都被评为“全球最具创新力的公司”。但在1980年IPO30年后，苹果仅雇用了3.43万名员工——远远少于最近货品卖出后被清盘的电路城公司门店。

在经历了30年的股东价值经济之后，创新在很大程度上已经脱离了就业。Vizio是一个极端例子——这家总部位于加州，在美国液晶电视市场销售份额最大的公司在2009年雇用了160名员工，因为其生产是由东亚的承包商完成的。但这并不是唯一的，因为美国最具创新性的高科技公司以任何方式创造的直接就业机会都相对较少。苹果、谷歌、微软、亚马逊、英特尔和思科——美国创新经济皇冠上的明珠——总共雇用的员工比连锁超市克罗格（Kroger）还少。换句话说，所有这些公司的规模必须达到现在的三倍，才能取代美国2009年1月裁减的60万个工作岗位。

我已经提示过这是怎么发生的：将组织构件紧密结合在一起的部门

细化，加上创造股东价值的需求，推动企业用最少的资产，包括人力资产，创造最多的现金流。20世纪80年代的破产收购和90年代的企业重组，导致了一个由规模相对较小、业务相对专一的公司组成的经济体。在21世纪初，美国最大的雇主——主要是零售商——雇用的劳动力比例低于之前半个世纪的任何时候（Davis & Cobb，出版中）。此外，由于劳动力管理软件允许企业从总部集中控制一支精简的劳动力队伍，消除制造业过剩员工的"效率推动力"也在对零售业产生同样的影响（Davis，2010）。在经济衰退之后，公司正在学习用更少的钱做更多的事情，这是以牺牲就业为代价的。

简而言之，为创造股东价值而进行的"创新"，对创造就业岗位的作用可能微乎其微。所有权社会将公民视为投资者，而不是雇员或社区成员。但是，公共政策——特别在州和地方一级——可以为组织创新创造一种环境，其中就业是一个明确的目标。

路易斯·布兰代斯（Louis Brandeis）很久以前就把各州描述成政策创新的实验室，并且最近的研究表明，很多鼓励或抑制创新型新企业的行动都是在州一级进行的。1996年，联邦政府对电信业的去管制本来是为了在地方一级掀起一轮新的竞争，但埃里克·纽曼（Neuman，2010）的研究表明，新成立的本地电话公司的比例在各州之间差异很大。堪萨斯州新成立的电话公司数量大约是艾奥瓦州的两倍，尽管这两个州在其他方面非常相似，尽管科罗拉多州的本地商业市场要大得多，但在去管制初期，亚拉巴马州新电话公司的成立数量是科罗拉多州的三倍多。纽曼展示了政治和各州以往的政策经验如何决定性地塑造了诞生新企业的氛围。本地的小气候对这一技术领域的新业务创造至关重要。因此，中央政府可能最适合制订面向大公司的政策，而"本地解决方案"（locavore）可能更适合当代的后公司经济。

考虑到新的组织形式的法律创新是这里的核心。其中之一是LLC法律在佛蒙特州、密歇根州、犹他州和怀俄明州等州相继制定了L3C法律之后，在各州的广泛传播。LLC是“有限责任公司”，是一种高度灵活的组织形式，在某些方面模仿公司，但提供了公司没有的优势，如允许单层征税。有限责任公司由于其高度的灵活性，可能已经成为新企业所采用的主要法律形式（Ribstein，2010）。L3C是“低利润的有限责任公司”，它以有限责任公司的底盘为基础，添加了一些特性，使其适合于将营利性组织和非营利性组织的元素结合在一起的混合型企业。特别是，要取得L3C的资格，企业必须按照联邦税收标准极大推动一项或多项慈善或教育目的的实现，而且它的成立文件中必须声明，产生收入或财产增值不是企业的一个重要目的（尽管不排除利润本身）。它的法律结构允许它利用多种融资方式，包括一些寻求市场回报的投资者，一些寻求中等回报的社会投资，以及旨在符合年度分配要求而进行项目相关投资的私人基金会（Reiser，2010）。

一个相关的创新是所谓的“B公司”或“共益公司”。B公司是在一个州合法成立的“普通”公司，该州的法律允许公司履行盈利能力以外的义务，并由第三方社会责任审计机构B Lab认证（参见http://bcorporation.net/）。那些选择在纽约州成立公司的人必须在公司章程中加入这一条：“在履行他或她的职责，以及在决定什么是符合公司及其股东的最佳利益时，董事应当考虑如下其认为相关的因素，这包括，但不限于，公司及其股东的长期愿景和利益，以及社会的、经济的、法律的，或其他任何行动对当前和退休员工、公司或其子公司的供应商和客户，以及公司或其子公司运营所在的社区和社会的影响……”（纽约州的规定请参见http://survey.bcorporation.net/become/legal2.php）这些声称面向广泛社会利益，包括稳定就业的混合形态，其可能的长期愿景仍有待观察（参见Reiser，2010），但在州和地方一级显然对允许新的组织形式的法律创新非常热衷。

鉴于法律创新、信息通信技术的进步，以及融资模式的创新，我们可以想象新的组织形式，将以往形式（如合作社和互助组织）的特点与在创造稳定就业和发展社区方面的新优势结合起来。国家可以在促进使雇员优先于股东价值的组织形式方面发挥关键作用。好时公司（The Hershey Company）就是一个令人惊叹的例子。长期以来，好时（The Hershey Company）一直是美国最大的糖果制造商，也是宾夕法尼亚州同名小镇最大的雇主。自1927年以来，好时的股票一直在纽约证券交易所交易。在遗嘱中，公司创始人将公司77%投票权的股权留给了一个信托基金，该基金用于资助好时镇一所孤儿寄宿学校现在更名为弥尔顿好时学校（Milton Hershey School）。该校的受托人管理着数十亿美元的捐款，包括它在好时公司的控股权，这让他们实际上控制了好时的业务。早在20世纪最初十年，受托人试图出售他们在公司的股份以实现多元化——这显然是一个出于财务考量的谨慎行动——但宾夕法尼亚州检察长介入干预，原因是如果公司被卖给不忠于宾夕法尼亚州的外人，出售该公司可能会给社区及其经济造成“不可挽回的损失”。负责监督该信托的道芬县孤儿法庭随后逐出了受托人，取而代之的是一个发誓永远不会出售该公司的团体。除了允许公司董事将社区和员工的利益置于股东利益之上之外，宾夕法尼亚州拥有美国最严格的“其他利害关系人”法律（尽管好时是在对股东友好的特拉华州注册成立的）。尽管有来自华尔街的请求，以及如雀巢（Nestle）和吉百利（Cadbury）等潜在收购方的提议，但受托人迄今拒绝考虑任何可能稀释信托基金对该公司控制权的公司战略（Davis，2009，Chapter 3）。

结论

在美国，向后工业、后公司社会的过渡已接近完成，因为种植粮食或生产物质产品的劳动力所占的比例已接近无法再减少的最低水平——也许是5%。人们对多数人长期失业前景的集体恐惧，加之传统企业保障体系的丧失，是目前最直接的反应。但或许有另外一条路。罗斯柴尔德和惠特（Rothschild & Whitt，1986，p.190）以充满希望的愿景结束了他们关于集体企业的专著：

> 集体主义组织可能只有在技术能力强大到足以使大多数人摆脱辛劳的情况下才会出现。只有当我们拥有可以轻松维持物质生活的技术能力时，我们才能在早上狩猎，下午钓鱼，晚上谈论哲学。当工作相对地从必要的压力中解放出来时，它才会变成表达自我、有乐趣的活动。机械工业化时代大大提高了人类再造物质条件的能力。现在我们似乎正在进入一个电子时代，这个时代大大增加了我们在这方面的能力，也改变了工作的性质，使其从改造事物变成创造和传播新的价值、服务和知识。这种转变也许会给我们更多的自由来融合工作和乐趣。

另一个世界是可能的，Art Stinchcombe是它的先知。对新的组织形式来解决集体问题的需求是显而易见的，而新的社会、法律、金融和其他技术——部分是股东资本主义留下的“遗骸”——表明我们可能会看到一场新形式的“寒武纪生命大爆发”。从股东价值最大化的需求中得到暂时的喘息，我们也许可以想象一个让组织理论家帮助产生有更多参与的组织形式的积极议程。我们是否能对苹果手机的“职场民主应用程序”将通用汽车变为以色列集体农场（kibbutz）抱有太多的期待？

参考文献

Adler, P. S. (Ed.) (2009). *The Oxford handbook of sociology and organization studies: Classical foundations*. New York: Oxford University Press.

Alperovitz, G., Howard, T., & Williamson, T. (2010). The Cleveland model. *The Nation*, February 11. Available at http://www.thenation.com/article/cleveland-model.

Applebaum, E., Bernhardt, A. D., & Murnane, R. J. (2003). *Low-wage America:*

How employers are reshaping opportunity in the workplace. New York: Russell Sage.

Berle, A. A., & Means, G. C. (1932). *The modern corporation and private property* (Modern Reprint: 1991 edition). New Brunswick, NJ: Transaction.

Bernhardt, A. D., Morris, M., Handcock, M. S., & Scott, M. A. (1999). *Job instability and wages for young adult men*. Working Paper No. 99-01. Pennsylvania State University.

Blinder, A. S. (2006). Offshoring: The next industrial revolution? *Foreign Affairs*, 85(2), 113–128.

Bucks, B. K., Kennickell, A. B., Mach, T. L., & Moore, K. B. (2009). Changes in U.S. family finances from 2004 to 2007: Evidence from the survey of consumer finances. *Federal Reserve Bulletin* (February), A1–A56.

Bucks, B. K., Kennickell, A. B., & Moore, K. B. (2006). Recent changes in U.S. family finances: Evidence from the 2001 and 2004 survey of consumer finances. *Federal Reserve Bulletin* (February), A1–A38.

Chadwick, A. (2007). Digital network repertoires and organizational hybridity. *Political Communication*, 24, 283–301.

Chen, K. (2009). *Enabling creative chaos: The organization behind the Burning Man event*. Chicago: University of Chicago Press.

Davis, G. F. (2009). *Managed by the markets: How finance re-shaped America*. Oxford: Oxford University Press.

Davis, G. F. (2010). Job design meets organizational sociology. *Journal of Organizational Behavior*, 31, 302–308.

Davis, G. F., & Cobb, J. A. (in press). Corporations and economic inequality around the world: The paradox of hierarchy. *Research in Organizational Behavior*.

Davis, G. F., & Cotton, N. C. (2007). Political consequences of financial market expansion: Does buying a mutual fund turn you Republican? Presented at the American Sociological Association Annual Meetings, New York, NY.

Davis, G. F., Diekmann, K. A., & Tinsley, C. H. (1994). The decline and fall of the conglomerate firm in the 1980s: The deinstitutionalization of an organizational form. *American Sociological Review*, 59, 547–570.

Drucker, P. F. (1949). The new society I: Revolution by mass production. *Harper's Magazine*, September, pp.21–30.

Duca, J. V. (2001). The democratization of America's capital markets. *Federal Reserve Bank of Dallas Economic and Financial Review* (Second Quarter), 10–19.

Ghilarducci, T. (2007). *The new Treaty of Detroit: Are voluntary employee benefits associations organized labor's way forward, or the remnants of a once glorious past*? Unpublished data. University of Notre Dame, Notre Dame, Indiana.

Hacker, J. S. (2006). *The great risk shift: The assault on American jobs, families, health care, and retirement – And how you can fight back*. New York: Oxford University Press.

Jacoby, S. M. (1997). *Modern manors: Welfare capitalism since the New Deal*. Princeton, NJ: Princeton University Press.

Kaplan, S. N., & Rauh, J. (2007). *Wall Street and main street: What contributes to the rise in the highest incomes*? Cambridge, MA: National Bureau of Economic Research.

Kimmel, L. H. (1952). *Share ownership in the United States: A study prepared at the request of the New York Stock exchange*. Washington: The Brookings Institution.

Levy, F., & Temin, F. (2007). *Inequality and institutions in 20th century America*. Cambridge, MA: National Bureau of Economic Research.

Lichtenstein, L. (1995). Walter Reuther: *The most dangerous man in Detroit*. Urbana, IL: University of Illinois Press.

Meyer, J. W., & Rowan, B. (1977). Institutionalized organizations: Formal structure as myth and ceremony. *American Journal of Sociology*, 83, 41–62.

Neuman, E. J. (2010). *Institutional capabilities and entrepreneurship: The development of the US competitive local telephone service industry, 1999–2006*. Unpublished data. University of Illinois, Urbana Champaign, IL.

O'Mahony, S., & Bechky, B. A. (2008). Boundary organizations: Enabling collaboration among unexpected allies. *Administrative Science Quarterly*, 53, 422–459.

Perrow, C. (1991). A society of organizations. *Theory and Society*, 20, 725–762.

Reiser, D. B. (2010). *Governing and financing blended enterprise*. Brooklyn Law

School Legal Studies Research Paper # 183. Brooklyn Law School, Brooklyn, NY.

Rheingold, H. (2003). *Smart mobs: The next social revolution*. Cambridge, MA: Perseus.

Ribstein, L. E. (2010). *The rise of the uncorporation*. Oxford, UK: Oxford University Press.

Rothschild, J., & Whitt, J. A. (1986). *The cooperative workplace: Potentials and dilemmas of organizational democracy and participation*. New York: Cambridge University Press.

Scahill, J. (2007). *Blackwater: The rise of the world's most powerful mercenary army*. New York: Nation Books.

Schneiberg, M., King, M., & Smith, T. (2008). Social movements and organizational form: Cooperative alternatives to corporations in the American insurance, dairy, and grain industries. *American Sociological Review*, 73, 636–667.

Sennett, R. (2006). *The culture of the new capitalism*. New Haven, CT: Yale University Press.

Shiller, R. J. (2003). *The new financial order: Risk in the 21st century*. Princeton, NJ: Princeton University Press.

Shirky, C. (2008). *Here comes everybody*. New York: Penguin.

第七部分

后记

若是我们来负责又会怎么样呢？作为理性制度建设者的社会学家

以斯拉·W. 朱克曼（Ezra W. Zuckerman）

摘要

在这篇后记中，我认为规范证券市场的社会学方法需要对价格与价值之间的关系采取明确的立场，这种立场结合了（a）逆向论，即客观标准可以让人们比目前的市场价格更准确地评估价值；（b）建构主义者的论点，即价格由众所周知的信念所支配，这些信念可能与他们声称和反映的客观现实大不相同；（c）现实主义的论点，即市场包括强大的机制（套利和学习），在正常运作时，缩小采取逆向策略者的个人信仰与常识之间的差距，从而产生合理的价格。这种综合性的“理性主义”观点将房地产泡沫理解为制度条件的产物，这种制度条件助长了对看跌情绪程度的多方面的无知。监管处方侧重于对透明定价的支持，以及保障为多头/乐观主义者和空头/悲观主义者提供的制度支持的相对公平性。

“你不能做空房产。”约翰·保尔森遗憾地告诉同事（2005年），当时保尔森正在调查蓬勃发展的住房市场。

——格列高利·朱克曼（Gregory Zuckerman，2009，p.9）

“我们的模型很好，”贝尔斯登专家在2006年对保尔森做出的回应礼貌又自信，“我们已经这样做了二十年了。”保尔森的助手保罗·佩莱格里尼仔细倾听谈话，表现出一点情绪。他确信一些（做空的）高管并不完全相信他们自己的观点。他们的目的只是阻止保尔森做空这么多，并为贝尔斯登造成麻烦……两个人就可以玩这场比赛，佩莱格里尼最终决定了。他开始表现得好像他对自己的看跌姿态有了第二个想法，好像他被客人的争论所左右……“我们真的很感激你们的帮助；谢谢，伙计们。”他不敢透露他心中的想法。“我们说‘哦，谢谢你们的帮助’。但我们实际想说的是‘去你妈的’！”佩莱格里尼回忆道，“我们都在逢场作戏。”

——格列高利·朱克曼（2009，pp.155-156）

挑战

在这篇后记的范围内，我几乎无法对金融危机的严重程度或本书中和更广泛的文献中的各种处理方法做出正确的判断。因此，我将把注意力集中在一个问题上，这个问题在被视为政策问题时构成了一种挑战。这一挑战的动机来自本文标题的选择，以及以下的对话，这段对话来自奥斯卡·王尔德的《温德米尔夫人的扇子：关于一个好女人的戏剧》（*Lady Windermere's Fan: A Play about a Good Woman*，1903，pp.95–96）：

塞西尔·格雷厄姆：什么是愤世嫉俗者？

达林顿勋爵：一个知道一切事物的价格却不知道它们的价值的人。

塞西尔·格雷厄姆：亲爱的达林顿，一个多愁善感的人，是一个在一切事物中看到荒谬价值但不知道任何一件物品的价格的人。

这段对话提出的问题如下：社会学家对价格与价值的关系应该采取什么样的立场？我们应该是“愤世嫉俗者”“感性主义者”，还是其他什么？

这个问题不仅仅关乎知识分子的态度问题。尽管我们与施奈贝格和巴特利（Schneiberg & Bartley，2010，p.283）发出的“监管是市场的组成部分”的呼声达成了广泛的一致意见，但社会学家长期以来一直被置于监管市场的边缘。由于本书的几乎所有作者都表达了对监管的热情，这证明了一种社会学共识，即我们必须“重新思考市场架构”，而不是等待“事后干预”（同上；Fligstein，2001）。[1]很有可能，我们会保持观望。与任何反对党一样，但非常重要的是，我们要像执政党一样思考和行动，并且在建立更好的政体、社会和经济等共同关注项时，我们要与执政党富有成效地合作。特别是，如果我们要认真对待促进证券市场健康的基础设施的任务，我们必须对价格与价值之间的关系，以及这种关系在其他制度条件下如何变化有清楚的认识。毕竟，我们可以简单地直接废除证券市场。如果我们致力于保留它们——并且值得注意的是，本书作者中没有人建议废除——这意味着我们相信通过价格机制分配资本的系统。但我们能否期望这种机制能够很好地判断价值，在什么条件下它会表现得更好或更差？

现有的社会学迎接挑战

本书没有一位作者直接接受了这一挑战。但是他们确实通过引用了两个成问题的方法来看待价格与价值之间的、王尔德没有考虑到的关系——“傻瓜”和“天真”之间的关系；我们会看到王尔德的“愤世嫉俗”和“感性主义者”在社会学文献中也占有一席之地。

傻瓜在波兹内、斯汀姆勒和赫希，以及弗里格斯坦和戈尔茨坦等人的文章中最为突出。他们描述了一种“非理性的浊气”（2010，p.185），非理性的市场参与者“集体驱车驶下了悬崖”（2010，p.208），而弗里格斯坦和戈尔茨坦将市场参与者称为屈服于“领域幻想”（2010，p.59）。其他作者（例如，Carruthers；Guillén & Suárez；Palmer & Maher）也回应了这些特征，并将华尔街描述为一个紧密结合的封闭网络，市场参与者专注于彼此保持联系，并且不再追求更大的愿景。[2]如果本书的作者们使房地产投资者扮演傻瓜的角色，那么天真的角色则是由“市场原教旨主义者”（即支持有效市场假说的经济学家，EMH）所扮演的角色。作为阿博拉菲亚、弗里格斯坦和戈尔茨坦等作者谴责的对象，他们未能遏制华尔街的愚蠢行为。我们来看看阿博拉菲亚（Abolafia，2010，p.179）引用的美联储前主席艾伦·格林斯潘的两段话中的第一段：

> 泡沫通常只有在事情发生之后才能被察觉。要提前发现泡沫，就需要做出成千上万的知情投资者都错了这样一个判断。与市场对赌的最好结果通常也是危险的。

这种陈述显然不是被想要区分价格和价值的人说出来的。在这种情况下，这种不情愿源自一种天真的信念，即市场总是正确的（或至少他们的集体智慧总是优于任何一个人，包括一个中央银行的银行家），以至于认为一个人比市场知道得更多是自以为是的。[3]

本书的作者们倾向于与华尔街和格林斯潘保持距离，这表明，毫不奇怪，社会学对价格与价值之间关系的重视既不是傻瓜的也不是天真的。那么什么方向适合我们？

现在让我们考虑一下王尔德提出的两种选择，从“感性主义者”开始。虽然王尔德嘲笑这种取向，但“感性主义”实际上是一种显著的选择，因为按照格雷厄姆和多德（Graham & Dodd，1940）的定义，它在当代市场中以逆向选择者或价值投资者为代表，即对资产的“内在”或“基本”价值进行独立判断的人，并利用价格与内在价值之间的差异开展行动。这种定义因沃伦·巴菲特（Lowenstein，1996）而著名。王尔德的描述反映了这样一个事实，即逆向选择者常常被讽刺为感性主义者，他们会在被其他人当作毫无希望的过时品一样已经放弃的资产中发现价值。但正如对冲基金保尔森公司（Paulson & Co.）的经理人通过押注美国房地产泡沫赚取150亿美元所暗示的那样，从长远来看，被笑话的往往是随大溜的人。[4]

除了将逆向选择作为一种投资方法之外，社会学家普遍反对新古典经济学，特别是EMH，这表明有两个理由怀疑我们会对逆向投资起的作用感到满意。首先，我们社会学家清楚地认为我们的价值高于我们的学科地位所反映的价值，特别是相对于经济学而言。因此，至少在一些领域我们可以轻松地判断内在价值并忽视“市场价格”。其次，格林斯潘的上述言论表明，逆向选择者的立场与他自己的立场相反。只要本书作者们认为自己与格林斯潘（以及他所支持的有效市场意识形态）立场相反，人们可能会得出结论，社会学采用的是逆向选择的立场。特别是，尽管格林斯潘不愿意确定一个膨胀的泡沫并采取行动，但我们的20名作者中有13人在其文章中使用了“泡沫”一词，并且认为这个泡沫在原则上可以在破裂之前被提前识别出来。然而，对本书的论文的回顾告诉我们，一位从事社会学的中央银行的银行家可能无法如此快速地诊断和干预泡沫。特别要注意的是，这13名作者中只有一人（Abolafia，2010，p.180）提供了“泡沫”这个词源自斯蒂格利茨（Stiglitz，1990，p.13）的定义：当价格高……而且只是因为投资者相信明天的销售价格会很高——而“基础”因素似乎不能证明这样的价格是合理的。而且，虽然这个定义很有用，但它太过笼统，无法为行动提供指导。因此，如果社会学家有一些逆向选择倾向，我们似乎并没有太过热情地接受这种倾向——或许我们在知识市场中接受了它，但没有在证券市场中接受它。

这种对逆向主义的勉强认可的一个可能原因是，大多数社会学家都致力于某种形式的社会建构主义，即托马斯公理所发现的社会价值观

（Merton，1995）：“如果人们相信事物是真实的，那它们的后果就是真实的。”此外，如果托马斯公理适用于一般社会生活，那它肯定适用于金融市场，因为他们具有“自我递归”属性（Zuckerman，2004），即投机者的回报最直接取决于其他投机者如何评估该资产。因此，默顿（Merton，1948）将大萧条时期银行挤兑的寓言做了修辞化表达，从托马斯公理中提取出“自我实现的预言”。一旦我们认识到价格仅受其他人愿意支付的价格（并且一项制度的稳定性取决于我们对其是否稳定的集体看法）的支配，那么将我们对金融市场的定位建立在对内在价值的认同的基础上，似乎是冒险的（而且是天真的）。

因此，最近社会学家对建构主义者所持的“操演性理论”立场产生了相当大的兴趣。这种理论的阐述是多种多样的，但它的核心是认为经济理论并不描述当代市场（即“一台相机”）而是构建了它们（即“一种引擎”；见MacKenzie，2006；Mackenzie，Muniesa & Siu，2007；Mirowski & Nik-Khah，2007）。[5]这种方法采用“纯粹的”或“严格的”社会建构主义观点（Abbott，2001；Best，2008；Bromberg & Fine，2002；Goode，1994），对世界的主导性解释能够成立，仅仅是因为它们被社会性地接受了，而没有对这种接受施加任何真正的或“客观的”约束。[6]在操演性理论看来，经济学学科是社会对其接受的行动者——甚至是保证人。这种方法超越了众所周知的观点——社会理论具有自我实现的特性，进而宣称这种自我实现是我们所看到的市场特征的唯一基础。[7]

但由于两个相关原因，这种激进建构主义的立场存在着很大问题。首先，操演性理论暗示格林斯潘（或迈克尔·詹森；参见多宾和荣格的文章）不可能是天真的或愚蠢的。[8]如果他用他的言语和框架“表现”市场，这意味着他不会错。但他错了。因此，金融危机突显了本应该显而易见的事实，即糟糕的经济理论实际上可以帮助打垮市场，正如良好的经济理论可以帮助建立市场一样。如果关于经济理论对于世界的理解可能是错误的，那么认为经济理论具有操演经济的功能的理论也可能是错的。因此，如果金融危机是EMH棺材中的另一个钉子（如果还有一个钉子的空间的话），它对操演性理论具有相同的不祥的暗示。

另外，就像让一个天真的市场原教旨主义者来掌控市场是愚蠢的一样，安排一个认为主导性的理论家（无论是经济学还是社会学或其他方面）可以玩弄市场于股掌之间的人来掌控，也同样愚蠢。从本质上讲，问题在于，操演性理论的激进建构主义实际上堕入了达林顿勋爵所说的愤世嫉俗的态度。艾博特（Abbott，2001，p.87）把这件事看得很清楚，他写道，“建构主义的一个重大问题，就是它实际上并不具有政治性……”通过专注于思想如何塑造现实，纯粹的建构主义无法告诉我们这些想法应该是什么，它放弃了确定我们应该努力争取的现实的责任。事实上，操演性理论的纯粹建构主义和格林斯潘的纯粹现实主义（在格林斯潘那里，纯粹的现实主义的立场是认为一种主导性的估值是客观条件的准确反映）的实际意义是相同的。纯粹的现实主义者认为主导性解释是最好的，因此放弃了挑战他们的责任或提出替代机制来达成同样的解释。相比之下，纯粹的建构主义者对主导性解释没有特别的感情。但是，由于它认为所有解释都同等（有效），因此它也没有基础来挑战它们或建议其他安排。如果纯粹的建构主义者更倾向于选择其他解释，它会怎么为此争辩呢？操演性理论家如何诊断泡沫？因此，就一些金融社会学家基本上采用了王尔德的愤世嫉俗者的定位而言，显而易见的是，如果让他们来掌权，这种愤世嫉俗的态度不会比格林斯潘的天真更好。[9]那么，特别是自托马斯公理被应用于金融市场以来，我们应该如何看待价格与价值之间的关系？

一项有关挑战的社会学答案

在这篇后记的其余部分，我将为这个问题制定一个答案，这个问题主要由社会学及其社会科学领域同盟学科的一系列工作所决定[10]，它们提出了四个相关的观点：（a）促进社会协调的共同解释和评价根植于共同知识（每个人都知道）；（b）共同知识可能与私人信仰有很大不同，私人信仰往往基于对需要解释或估价的对象或资产的直接经验，而且不一定公开表达[11]；（c）当私人信仰与共同知识有很大差异时，这种不同意见的公开宣传会威胁到主导性解释和评价的稳定性；（d）如果这种与共同知识不一致的私人信仰的拥有者开始怀疑他们可能从宣传中获益时，那么这样的破坏就更有可能发生。根据皇帝新衣服的寓言（参见Centola，Willer & Macy，2005），这个观点提醒我们，那些看到裸体皇帝的人确实看到他是裸体的，即使他们表现得好像他穿着华丽的服装，所以我们要做的就是让私人的怀疑公开化，使每个人都清楚他是裸体的。这一结论将我们的注意力引向支持这种公开化的社会条件。

要了解这种观点如何有助于将现实主义、建构主义和逆向主义的元素结合在一起，以提出一种更有成效的方式来应对我们的挑战，请考虑以下评论，每个评论都由经济学家提出，他们在学科和政策的制定方面都出类拔萃：

> ……从2002年到2006年初，房价与房租之比飙升至约90%，远远超过以往任何水平。尽管如此，一些专家依然怀疑泡沫的存在。也就是说，到2005年，我认为大多数人都明白，至少，房屋被高估的风险很大。（Yellen，2009，pp.9−10）
>
> 大多数认为风险被错误定价的机构投资者不愿意赞同这种观点，因为这种交易的成本很高。由于几乎所有这些机构投资者都是中介人而非主要关系人，因此他们无法承担涉及一系列短期损失的头寸。他们似乎是更好的投资经理，专注于通过随大流来实现短期收益，通过承担增加了的信用风险来提高收益率。
>
> 但这些投资者也都有着一种感觉，那就是这一天将会到来，到了适当的时候就应该换边，出售高风险债券并扭转其信贷衍生品头寸，从而成为风险卖家。但没有人知道换边的时间。（Feldstein，

2007，p.4）

出于两个原因，这些言论值得关注。首先，耶伦为评估房地产的“内在价值”提供了经典的基础，即将价格与租金进行比较（Shiller，2005）。这种方法的逻辑是直截了当的：只要一块房地产的出售价低于业主通过出租赚取的收入，我们可以预期它会吸引那些寻求从差价中获利的买家；而这反过来会使价格更高。相反，如果价格高于其作为出租房产的价格，我们可以预期它会吸引更少的买家（我们可以预期潜在买家会租用与此类似的房产）。此外，我们还可以期待房地产市场参与者观察这种动态，从而在下一轮中缩小价格和租金之间的差距。进一步要注意，如果这个逻辑看似合理，这意味着EMH的逻辑是合理的（即使EMH的支持者把这种逻辑运用得太离谱了）。特别是，为什么租金价格支配了房地产价格？其理由是基于EMH的两个机制（Brav & Heaton，2002；Zuckerman，2004）：（1）套利，那些评估价值更加准确的市场参与者会通过行动纠正任何错误定价；（2）学习，市场参与者随着时间的推移集体学习（有时会花很长时间）（Zuckerman & Rao，2004）如何最好地评估资产，部分是通过观察成功的套利行为。

其次，耶伦和费尔德斯坦画出了投资者信仰的肖像，这与我在本节开头总结的观点是一致的，但这与傻瓜的肖像大不相同（佩罗的文章是一个例外）。耶伦并没有上集体欺骗的当，而是认为事实上“大多数人”对房地产价格存在怀疑，只有“一些专家”认为价格合适。费尔德斯坦认为，大多数投资者对价格表示怀疑，但基于这种疑虑而进行的行动却受到了阻碍。保罗·佩莱格里尼在他的文章开头引用的第二段话为这种观点提供了额外的基础。房地产泡沫的反对者不仅认为皇帝没有穿任何衣服，而且至少其中一些人（特别是佩莱格里尼）怀疑皇帝的朝臣和走狗也看到皇帝赤身裸体；他们对皇帝的继续统治投入了太多，并希望他们有时间在公开的秘密成为公共知识之前溜走。虽然这些论述都有不确定性，但我（如佩罗所说）提供了支持这种观点的更系统的证据（Zuckerman，2008a），我在表19-1中再现了这些证据。基于这些数据，似乎有相当多的关于美国房地产市场陷入泡沫的可能性的讨论。其中很大一部分是由耶伦所推动的。进一步注意，著名的观察者（例如Grant，2008；Shiller，2005）正确地诊断了泡沫，并预测它会导致严重的混乱。

但这提出了明显的问题。如果对价格水平有如此多的怀疑，特别是如果这个问题有充分的依据，为什么泡沫还会继续膨胀呢？因此，对房地产的这种悲观看起来似乎是空谈——如果逆向选择情绪确实在蔓延，它却没有被采取行动，那它就是无关紧要的。换句话说，这种不诉诸行动表明了持怀疑态度的投资者并没有如有效市场假说所假设的那样利用价格与价值之差去套利；而这反过来又使学习过程发生了短路。但为什么？

表19–1　历年来美国出版物提及“房产泡沫”的次数

年份	提及次数
1999	4
2000	1
2001	20
2002	827
2003	539
2004	641
2005	2,973
2006	1,921

在解决为什么套利和学习机制可能无法在将悲观主义纳入定价方面发挥作用之前，重要的是要强调为什么我们应该对此关注。请注意，格林斯潘对可能成为逆向干预主义者的回应隐含着一个重要的挑战：如果一个中央银行的银行家认为自己在泡沫期间比市场更聪明，那为什么他不是一直比市场更聪明呢？

如果中央银行的银行家总是比市场更聪明，我们为什么还需要市场呢？除非我们认为这些市场通常比中央计划者/监管者能更有效地分配资本，否则证券市场没有任何意义。如上所述，本书的作者们没有一人建议我们消除证券市场。这一事实以及所有作者都有投资于证券市场的可能性，表明了他们同意格林斯潘的观点，即证券市场通常运作良好，能够产生合理且可靠地反应基础价值的价格。此外，我认为这是有充分理由的：它反映了对套利和学习机制通常有助于消除价格与价值之间差距的认识。我们谁能否认，如果通用电气的股票以100美元的隐含市值出售，它们很快会被哄抬到更接近通用电气现金流价值的价格?

而且，至关重要的是，只要价格与价值之间的差距没有以这种方式消除，就会令我们感到困扰。也就是说，拥有证券市场的原因是我们期望套利和学习的机制能够产生比中央计划者更准确的价格。格林斯潘的错误是假设这些机制能自然运作。但正如施奈贝格和巴特利（Schneiberg & Bartley，2010，p.283）强调的那样，“监管构成了市场”，这意味着我们必须选择一种构成了我们所寻求的市场的监管立场。特别是，监管方面的挑战是诊断和修复市场架构的问题，这些问题阻止了套利和学习，而这些工作从一开始就是建立证券市场的基础。

让我们继续诊断，为什么这些机制不能阻止21世纪第一个十年中期的房地产泡沫。我认为原因很简单：我们证券市场的制度基础设施实际上倾向于为套利（以及学习）提供比EMH支持者所假设的更弱的支持（Keynes，1936；Shleifer & Vishny，1997）。此外，这种对套利的孱弱支持一直是不对称的，因为它偏向乐观主义者/牛市而不是悲观主义者/熊市（Zuckerman，2008b），这种偏见在泡沫膨胀时期的美国房地产市场（以及驱动房地产市场的抵押贷款支持证券市场）中尤其强烈。简而言之，尽管人们普遍持怀疑态度，但泡沫继续膨胀的原因在于悲观主义者很少或根本没有对他的悲观情绪采取行动；而这进而意味着，虽然人们可以说皇帝没有穿衣服，但他们不能以一种只是真诚表达怀疑的方式说出来（即，不能空谈）。

在支持对美国房地产市场发表的这一声明之前，我们首先要考虑股票市场的情况。随着股票价格下跌，人们越来越有可能购买公司的控制股权，并试图从股票价格与其现在掌控的现金流价值之间的差价中获利。卖空的人已经出售了股票以便在高价与低于价格的估算价值之间进行套利，但股票价格上涨了，那他还能做什么呢？一个机构确实会支持这样的做空，即它可能通过向其他人借入股票并以高价卖出它们，等待以较低的价格买回（并将它们退还给原来的所有者），从而做空这只股票。然而，从本质上说，牛市中的“做空”比在熊市买入是一个风险更高的主张。前者是一种投机策略（Keynes，1936），只有当市场在投机者的时间框架内向预期方向移动时才能成功。此外，还有一些技术因素使卖空者的计划更为复杂化（例如，如果流通量很少，可能没有能借入的股票；由于股票是按利息借入的，因此当卖出价格朝相反方向移动时，卖空者会面临追加保证金的要求）。相比之下，在熊市中购入股票的做多者可以通过获得一种价值超过股价的收入来源（通过股息，或者，如果他直接购买公司，则通过现金流本身）来获得利润。这种操作不是投机性的（即，其回报不依赖于价格的变化），因此不会产生市场风险。

如果难以做空股票，那么从历史角度看，要做空房地产那更是不可能的（Shiller，2005）。因此，这篇后记的第一段引言中的引人注目的话语值得关注，因为这句话出自一个一旦等到做空房地产市场的时机就要从中赚取金融史上最可观利润的人之口。（首先通过信用违约掉期给问题抵押贷款上保险，然后出售反映这些掉期头寸及其所保护的基础抵押贷款的ABX指数。）[12]但直到2006年，要表达对房地产的看跌立场实际上是不可能的。之前已经讨论过了，如果有人认为他家附近的房价价格水平非常高，那他可以卖掉他的房子然后租房子住。但是，如果这样做后，他还会继续看跌吗？从历史上看，他没有办法采取行动来体现这一观点。相比之下，一个看好房地产的人总是能够在价格与价值之间进行套利——通过购买他认为被低估的房地产并将其出租给其他人，从而获得售价与租金收入之间的差价（又一次，由于这不是一种投机策略，所以他没有市场风险）。因此，众所周知，房地产市场容易出现泡沫，这不足为奇。从历史上看，对失控价格所做的唯一看跌检查是贷款人对抵押品价值和借款人收入的担忧。随着抵押贷款证券化改变了美国的房地产市场，贷款的“源头”与证券化和贷款服务脱钩了，这些检查几乎消失了。

此外，缺乏表达看跌情绪的载体意味着看跌情绪的程度是未知的，即这是一种“多数的无知”的典型情况，其中，人们在私底下普遍怀疑（而不是以公共知识表达）皇帝是赤身裸体。直到2006年1月推出ABX指数，才有一种合理有效的方式来做空市场。由于CDS合约仍然相对缺乏流动性并且是在场外交易而非在公共交易所进行交易，拥有它们的投资者无法获得准确的定价信息（Zuckerman，2009，pp.162-163，204-217）。一旦投资者通过卖出ABX指数来表达看跌情绪，情况就会发生变化。正如戈顿（Gorton，2008）令人信服地指出的那样，这些指数对于在市场参与者中创造共同知识至关重要。在此之前，其他人不知道看跌头寸；但之后，悲观主义扩展成了公共知识，这反过来又刺激了对这些资产和持有这些资产的银行的看跌。

这种推理进而有助于解释为什么投资银行可能会持有如此大的坏账，这种模式（正是弗里格斯坦和戈尔茨坦正确指出的）看起来显然是不合理的。对此的回答由弗里格斯坦文章的结尾部分以及前面分析的推理中得出。只要房地产牛市持续下去，并且多数的无知困扰着看跌的程度，一个怀疑这些证券价值的投资银行家会担心这只是他个人的疑虑，他应该运用自己的知识重新确认市场是否转向了，他会用数字的可靠性来原谅自己的愚蠢行为。此外，市场上似乎有着足够的流动性（即“有毒”债务的现成买家），因此很难想象如果市场开始转向，他们会无法及时退出。

结论：作为理性主义者的社会学家

最后，我将提供上述分析的监管含义，以及我认为社会学家在面对本篇后记开头时提出的问题/挑战时应采取的立场标准。总体性监管的含义是，如果我们要拥有证券市场，它们必须以促进套利和学习的方式组织起来，而不是简单地假设它们将有效运作［或将它们经常会遭遇的崩溃当作不可避免的来接受（例如，Krippner，2010）］。根据上一节的推理，我们至少提出了两种具体的改革途径，其中一种（或应该）相对简单，另一种更为非正统。我承认，鉴于我没有为证券市场制定法规的经验，我对提出这些处方有一些不安，而且我对意外后果法则也非常惶恐（Merton，1936）。因此，我期望那些发现它们有用的知识渊博（和政治上相关）的读者会在形成政策的过程中以政治和实际的考量来权衡这些方案。

直截了当的处方是赞同坎贝尔和佩罗的要求，即取消证券的场外交易。所有证券必须在公共交易所进行交易，以提高透明度，最大限度地提高关于投资者情绪、经验和风险的公共知识。场外交易得以存在的情况基本上是，由于缺乏透明的定价，执行此类交易对投资银行更有利可图，这些利润反过来又为银行从事金融工程提供了动力。但正如本书作者以及许多其他公众评论员所指出的那样，如果取消场外交易意味着减少金融工程所带来的负外部性（特别是当它们被设计为在不透明的市场中进行交易时），那我们只要做更少的金融工程就行了。正如坎贝尔和佩罗所说，如果自私自利还有立足之地，那就存在于经济学家和政治家（其中大多数是民主党人）的小集团如何为捍卫华尔街（做狭义上的理解）的利益而阻挠布鲁克斯利·伯恩的行动中，后者为给衍生品市场带来更多透明度进行了英勇战斗。这是我们与这种自私自利斗争的地方。

其次，我们的市场必须以鼓励资本形成的方式组织起来，但是在对待多头和空头时要尽可能保持不偏不倚。至少自1929年崩盘以来，卖空者被诋毁为利用他人苦难的投机者。[13]这是一个不幸的观点。正如我所指出的那样，金融市场不是出于“自然”原因而容易出现泡沫，而是因为它们的制度基础设施偏向于多头。投机具有内在风险，采取看跌立场通常意味着必须通过投机交易来表达一个人的信念（从按照预期方向发展的价格变动中获得回报）。相比之下，在大多数看跌时，看涨的投资者可以根据自己的信念行事，而不用考虑价格走势；甚至他们可用的投机工具的风险也通常低于空头（无须借入股票）。而这种看跌情绪的缺乏就是泡沫的原料（Miller，1977）。当泡沫最终破灭时，卖空者干得不错；但这主要是泡沫破灭的影响，而不是其原因。卖空基本上起到的是报信作用，我们不应该对其抨击。因此，特别令人担忧的是，在撰写本文时（2010年3月），已经颁布的唯一监管改革是遏制卖空的措施。这并不是说卖空者不应该面临限制。构建一个倾向于促进资本形成的市场是有意义的。然而，历史表明，这种想法已经走得太远了，以至于附加在空头上的限制和风险使资本形成有时变得太容易，而且会诱导我们为不值得努力的资本付出行动。因此，我们必须抵制向多头提供更多优势的诱惑，因为这意味着我们实际上是为了那些随大流的人而不是那些敢于挑战它的人。

关于社会学家对价格与价值之间关系的正确定位，我最后提出了一个具有讽刺意味的建议。到目前为止，我基本上主张了一个整合的立场：（a）逆向主义（或“感性主义”）论点，即客观标准可以比当前市场价格更准确地评估价值；（b）建构主义者（或“愤世嫉俗”）的论点，即价格由众所周知的信念所支配，这些信念可能与它们声称反映的客观现实大不相同；（c）现实主义（或“天真”）的论点，即市场包括强大的机制（套利和学习），当工作正常时，通过缩小逆向选择者的私人信仰与公共知识之间的差距来产生合理的价格。更重要的是，我认为我们必须关注如何确保这些机制正常运作。总而言之，如果我们要对管理市场负责，那市场的非理性表现的结论应该让我们深深担忧。我们面临的挑战比“重新思考市场架构”要更具体；我们必须毫不掩饰地承担起理性的责任，通过干预使市场更加理性。在一个傻瓜、愤世嫉俗者、感性主义者和天真者的世界里，我们的社会学家必须是理性主义者。

为了澄清我的意思，请考虑阿罗（Arrow，1974，p.16）的这句话，即“经济学家认为自己是理性的守护者，是认为他人都是理性的人，以及为社会性的世界提供理性处方的人”。我们作为监管者与市场原教旨主义者打交道的经验告诉我们，如果我们盲目地将理性归于他人，我们就放弃了我们能够有效地为社会性世界规定理性制度开处方的监护权。所谓理性，它就是健康制度的产物。可以肯定的是，建立促进理性分配资源的制度是一项艰苦的工作。但如果其他人从这项任务中退缩，我们又怎能不收拾残局呢?

注释

[1] 克里普纳的作品可以理解为部分表达了对这一共识的异议。特别是，虽然她提倡加强对经济的监管，但她并没有非常重视金融市场的构建方式，并且似乎赞同“金融市场的内在属性”（p.4）引发泡沫的观点。这与施奈贝格和巴特利以及本书许多其他作者所表达的观点背道而驰，即证券市场没有内在属性;证券市场是特定制度条件的产物。

[2] 佩罗拒绝了其他作者所描绘的类似于旅鼠大规模自杀这样的景象，而且他的文前引用段落与他描绘的更为愤世嫉俗者的肖像是一致的。我将在下面回到这个问题。

[3] 佩罗对这种拒绝实际上更愤世嫉俗而不是更天真的可能性做出了很好的证明。支持这一说法的其他证据可以在这样一个事实中找到：许多最著名的持市场有效说的理论家因为令人瞩目的市场低效性而变得非常富有，根据他们自己的理论，这种市场的低效性应该在多年前就已经被消除了。

[4] 例如，巴菲特通过在20世纪70年代的熊市期间押注股票来发财，这启发了《商业周刊》在1979年8月13日的著名标题：“股票之死”。

[5] 操演性理论的最佳案例可能是麦肯齐和米洛（Mackenzie&Millo，2003；MacKenzie，2006）发展起来的关于布莱克－斯科尔斯（Black-Scholes，BS）定理如何“操演”衍生品市场的，即市场参与者使用该理论来实现一个满足其预测的市场。但是这个论点存在两个相互关联的问题：（a）BS实际上并不是为了研究关于定价如何运作的理论（作为“一台照相机”）而开发的，而是一种特别用来指导定价应该如何运作的金融工程（作为一个“引擎”），因此关于这种理论的任何实践都等同于工程师使用制定桥梁的蓝图；（b）他们不能排除其他选项，

BS只是一种更好的定价方法。

[6] 操演性理论家有时似乎承认经济学的操演性存在客观上的限制。但是：（a）这些限制总是用临时性的假设来进行修补；（b）当以这种方式淡化时，除了操演性理论强调“人工操作”在促进自我实现预言中的作用外，在这个理论中没有任何新的东西超出托马斯公理的概括。然而，目前尚不清楚谁认为人工操作是不重要的。

[7] 操演性理论家有时似乎暗示，这仅仅是为了在社会理论中识别自我实现的属性。但事实上，这个想法是社会科学的基础。正如霍利斯（Hollis，1987，p.4）所说的那样，“社会理论本身就在社会主体之间流传，这与其自身的关系紧密相连……分子们对分子没有任何想法，这一定让物理学家大为放心”。凯恩斯（Keynes，1936，p.383）将这一思想应用于经济学本身，甚至预示了操演性理论的激进（因而也是有问题的）建构主义：“经济学家和政治哲学家的观点，无论是正确的还是错误的，都比通常所理解的更为强大。事实上，世界就是被这些观点所决定的。那些相信自己完全不受任何智识影响的人实际上通常是一些已经失势的经济学家的奴隶。”因此，操演性理论的唯一新颖性似乎是，其走上了极端建构主义的道路;正如我所指出的，这种极端主义是很有问题的。

[8] 正如米罗斯基和尼卡（Mirowski & Nik-Khah，2007）指出的那样，操演性理论也很难与经济学家之间的内部共识长期共存，而大多数经济理论都不具有足够的具体性以产生明确的实际含义，这对操演性理论来说也是个难题。

[9] 这种批评可能是错误的，因为本书几乎所有作者都没有引用操演性理论，而我的怀疑是，没有人会支持纯粹的建构主义立场。但在我看来，这种沉默是不幸的。正如我们呼吁银行承认其账面上的不良贷款，我们呼吁经济学家摆脱他们天真的市场原教旨主义，我们也应该向内看，并认识到自己的错误。下面我会讲到，沉默会妨碍学习。请注意，本书中关于操演性理论的沉默的主要例外是罗纳－塔斯和希斯关于信用评级如何具有自我实现和自我挫折方面的讨论（佩罗对此认可并加以引用）。但是（a）这些机制在操演理论之外是众所周知的；（b）为了描述为什么这些评级结果是不准确的，罗纳－塔斯和希斯必须带入一些与操演性理论相悖的现实主义观点。从本质上讲，操演性理论对他们的分析没有补充任何新的东西。

[10] 例如戈夫曼（Goffman，1967）关于表面功夫，梅耶和罗文（Meyer，

1977；Meyer & Rowan，1977）关于制度化的神话和脱钩，以及奥尔波特（Allport， 1937）关于多数的无知的作品是这篇文献的重要先例。最近与本段摘要观点一致的文献包括Adut (2008, 2009), Canales (2008), Chwe (2001), Centola et al. (2005), Kane and Park (2009), Kuran (1998), Ridgeway and Correll (2006), Ridgeway, Correll, Zuckerman, Bloch and Jank (2010), Swidler (2001), Winship (2004), Zerubavel (2008)和Zuckerman (2008c, 2010a, 2010b)。关于金融市场的应用，参见Hertzberg, Liberti & Paravisini（2008），Miller（1977）和Gorton（2008）。

[11] 不愿表达私人信仰的部分原因在于担心这些信念不会被分享，这进而又降低了典型异议者对他的不同意见的自信心。感谢罗德里戈·卡纳莱斯（Rodrigo Canales）向我强调了这一点。

[12] 正如朱克曼（Zuckerman，2009）所详述的那样，引入短期房地产抵押贷款的方式充满了许多障碍和风险。其中包括需要建立标准化的法律结构，使CDS可交易/流动（Carruthers & Stinchcombe，1999；Espeland & Stevens，1998）；并且规则的变化使得CDS买方不必拥有他正在卖空的债券。此外，通常适用于逆向主义的两个主要风险（Keynes，1936；Shleifer & Vishny，1997）在这里也肯定起作用，即，反对常规的声誉成本和与逆向选择的回报有关的不确定的时间范围；另外还有费尔德斯坦提到的两个障碍肯定也是如此：即承担“负利差”的意愿（即购买CDS对许多投资者来说是个问题，因为它需要支付保费，因此投资者从交易开始就在遭受损失），以及许多投资者都被禁止投资衍生品，因为他们是为不同目的募集资金的机构投资者。朱克曼详细讨论了这些问题，同时也论及了保尔森和其他逆向投资者在筹集特殊资金以投资CDS抵押贷款债务方面面临的困难。（完全披露：朱克曼先生和我是血缘亲戚，并且是1970年至1984年的室友。在此期间的大部分时间里， 我们有时候还是独立管理的非正式对冲基金的竞争对手/合作者，我们都关注在棒球卡等被低估的收藏品中持有多头头寸。）

[13] 一个当代的例子可以在伦敦一位专栏作家对约翰·保尔森大获全胜的报道的反应中看到：“监狱对于卖空的恶魔来说还不够好！他应该赤身裸体地沿着第五大道游行，然后绑在一个灯柱上，这样我们就可以把我们的愤怒和绝望带到抓捕的怪物身上！”(Chris Blackhurst, London’s Evening Standard, February 2, 2009, quoted in Zuckerman, 2009, p.261.)

参考文献

Abbott, A. D. (2001). *The chaos of disciplines*. Chicago: University of Chicago Press.

Abolafia, M. Y. (2010). The institutional embeddedness of market failure: Why speculative bubbles still occur. In: M. Lounsbury & P. M. Hirsch (Eds), *Markets on trial: The economic sociology of the U.S. financial crisis*. Research in the Sociology of Organizations. Bingley, UK: Emerald.

Adut, A. (2008). *On scandal: Moral disturbances in society, politics, and art*. New York: Cambridge University Press.

Adut, A. (2009). *A theory of the public sphere*. Unpublished manuscript. University of Texas Department of Sociology.

Allport, F. H. (1937). Toward a science of public opinion. *Public Opinion Quarterly*, 1, 7–23.

Arrow, K. J. (1974). *The limits of organization*. New York: W.W. Norton & Co.

Best, J. (2008). Historical development and defining issues in constructionist inquiry. In: A. J. Holstein, & J. F. Gubrium (Eds), *Handbook of constructionist research* (Chap. 3, pp.41–66). New York: The Guilford Press.

Brav, A., & Heaton, J. B. (2002). Competing theories of financial anomalies. *Review of Financial Studies*, 15, 575–606.

Bromberg, M., & Fine, G. A. (2002). Resurrecting the red: Pete Seeger and the purification of difficult reputations. *Social Forces*, 80, 1135–1155.

Canales, R. (2008). From ideals to institutions: Institutional entrepreneurship in Mexican small business finance. Doctoral dissertation, MIT Sloan School of Management.

Carruthers, B. G., & Stinchcombe, A. L. (1999). The social structure of liquidity: Flexibility, markets, and states. *Theory and Society*, 28, 353–382.

Centola, D., Willer, R., & Macy, M. W. (2005). The emperor's dilemma: A computational model of self-enforcing norms. *American Journal of Sociology*, 110, 1009–1040.

Chwe, M. S.-Y. (2001). *Rational ritual: Culture, coordination, and common knowledge*. Princeton, NJ: Princeton University Press.

Espeland, W. N., & Stevens, M. L. (1998). Commensuration as a social process. *Annual Review of Sociology*, 24, 313–343.

Feldstein, M. (2007). Housing, housing finance, and monetary policy. Text based on remarks that were presented as a final summary and personal commentary at the Jackson Hole conference of the Federal Reserve Bank of Kansas City on Housing, Housing Finance and Monetary Policy, September 1, 2007. Available at: http://www.nber.org/feldstein/ KCFed2007.revised.90307.pdf.

Fligstein, N. (2001). *The architecture of markets: An economic sociology of twenty-first-century capitalist societies*. Princeton, NJ: Princeton University Press.

Fligstein, N., & Goldstein, A. (2010). The anatomy of the mortgage securitization crisis. In: M. Lounsbury & P. M. Hirsch (Eds), *Markets on trial: The economic sociology of the U.S. financial crisis*. Research in the Sociology of Organizations. Bingley, UK: Emerald.

Goffman, E. (1967). *Interaction ritual*. Garden City, NY: Anchor.

Goode, E. (1994). Round up the usual suspects: Crime, deviance, and the limits of constructionism. *American Sociologist* (Winter), 90–104.

Gorton, G. (2008). *The subprime panic*. Working Paper, Yale International Center for Finance.

Graham, B., & Dodd, D. L. (1940). *Security analysis: Principles and technique*. New York: McGraw-Hill.

Grant, J. (2008). *Mr. Market miscalculates: The bubble years and beyond*. Edinburg, VA: Axios Press.

Hertzberg, A., Liberti, J. M., & Paravisini, D. (2008). *Public information and coordination: Evidence from a credit registry expansion*. Unpublished manuscript. Columbia University.

Hollis, M. (1987). *The cunning of reason*. Cambridge: Cambridge University Press.

Kane, D., & Park, J. M. (2009). The puzzle of Korean Christianity: Geopolitical networks and religious conversion in early twentieth-century East Asia. *American Journal of Sociology*, 115, 365–404.

Keynes, J. M. ([1936]1960). *The general theory of employment interest and money*. New York: St. Martin's Press.

Krippner, G. R. (2010). The political economy of financial exuberance. In: M. Lounsbury & P. M. Hirsch (Eds), *Markets on trial: The economic sociology of the U.S. financial crisis*. Research in the Sociology of Organizations. Bingley, UK: Emerald.

Kuran, T. (1998). *Private truths, public lies: The social consequences of preference falsification*. Cambridge, MA: Harvard University Press.

Lowenstein, R. (1996). *Buffett: The making of an American capitalis*t. New York: Doubleday.

MacKenzie, D. A. (2006). *An engine, not a camera: How financial models shape markets*. Cambridge, MA: MIT Press.

MacKenzie, D. A., & Millo, Y. (2003). Constructing a market, performing theory: The historical sociology of a financial derivatives exchange. *American Journal of Sociology*, 109, 107–145.

MacKenzie, D., Muniesa, F., & Siu, L. (Eds). (2007). *Do economists make markets? On the performativity of economics*. Princeton, NJ: Princeton University Press.

Merton, R. K. (1936). The unanticipated consequences of purposive social action. *American Sociological Review*, 1, 894–904.

Merton, R. K. ([1948]1968). *The self-fulfilling prophecy. In: R. K. Merton (Ed.), Social theory and social structure, 1968 enlarged edition* (pp.475–490). New York: The Free Press.

Merton, R. K. (1995). The Thomas Theorem and the Matthew Effect. *Social Forces*, 74, 379–422.

Meyer, J. W. (1977). The effects of education as an institution. *American Journal of Sociology*, 83, 55–77.

Meyer, J. W., & Rowan, B. (1977). Institutionalized organizations: Formal organizations as myth and ceremony. *American Journal of Sociology*, 83, 340–363.

Miller, E. M. R. (1977). Uncertainty, and divergence of opinion. *Journal of*

Finance, 32, 1151–1168.

Mirowski, P. & Nik-Khah, E. (2007). Markets made flesh: Performativity, and a problem in science studies, augmented with consideration of FCC Auctions. In: D. MacKenzie, F. Muniesa & L. Siu (Eds), *Do economists make markets? On the performativity of economics* (Chap. 7). Princeton, NJ: Princeton University Press.

Pozner, J.-E., Stimmler, M. K., & Hirsch, P. M. (2010). Terminal isomorphism and the self-destructive potential of success: Lessons from subprime mortgage origination and securitization. In: M. Lounsbury & P. M. Hirsch (Eds), *Markets on trial: The economic sociology of the U.S. financial crisis*. Research in the Sociology of Organizations. Bingley, UK: Emerald.

Ridgeway, C. L., & Correll, S. J. (2006). Consensus and the creation of status beliefs. *Social Forces*, 85, 431–453.

Ridgeway, C. L., Correll, S. J., Zuckerman, E. W., Bloch, S., & Jank, S. (2010). *Accounting for high-status bias: Theory and experiments*. Working Paper. Department of Sociology, Stanford University, CA, USA.

Schneiberg, M., & Bartley, T. (2010). Regulating and redesigning finance? Market architectures, normal accidents, and dilemmas of regulatory reform. In: M. Lounsbury & P. M. Hirsch (Eds), *Markets on trial: The economic sociology of the U.S. financial crisis*. Research in the Sociology of Organizations. Bingley, UK: Emerald.

Shiller, R. (2005). *Irrational exuberance*. Princeton, NJ: Princeton University Press.

Shleifer, A., & Vishny, R. W. (1997). The limits of arbitrage. *Journal of Finance*, 52, 35–55.

Stiglitz, J. (1990). Symposium on bubbles. *Journal of Economic Perspectives*, 4, 13–18.

Swidler, A. (2001). *Talk of love: How culture matters*. Chicago: University of Chicago Press.

Wilde, O. (1903). *Lady Windermere's Fan: A play about a good woman*. London: Smithers.

Winship, C. (2004). Veneers and underlayments: Moments and situational redefinition. *Negotiation Journal* (April), 297–309.

Yellen, J. L. (2009). A minsky meltdown: Lessons for central bankers. Presentation to the 18th Annual Hyman P. Minsky Conference on the State of the U.S. and World Economies – "Meeting the Challenges of the Financial Crisis." April 16, 2009. Available at http:// www.frbsf.org/news/speeches/2009/0416.html

Zerubavel, E. (2008). *The elephant in the room: Silence and denial in everyday life*. New York: Oxford University Press.

Zuckerman, E. W. (2004). Structural incoherence and stock market activity. *American Sociological Review*, 69, 405–432.

Zuckerman, E. W. (2008a). Realists, constructionists, and lemmings oh my! [Part I]. October 26. Available at: http://orgtheory.wordpress.com/2008/10/26/realists-constructionists-andlemmings-oh-my-part-i/.

Zuckerman, E. W. (2008b). Realists, constructionists, and lemmings oh my! [Part II]. October 31. Available at: http://orgtheory.wordpress.com/2008/10/31/realists-constructionists-andlemmings-oh-my-part-ii/.

Zuckerman, E. W. (2008c). Why social networks are overrated (a 3 when they are at best a 2). November 14. Available at: http://orgtheory.wordpress.com/2008/11/14/why-socialnetworks-are-overrated-a-3-when-they-are-at-best-a-2/.

Zuckerman, E. W. (2010a). Speaking with one voice: A 'Stanford School' approach to organizational hierarchy. *Research in the Sociology of Organizations*, 28, 289–307.

Zuckerman, E. W. (2010b). *Why identity? A prolegomenon to any account of social organization or human action*. Unpublished manuscript. MIT Sloan School of Management.

Zuckerman, E. W., & Rao, H. (2004). Shrewd, crude, or simply deluded? Comovement and the Internet stock phenomenon. *Industrial and Corporate Change*, 13, 171–213.

Zuckerman, G. (2009). *The greatest trade ever: The behind-the-scenes story of how John Paulson defied Wall Street and made financial history*. New York: Broadway Books.

结束语：经济学的未来，资本的新循环，以及对国家和市场关系的重新构想

弗雷德·布洛克（Fred Block）

摘要

本书中的文章提出了一些重要问题，值得在今后的学术研究中得到进一步阐述。这篇结束语涉及其中三个方面。第一是金融危机对经济学这个学科的影响，尤其是对该学科很少关注其他社会科学家研究这种倾向的影响。第二是金融市场的过度投机要求我们考虑结构性改革，这将为资本流向生产性活动创造新的途径。第三是关于美国人如何理解国家和市场之间关系的问题。

要想全面了解始于2007年并在2010年初的几个月里仍在搅动全球市场的全球经济危机，还需要许多年的时间。在撰写本文时（2010年3月），我们仍不确定全球经济剧烈动荡的时期是否已经结束，抑或我们只是在这场可能持续10年或更长时间大戏的第一幕。但无论这种动荡持续多久，它肯定会对社会科学产生深远的影响。

有一些初步迹象表明，这场危机正在对经济学这个学科产生严重影

响。在被长期忽视后，约翰·梅纳德·凯恩斯和海曼·明斯基等思想家的思想再次受到重视（Skidelsky，2009）。有报道称，即使是在芝加哥学派经济学的追随者中，也有一些人认识到了无论是经济理论家还是政府监管者，对市场自我调节能力的信心都走到了无法持续的尽头（Cassidy，2010）。

这一重新思考的过程是否会导致主流经济学出现20世纪30年代凯恩斯主义推翻了之前正统学说的那种范式转变，还有待观察。但与主流经济学的内容同样重要的是，主流经济学家是否会与社会学家、历史学家、政治学家、哲学家、心理学家和法律理论家当下的研究进行对话。在过去60年里，经济学这门学科最显著的特点或许是其高度封闭——自从专业经济学家几乎只是与彼此对话以来，经济学就自成一体了。[1]在这一时期，经济学文献中对非经济学家著作的引用相对罕见（Crane & Small，1992；Pieters & Baumgartner，2002）。

这种学科封闭已经持续了很长时间，以至于现在看来似乎很正常。然而，这代表了与经济学之前历史的重大断裂，当时的学科之间的界线更加模糊，经济学家与历史学家、社会学家和其他社会科学家进行了积极的对话。事实上，经济社会学在20世纪上半叶作为一个研究领域的首次出现，便是作为经济学和社会学在重要领域之间相互重叠和交流的表现。例如马克斯·韦伯、格奥尔格·齐美尔（Georg Simmel）、维尔纳·桑巴特（Werner Sombart）、埃米尔·涂尔干、索尔斯坦·凡勃伦（Thorstein Veblen）、约瑟夫·熊彼特和卡尔·波兰尼这些经济社会学的重要人物（Trigilia，2002），很容易地逾越了这个学科鸿沟，并浸染在一个学者可以引用来自多个学科中的人们作品的更广泛的学术文化中。

吊诡的是，当经济社会学在20世纪80年代重新成为一个学术领域时，其追随者面临着截然不同的局面。大多数主流经济学家对与其他社会科学家进行友好对话已经不感兴趣，而且更糟的是，一群迅速壮大的“帝国主义化”的经济学家坚持认为，将经济学方法带入非经济学议题，如犯罪、家庭和政治，可以获得比现有社会学家或政治学家的学术成果更大的进步。其结果是新一代的经济社会学家别无选择，只能与他们的经济学同事进行单方面的对话；他们把自己的工作设定为对经济方法和理论的批判，但经济学家对他们的论点或研究结果几乎没有任何兴趣。

在这种情况下，即使是单方面的对话也比没有对话要好。经济社会学在过去的25年里取得了显著的进步；它对一个实际存在的经济制度内部发生的复杂动态进行了越来越精细的分析。这项工作的优势明显地体现在《审判市场》一书中所收纳的学术研究的质量上。将这些文章放在一起，对2007年至2009年全球经济和金融崩溃为什么以及如何发生，提供了一个有力而精细的解释。

相较之下，在相同的25年时间里，经济学似乎已经倒退了（Cassidy，2009；Krugman，2009；Skidelsky，2009）。经济学家没有关注具体经济制度的实际运作，而是依赖于往往基于不现实假设的抽象模型。其结果是，当现有经济制度内的一系列不当激励措施引发全球金融危机时，他们感到很意外。

这正是为什么经济学家既需要改变他们的主导范式，也需要改变他们与其他学科联系的方式。大多数经济学家将通过研究这些书而学到很多东西，从而更深入地探究经济制度的具体细节，因为例如银行或信用评级机构所使用的非常具体的规则和程序，对资本的配置有着真实而重要的影响——其产生的结果与现行的经济模型大相径庭。但问题远不止于此；经济学作为一个学科领域，其未来的健康发展取决于其放弃学术上的封闭，参与到更广泛的跨学科对话中。

第二个问题与这些文章所聚焦的用来解释2007年至2009年危机根源的始于20世纪70年代中期的时间线有关。[2]这是合理的，因为正是在20世纪70年代中期，美国相对中间派的商业精英对政府的经济政策制定模式越来越不满，并且开始接受由芝加哥大学经济系的米尔顿·弗里德曼和他的同事们长期倡导的“自由市场”解决方案（Mizruchi，2010）。正是在这一时期，去管制项目，或是用约翰·坎贝尔（Campbell，2010）正确的术语“再管制”，开始了。

但是，从更长的时间跨度来看，我们也可以从这些事件中获得一些东西——它们接近于费尔南·布劳代尔提出的“长时段研究”概念（longue durée），这在伊曼纽尔·沃勒斯坦（Immanuel Wallerstein）、乔万尼·阿里吉（Giovanni Arrighi）和贝弗里·西尔弗（Beverly Silver）对经济社会学的贡献中有所阐述。例如，如果用一个涵盖一个世纪金融史的视角，我们便可以看到2007年至2009年的金融危机与1929年的股市崩盘和1907年的金融恐慌之间的关系，这场恐慌直到J.P. 摩根大通利用自己的个人财富和影响力阻止了在纽约主要金融机构的大规模挤兑才得以克服。

1907年的金融危机为1913年创建美联储体系的立法提供了背景（Greider，1989），而1929年的金融危机直接导致了罗斯福新政立法中的关键法案，如1933年《证券法》和1933年《银行法》（即《格拉斯—斯蒂格尔法案》）和1934年的《证券交易法》。换句话说，这段较长的历史提醒我们早期的过度投机浪潮最终导致了资产市场崩盘，并引发了强有力的监管反应。事实上，过去30年修改和放松的大部分金融监管框架都可以追溯到这些早期事件。

但当我们想到金融监管时，有一种强烈的只考虑问题的一面的倾向——旨在阻止投机过度的禁令。因此，例如SEC的成立旨在强制公司全面披露相关财务信息，以阻止20年代泛滥的掺水股计划；抑或《格拉斯—斯蒂格尔法案》，通过将商业银行与投资银行业务分离，目的是防止商业银行利用联邦政府担保的存款实施自己的高风险交易策略。

然而，金融监管通常有另一面——一种将资本从投机渠道转向更具生产性的渠道的努力。美联储及其由12家地区性银行组成的高度分散性的体系从一开始就旨在增加东海岸大型资本市场中心以外的投入农业和工业的资本。20世纪30年代为自有住房建立抵押贷款融资体系的措施最终帮助筹集了数十亿美元，用于大规模新郊区住房的开发——这是推动二战后几十年经济增长的关键因素之一（Mason，2004）。

考虑到金融监管的这一维度，我们可以得出一个只有在这一系列文章中才有所暗示的主题。在2007年至2009年金融危机之后，监管部门的任务不仅是阻止危险的投机行为，而且要构建新的渠道，将资本导向更有生产性的用途。因为相对于现有的需求模式，世界已经面临汽车和许多其他常年销售的制造业产品产能严重过剩的问题，似乎显而易见的是，我们必须找到办法将资本供应朝克服公共产品短缺的方向引导，例如基础设施、环境保护、教育卫生、清洁能源，以及科技创新。无论是富国还是穷国，尽管方式不同，这些需求都是迫切的。

讽刺的是，美联储主席本·伯南克用以帮助美国摆脱造成全球金融体系不稳定的责任的表述突显了这一问题。伯南克（Bernanke，2005）认为，世界经济一直在经历储蓄过剩——主要因为日本、中国和亚洲其他地区的家庭储蓄率很高。因为美国拥有世界上最发达的资本市场，很自然地，这些过剩储蓄的很大一部分流向了美国，压低了利率，助长了我们现在知道结局并不好的房地产繁荣。

尽管对伯南克关于因果关系的论点有相当大的分歧，但他指出了一个基本事实，而这个事实也构成了对当前全球金融体系结构的有力控诉。尽管世界各地还有迫切的未得到满足的人类需求，例如最近海地地震的悲剧，国际社会还没有找到切实可行的方法来改变大部分过剩供应的储蓄的走向以满足这些需要。可以肯定的是，自20世纪70年代末以来一直存在对一个全球性马歇尔计划的讨论，通过提升南方国家（Global South）可观的购买力，同时扩大对在北方国家（Global North）生产的商品和服务的需求，这将是一个富国和穷国双赢的解决方案。然而即使在30年后，也没有任何事情达到以维利·勃兰特（Willy Brandt）为首的国际发展独立委员会最初设想的规模。

此外，在美国国内的桥梁、下水道、供水系统、公共交通和防洪等基础设施老化的紧迫问题上，也有类似的失败。30多年来，人们都知道要修复和改善几十年前修建的基础设施确实需要数万亿美元的新投资。然而，也同样未能针对私人资本能够在保证合理回报的情况下大规模参与这项任务而做出必要的安排。

可以肯定的是，在这两种情况下，都存在一些问题，即如何确保得到资助的项目真正改善了收入均值以下的人群的生活，同时，私人资本得到的回报不会过高。然而，这两个问题都是应该可以解决的，尤其是考虑到制定这些解决方案在全球福利方面获得的收益可能是巨大的。

总之，除了研究金融功能失调的经济社会学已经取得了长足进步，我们还需要一个关于金融重建的经济社会学，它能绘制出引导资本进入生产性用途的新渠道在过去如何被创造出来，并在未来如何被进一步发展的过程。

这些文章也提出了如何概念化市场和国家之间关系的问题。这个问题在古典时期（1900—1945年）以及从80年代中期到现在的经济社会学第二波浪潮中一直是该领域的核心。经济社会学家们不断地推动这样一种观念，即经济是嵌入政治的，并与政府行为完全交织或由其共同构成［Polanyi，2001（1944）］。然而，我们对市场自由主义将经济想象成能够而且应该自治和独立于政府的东西的观念感到彻底失望。

尽管在2008年9月和10月全球经济的崩溃迫在眉睫，但有一个不同寻常的事实提醒我们，把经济视为独立存在、与政府保持相当距离的事物的观念是多么根深蒂固。当布什政府要求国会投票通过7000亿美元的救市计划以拯救美国最大的金融机构时，美国众议院的最初反应是否决这项提议。一些反对意见来自自由派和进步派民主党人，他们认为救助计划缺乏足够的保障措施来保护公众利益；他们认为这是在拯救那些制造危机的人而不要求任何回报，甚至是在未来助长这种行为。

但是在否决这项法案的过程中，最重要的投票来自总统自己政党的保守派成员，他们早些时候曾支持大幅减税使最富有的人群受益。最初有133名共和党人投了反对票，只有65人投了赞成票。这些代表并不担心救助计划没有保护公众的利益。他们反对的理由是救市违反了政府和私人市场必须分开的基本理念。他们强烈地感觉到这种道德上的迫切性，以至于他们在一开始对以下论点无动于衷：未能通过救市计划将引发一场全球金融危机，使30年代的大萧条看上去就像是一场野餐。

即使在布什政府开始大力施压后，仍有超过一半的共和党党团会议成员投票反对最终的法案（Cassidy，2009；Stiglitz，2010）。

了解国会代表和其他人对这一道德原则的坚守有多深很重要，特别是考虑到包括本书在内的大量证据表明，金融部门和政府在美国的整个历史中是深度交织在一起的。理解这一点的一种方法是通过与当前流行的政教分离的观点进行类比。[3]

大多数美国公民认为把教会和国家分开，并保持彼此间相当的距离，是一种道德要义。他们认识到军方必须雇用神职人员为武装部队成员担任牧师，政府要将某些工作外包给宗教组织，同时，为了确保宗教免税权不被滥用，一些最低限度的监督是必要的。但是尽管有以上和其他一些零星的例外，他们坚信，不允许为建立任何一个特定教会而立法的宪法原则，要求在宗教组织和国家之间建立一堵隔离墙。

在过去30年里，市场原教旨主义的传教活动使相当一部分公众相信市场与国家之间的关系与政教分离的情况完全类似。他们的理由是，虽然有一些必要的例外，但一般情况下应该在这两个实体之间建一堵厚厚的隔离墙。这堵墙有两个功能。首先，它有助于保护政府官员免受与那些一心为其公司谋取利益的商界人士过于密切接触而被腐败的危险。其次，它保护市场领域不受那些可能破坏市场确立其自身平衡状态之能力的政府行动者的笨拙“干预”的影响。

从这些方面来看，我们更容易理解为什么这么多国会的共和党人对华尔街的救市计划犹豫不决；在他们看来，这是公然在非常道德，甚至是神圣的结构性障碍上炸出了一个巨大的窟窿。并且，这种道德和政治观点还有令人钦佩的方面。私营企业腐败政府官员是一个现实而紧迫的问题，对民主治理提出了切实的挑战。而且，在私营经济中武断地、欠考虑地运用政府权力会产生负面影响，包括增长放缓和通胀率上升。

简而言之，阻止政府对企业和企业对政府的某些影响的目的并不值得反对。在政府和市场之间筑一道隔离墙的想法的问题是，它完全不可能；两者是如此紧密地交织在一起，以至于无法想象任何分离的可能性。

但或许有一种方法可以通过转换比喻来解决这个问题。尽管“墙”这个比喻显然是错误的，但在这些相互交织、相互依赖的实体之间确实需要有一条界线。那为什么不从可以分隔和连接相互依赖的物质的生物边界或膜的角度来考虑这个问题呢，如母体与胎儿之间的胎盘边界或哺乳动物体内的血脑屏障？

这些生物膜的意义在于它们能促进某种流动并阻止其他类型流动；他们是有着高度辨别力的把关机制，依据非常明确的标准，即哪些物质可能对另一边的物质有益，哪些物质可能有害，对某些分子说“可以”，而对另一些分子说“不可以”。事实上，生物学家讨论的是，某些分子作为“伴侣”（chaperones）陪伴其他分子穿过一个或另一个边界。用这个比喻来思考经济和国家的关系可能会帮助我们说服其他人，在看到它们高度相互依赖的同时也验证了某些跨界流动是非法的，从而需要加以阻止的道德直觉。

但是，当然，与生物膜不同的是，人为的边界需要社会行动者不断努力来建立规则，确定什么流过边界是允许的，什么流过边界是被阻止的。维维安娜·泽利泽（Viviana Zelizer，2005）将这种创造边界的活动概念化为“关系工作”（relational work），并且描述了个人在私生活中仔细定义管理金钱、礼物、信息和服务相互流动的规则的过程。类似地，我们可以使用“集体关系工作”（collective relational work）的标签来完成在政府领域和市场领域之间构建和维护适当边界的社会任务。

但是，当然，如果对这种集体关系工作的需要没有得到广泛认可，或者如果许多人继续认为一堵密不透风的隔离墙是解决问题的适当办法，那么这种集体关系工作就不会有效地得以实施。作为社会科学家，我们寻求创造知识，这包括更好地理解不同社会制度之间如何能够而且应该保持同时连接和分隔的状态。简言之，关于如何构建这些边界的理论研究有可能帮助社会解决其最棘手的问题。

注释

[1] 当然，也有明显的例外。“法律与经济学”一直是经济学家与法学家之间持续的对话，行为经济学的出现是经济学家与心理学家对话的产物。也有像加里·贝克尔（Gary Becker）和阿马蒂亚·森（Amartya Sen）这样一直积极参与跨学科对话的个体经济学家，以及许多积极参与其他学科的异端经济学家。但引用分析显示，在最负盛名的主流经济学期刊上，很少有外部学者的参考文献。

[2] 例外包括追溯了从共和国成立到新政时期政府对股市监管的Rubtsova, DeJordy, Glynn & Zald (2010) 的文章和短暂上溯到20世纪30年代的Mizruchi (2010) 的研究。

[3] 具有明显讽刺意味的是，许多对政教分离深怀疑虑的宗教右翼人士，却热衷于经济与政府分离的教义（Moreton，2009）。

参考文献

Bernanke, B. (2005). The global saving glut and the US current account deficit. Speech delivered in Richmond, Virginia, March 10. Available at: http://www.federalreserve.gov/ boarddocs/speeches/2005/200503102/.

Campbell, J. (2010). Neoliberalism in crisis: Regulatory roots of the U.S. financial meltdown. In: M. Lounsbury & P. M. Hirsch (Eds), *Markets on Trial: The Economic Sociology of the U.S. Financial Crisis*. Research in the Sociology of Organizations. Bingley, UK: Emerald.

Cassidy, J. (2009). *How markets fail. The logic of economic calamities*. New York: Farrar Straus and Giroux.

Cassidy, J. (2010). Letter from Chicago: ‘After the Blowup’. *The New Yorker*,

January 11, p.28.

Crane, D., & Small, H. (1992). American sociology since the seventies: The emerging identity crisis in the discipline. In: T. Halliday & M. Janowitz (Eds), *Sociology and its publics: The forms and fates of disciplinary organization* (pp.197–234). Chicago: University of Chicago Press.

Greider, W. (1989). *Secrets of the temple: How the federal reserve runs the country*. New York: Simon and Schuster.

Krugman, P. (2009). How did economists get it so wrong? *New York Times Magazine*, September 6, p.36.

Mason, D. L. (2004). *From buildings and loans to bail-outs: A history of the American saving and loan industry, 1831–1995*. Cambridge: Cambridge University Press.

Mizruchi, M. (2010). The American corporate elite and the historical roots of the financial crisis of 2008. In: M. Lounsbury & P. M. Hirsch (Eds), *Markets on Trial: The Economic Sociology of the U.S. Financial Crisis*. Research in the Sociology of Organizations. Bingley, UK: Emerald.

Moreton, B. (2009). *To serve God and Wal-Mart: The making of Christian free enterprise*. Cambridge, MA: Harvard University Press.

Pieters, R., & Baumgartner, H. (2002). Who talks to whom: Intra-and interdisciplinary communication of economics journals. *Journal of Economic Literature*, 40(2), 483–509.

Polanyi, K. (2001[1944]). *The great transformation*. Boston: Beacon Press.

Rubtsova, A., DeJordy, R., Glynn, M. A., & Zald, M. (2010). The social construction of causality: The effects of institutional myths on financial regulation. In: M. Lounsbury & P. M. Hirsch (Eds), *Markets on Trial: The Economic Sociology of the U.S. Financial Crisis*. Research in the Sociology of Organizations. Bingley, UK: Emerald.

Skidelsky, R. (2009). *Keynes: The return of the master*. New York: Public Affairs.

Stiglitz, J. (2010). *Freefall: America, free markets, and the sinking of the world economy*. New York: Norton.

Trigilia, C. (2002). *Economic sociology: State, market, and society in modern capitalism*. N. Owtram, Trans. Oxford: Blackwell.

Zelizer, V. (2005). *The purchase of intimacy*. Princeton: Princeton University Press.